示范性高等职业院校重点建设专业校企合作教材

Qiche Dipan Zhenduan yu Weixiu Xuexi Gongzuoye

汽车底盘诊断与维修学习工作页

郭三爱　段明社　主　编

曹兴举　邵　佩　副主编

侯晓民　李金刚　主　审

人民交通出版社

内 容 提 要

本书为示范性高等职业院校重点建设专业校企合作教材，主要分为七个项目，分别介绍了离合器故障诊断与维修、手动变速器故障诊断与维修、万向传动装置故障诊断与维修、驱动桥故障诊断与维修、行驶系故障诊断与维修、转向系故障诊断与维修、制动系故障诊断与维修，每个项目又分若干个任务，每个任务均按认知习惯设计为学习准备、计划与实施、评价与反馈等学习流程。

本书适合高职、中职院校汽车类专业使用，也可以作为职业技能培训和其他从事相关专业人员的参考用书。

图书在版编目(CIP)数据

汽车底盘诊断与维修学习工作页／郭三爱，段明社主编. —北京：人民交通出版社，2014.1

示范性高等职业院校重点建设专业校企合作教材

ISBN 978-7-114-11052-8

Ⅰ.①汽… Ⅱ.①郭… ②段… Ⅲ.①汽车－底盘－故障诊断－高等职业教育－教材 ②汽车－底盘－车辆修理－高等职业教育－教材 Ⅳ.①U472.41

中国版本图书馆 CIP 数据核字(2013)第 286615 号

示范性高等职业院校重点建设专业校企合作教材

书　　名：汽车底盘诊断与维修学习工作页

著 作 者：郭三爱　段明社

责任编辑：袁　方　周　凯

出版发行：人民交通出版社

地　　址：(100011)北京市朝阳区安定门外外馆斜街 3 号

网　　址：http://www.ccpress.com.cn

销售电话：(010)59757973

总 经 销：人民交通出版社发行部

经　　销：各地新华书店

印　　刷：北京交通印务实业公司

开　　本：787×1092　1/16

印　　张：12

字　　数：275 千

版　　次：2014 年 1 月　第 1 版

印　　次：2014 年 1 月　第 1 次印刷

书　　号：ISBN 978-7-114-11052-8

定　　价：36.00 元

(有印刷、装订质量问题的图书由本社负责调换)

新疆交通职业技术学院
教材编审委员会

主　任：段明社

副主任：吴灵林　　李绪梅

成　员：阿巴白克里·阿布拉　侯士斌　帕尔哈提·艾则孜

潘　杰　李　杰　吕　雯　虎法梅　张福琴

李　刚　宿春燕　李询辉　郭新玉　罗江红

孙珍娣　杨永春　合尼古力·吾买尔　陆莲芳

序

在几易其稿之后,我院自治区示范性高等职业院校建设成果之一——工学结合系列教材终于付梓了。自我院作为自治区示范性高职院校建设单位以来,以强化内涵建设为重点,以专业建设为龙头,以核心课程和教材建设为载体,与行业企业技术、管理专家共同组建专业团队,在课程改革的基础上,共同编著了10余种教材,涵盖了我院的汽车运用技术、道路桥梁工程技术、物流管理、工程机械运用与维护四个专业的专业核心课程。

本系列教材是学院与行业企业共同开发的,适应区域、行业经济和社会发展的需要,体现行业新规范、新标准,反映行业企业的新技术、新工艺、新材料。教材内容紧密结合生产实际,融"教、学、做"为一体,力求体现能力本位的现代教育思想和理念,突出职业教育实践技能训练和动手能力培养的特色,在保证知识体系完整性的同时,体现基于工作过程的基本思想,注重实践性、先进性、通用性和典型性,是适合高职院校使用的理论和实践一体化教材。

本系列教材由我院自治区示范性重点建设专业的专业带头人、骨干教师与校企合作单位的技术骨干、管理专家合作共同制订编写大纲,由理论功底深厚的专业教师担任主编,聘请行业企业专家作为主审。这些教师长期工作在高职教育教学一线,熟悉教学方法和手段,理论方面有深厚功底;而行业企业专家具有丰富的实践经验,能够把握教材的广度和深度,设定基于工作过程的教学任务,两者结合、优势互补,体现"校企合作、工学结合"的精髓。该系列教材的广泛应用,相信能够在新疆维吾尔自治区职业教育中起到引领和推动作用。

新疆交通职业技术学院

教材编审委员会

2012 年 9 月

前　言

随着汽车机械化技术与电子技术一体化程度的不断提高，汽车维修技术也不断更新，从而对汽车维修技术人员提出了更高的要求。先理论后实践的传统教学模式，已不能适应社会发展的要求。采用项目化教学，即让学生在学习性的工作中发现问题，再从理论中寻求答案，教师只作为学生学习任务的策划者、学习资源的提供者，实现教、学、做一体的教学模式，已经越来越受到学生的欢迎和企业的认可。

工作页是现代职业教育中学生的主要学习材料，是帮助学生实现有效学习的重要工具，其核心特征是：学会工作。工作页呈现的是源于典型工作任务的学习任务，通过系列化的引导问题，指导学生在完整的行动中进行理论实践一体化的学习，在培养专业能力的同时，帮助学生学习工作过程知识，促进关键能力和综合素质的提高。

汽车维修职业教育的定位，是为汽车维修企业培养能够实现零距离上岗就业的一线技术工人。因此，最需要解决的是“教什么”和“怎么教”的问题。

为配合各高职院校积极实施双证书制度工作，推进示范校建设，我们组织高职院校资深教师及企业专家编写了本书。

本套教材在教学内容上大量采用了源自汽车一线的实用作业项目，教学方法则采用在实车上按照工艺化教学要求来完成的教学模式，使每个作业项目直接针对实际的整车来完成，增加了实景实车教学的现场感，增强了学生对实车修理过程的真实感。

本教学用书有下列特色：

1. 学习目标的工作化，既能体现职业教育的能力要求，又能鲜明地体现工作特征。

2. 学习过程行动化，即让学生亲身经历实践学习和解决问题的全过程。

3. 评价反馈的过程化，评价反馈是完成学习过程的一部分，是对工作过程和结果的整体评价，是学习的延伸和拓展。

本书的学习流程设计，符合学生的认知习惯，并充分体现了“做中学”的职业教育教学理念。本书适合的教学学时数为 80 ~ 90 学时。

本书由郭三爱、段明社担任主编，曹兴举、邵佩担任副主编，侯晓民、李金刚（企业）担任主审，支姝、李文慧、吐尔尼沙·尼亚孜、新疆应用技术学院张辉参与编写。在编写过程中参考了部分同类教材、教学参考书及专业工具书，在此对相关编者表示衷心的感谢。

由于编者知识水平有限，书中难免会有疏漏和欠妥之处，敬请读者批评指正。

编　者

2013 年 12 月

目　录

项目一　离合器故障诊断与维修 …… 1
学习任务工单一　离合器的更换 …… 2
学习任务工单二　离合器总成的检修 …… 8
学习任务工单三　离合器的调整 …… 14
学习任务工单四　离合器常见故障诊断与排除 …… 18
项目二　手动变速器故障诊断与维修 …… 25
学习任务工单一　手动变速器的解体和清洗 …… 26
学习任务工单二　手动变速器主要零部件的检验 …… 34
学习任务工单三　手动变速器的装配 …… 39
学习任务工单四　手动变速器常见故障诊断与排除 …… 48
项目三　万向传动装置故障诊断与维修 …… 55
学习任务工单一　万向传动装置的解体与装配 …… 56
学习任务工单二　万向传动装置主要零部件的检验 …… 63
学习任务工单三　万向传动装置常见故障诊断与排除 …… 67
项目四　驱动桥故障诊断与维修 …… 73
学习任务工单一　驱动桥的解体和清洗 …… 74
学习任务工单二　主减速器总成的检修 …… 78
学习任务工单三　驱动桥的装配、调整 …… 86
学习任务工单四　驱动桥常见故障诊断与排除 …… 95
项目五　行驶系故障诊断与维修 …… 101
学习任务工单一　四轮定位的检测和调整 …… 102
学习任务工单二　车轮动平衡检测 …… 109
学习任务工单三　减振器的更换 …… 113
学习任务工单四　轮胎的拆装与检修 …… 117
学习任务工单五　行驶系常见故障诊断与排除 …… 121
项目六　转向系故障诊断与维修 …… 128
学习任务工单一　观察转向系 …… 129
学习任务工单二　转向器的拆装与调整 …… 133
学习任务工单三　转向油泵的拆装及调整 …… 138
学习任务工单四　转向系常见故障诊断与排除 …… 142
项目七　制动系故障诊断与维修 …… 151
学习任务工单一　车轮制动器的拆装和检测 …… 152
学习任务工单二　驻车制动器的检查与调整 …… 158

学习任务工单三　制动踏板的拆装和调整 …………………………………………… 163
学习任务工单四　制动主缸、真空助力器的拆装和检查 ……………………………… 166
学习任务工单五　制动液的更换与制动系统放气 ……………………………………… 170
学习任务工单六　制动系常见故障诊断与排除 ………………………………………… 174
参考文献 ……………………………………………………………………………… 180

项目一　离合器故障诊断与维修

案例导入

案例1：桑塔纳轿车起步不平稳和有异响故障的检修。

故障症状：一辆桑塔纳轿车行驶里程为6800km，该车起步不稳，离合器处有异响。

案例2：丰田凯美瑞轿车起步时，车身发生抖动故障的检修。

故障症状：一辆丰田凯美瑞轿车起步时，离合器不能平稳接合，车身发生抖动。

离合器是利用主从动元件的摩擦作用来传递转矩的，其作用是要保证传动系与发动机的可靠接合，使发动机的动力能有效地传给传动系，同时在需要时有可以迅速地与发动机分离和平顺地接合，这样就可以保证汽车能平稳起步、顺利换挡，而且在紧急制动时，还可以防止发动机过载。

离合器位于发动机和变速器之间的飞轮壳内，用螺钉将离合器总成固定在飞轮的后平面上，离合器的输出轴就是变速器的输入轴。

在汽车行驶过程中，驾驶员可根据需要踩下或松开离合器踏板，使发动机与变速器暂时分离和逐渐接合，以切断或传递发动机向变速器输入的动力。

为了能深刻、系统地完成离合器故障诊断与维修这个项目的学习，本项目选取四个典型的工作任务，如表1-1所示。

典型工作任务　　表1-1

学习任务	学习任务一	学习任务二	学习任务三	学习任务四
工作内容	离合器的更换	离合器总成的检修	离合器的调整	离合器常见故障诊断与排除

在完成以上四个任务之前，有必要明确离合器的安装位置及要求，见表1-2。

离合器的安装位置及要求　　表1-2

离合器的安装位置	对离合器有何要求	离合器图片
在______和______之间。	(1)具有合适的________能力，既能保证传递发动机最大转矩，又能防止传动系过载。 (2)接合平顺柔和，以保证汽车________。 (3)分离迅速彻底，便于________和发动机起动。 (4)具有良好的________能力。 (5)操纵轻便，以减轻________的疲劳。 (6)从动部分的转动惯量应尽量小，以减小换挡时的冲击	

学习任务工单一　离合器的更换

知识目标

1. 掌握离合器的功用、要求；
2. 掌握离合器的结构；
3. 掌握离合器的工作原理。

技能目标

1. 能识别离合器及其传动机构的主要零配件；
2. 能正确使用工具；
3. 能够规范地更换离合器；
4. 能对自己的学习和工作效果作出评价。

学习任务描述

某汽车因离合器有故障，需对离合器进行更换，维修技工按照技术规范将离合器拆下，换上新的离合器，使其能正常工作。

一、学习准备

(一)离合器的作用与组成

在采用手动变速器的车辆中，离合器具有保证平稳起步、实现传动系换挡工作平顺、防止传动系过载3项功能。

目前，大部分的汽车都采用膜片弹簧式离合器，离合器安装在发动机与变速器之间，离合器主要由主动部分、从动部分、压紧装置和操纵机构组成。

请在表1-3中填上离合器的主要组成部分和作用。

离合器的主要组成部分和作用　　表1-3

序号	名称	作　　用	离合器结构图片
1			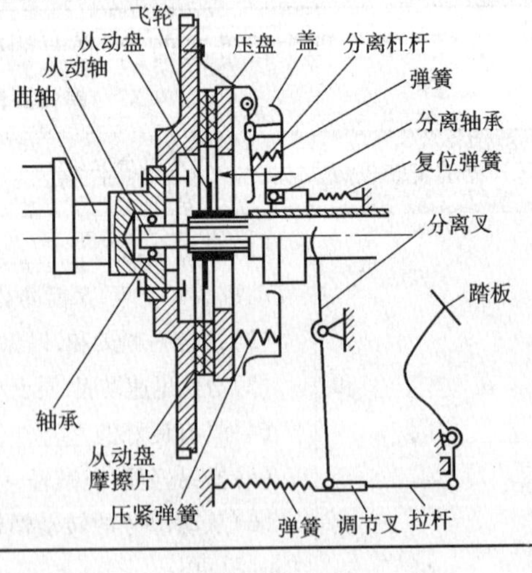 飞轮　从动盘　压盘　盖　分离杠杆　从动轴　弹簧　曲轴　分离轴承　复位弹簧　分离叉　踏板　轴承　从动盘摩擦片　压紧弹簧　弹簧　调节叉　拉杆
2			
3			
4			

小提示

在使用工具时，应选择最适当的工具以便安全和有效地工作。选用工具时应按先套筒扳手，后梅花扳手，最后开口扳手的原则进行选择。

问题讨论

问题1：离合器的主动部分是由飞轮、离合器盖、压盘等机件组成，这部分与发动机的连在一起，离合器盖与飞轮靠______连接。

问题2：离合器的从动部分是由______、双片或多片从动盘组成，它将主动部分通过摩擦传来的动力传给变速器的输入轴。

（二）离合器的工作过程

如表1-4所示，将离合器的工作过程填写完整。

离合器的工作过程 表1-4

离合器工作过程	离合器工作过程图片
1. 接合状态：不踩下离合器踏板，在膜片弹簧的压紧力作用下，飞轮、________、压盘三者之间处于压紧状态，接通动力传递。 2. 分离状态：踩下离合器踏板，膜片弹簧在________、分离叉的作用下，将飞轮、从动盘、压盘三者之间断开，从而中断动力传递	离合器盖 飞轮 离合器踏板 从动盘 膜片弹簧 压盘

问题讨论

在离合器分离或接合的过程中，为使分离轴承能平滑、平稳地移动压盘杠杆或膜片弹簧，那么分离轴承应安装在__________。

（1）认识分离轴承，如图1-1所示。

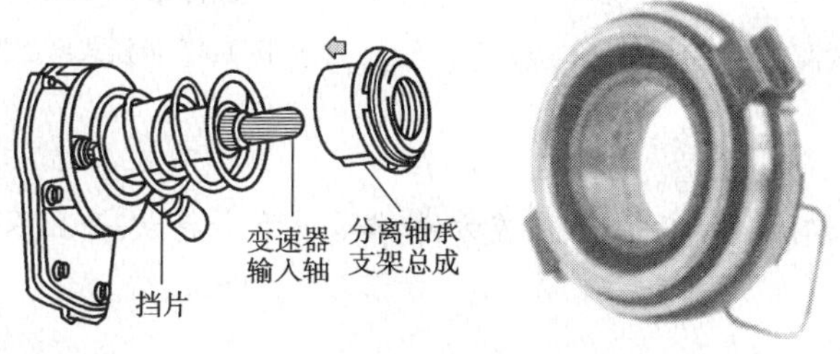

图1-1 分离轴承

（2）用彩笔标示出图1-2中的分离轴承。

小提示

（1）注意安全工作的相关规范，以保护自己免受伤害或避免发生任何事故，因此，工作时应穿着合适工作服、工作鞋，并严格按照作业流程规范操作。

(2)经常保持工作场所的清洁，工作过程中，应严格遵循5S(整理、整顿、清洁、清扫、自律)管理。

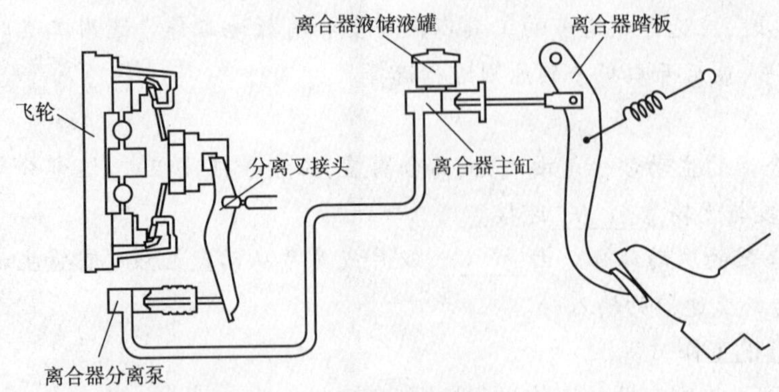

图1-2　分离轴承的安装位置

(三)离合器的操纵机构

为了实现离合器前面所述功能，离合器应该具有，其主动和从动部分可以接合，也可以分离，并在传动过程中还有可能相对转动功能，因此离合器操纵机构作用是分离和接合离合器。

离合器操纵机构是驾驶员借以使离合器平顺分离的一套机构，它起始于离合器踏板，终止于离合器壳内的分离轴承，是实现离合器功能的重要机构。

离合器的操纵机构按分离离合器所需的操纵能源分为人力式和助力式两种，人力式操纵机构离合器按所传动装置的形式分为机械式(图1-3)和液压式(图1-4)两种。液压操纵机构主要由主缸、工作缸及管路系统组成。

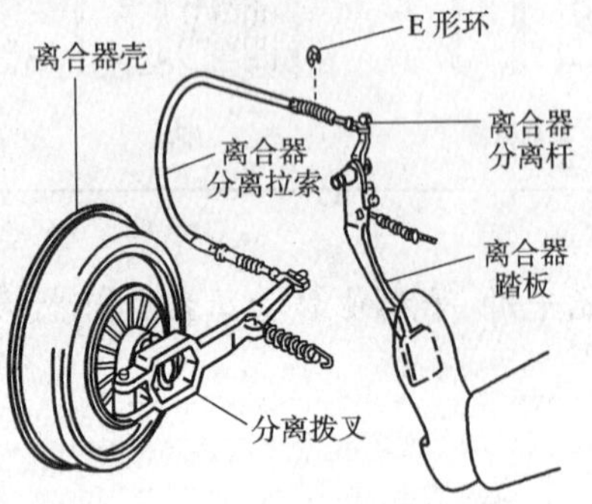

图1-3　机械式离合器操纵机构

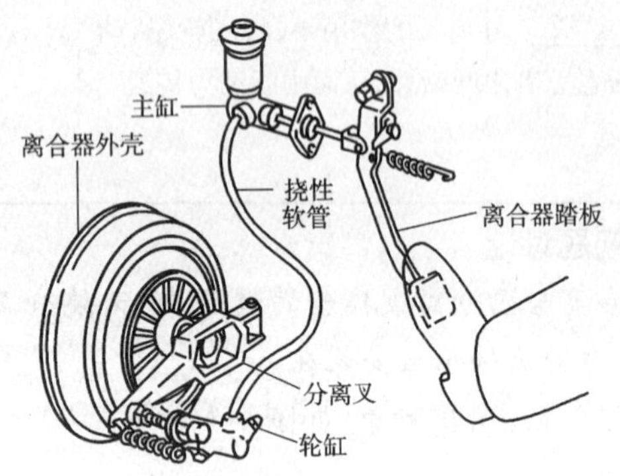

图1-4　液压式离合器操纵机构

小提示

操纵机构具有摩擦阻力小、质量小、布置方便、接合柔和等特点，并且不受车身车变形的影响。

二、计划与实施

(一)了解以下信息

1. 使用的工具：________________________________。

2. 学习的车型：________________________________。

(二)拆卸的注意事项

1. 拆卸下来的零件要合理地进行摆放；

2. 工具的使用要合理规范；

3. 注意拆卸过程的操作安全；

4. 分离叉两端衬套必须同心；

5. 安装离合器压盘总成时，需用导向定位器或变速器输入轴确定中心位置，使从动盘与压盘同心，便于安装输入轴；

6. 离合器从动盘有减振弹簧保持架的一面应朝向压盘。

（三）准备工作

1. 轿车离合器总成；

2. 变速器专用千斤顶一个；

3. 离合器拆装作业台、专用工具；

4. 货架式工具车及常规工具；

5. 汽车举升机；

6. 零件小车；

7. 砂布、棉纱等耗材。

（四）计划与实施

1. 制订计划（主要拆卸步骤）

（1）脱开蓄电池的负极（图1-5）。

小提示

断开蓄电池负极电缆之前，应首先读取并记录故障诊断系统的故障码以及其他相关内容，重新安装蓄电池时应复位时钟及其他电气设备。

（2）在传动轴的凸缘上作配合记号（图1-6）。

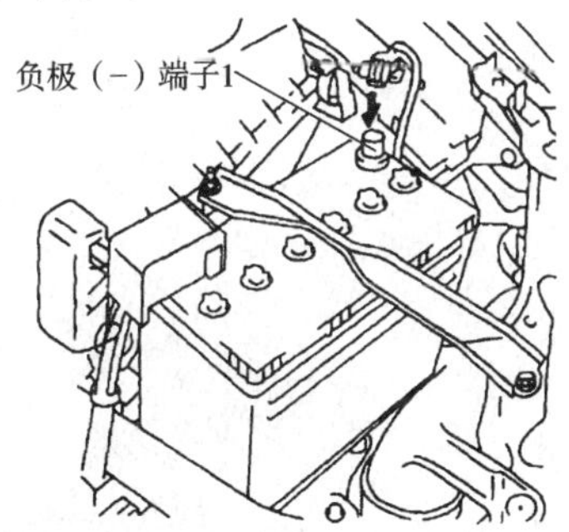

图1-5　脱开蓄电池的负极

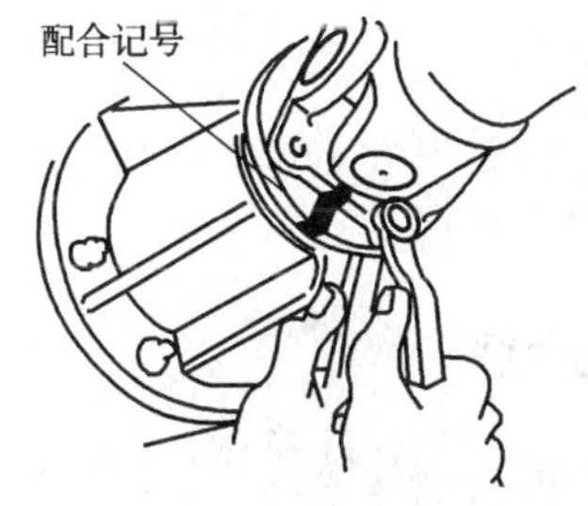

图1-6　在传动轴的凸缘上作配合记号

（3）拆下变速器（图1-7，备注：不要排出变速器油）。

（4）拆下离合器罩壳和盘（图1-8）。

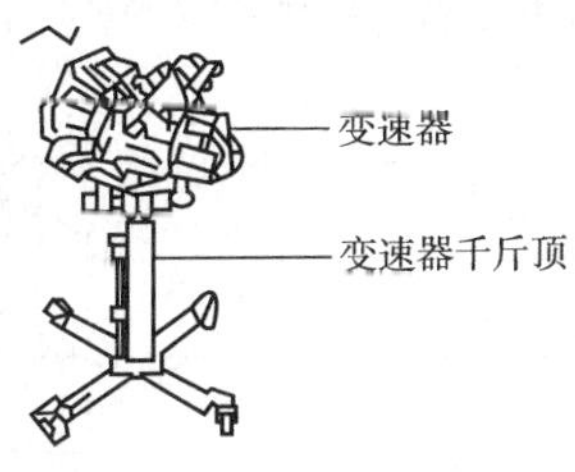

图1-7　拆下变速器

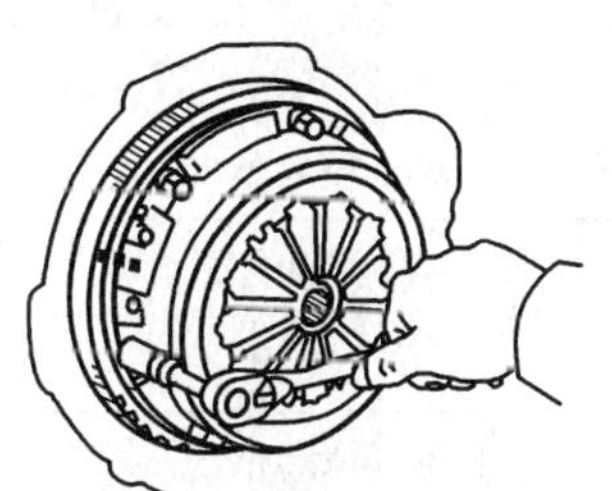

图1-8　拆下离合器罩壳和盘

①在离合器罩壳和飞轮上作配合记号。

②对角均匀拧松螺栓，每次拧松一圈直至弹簧弹力释放为止。

③拆下固定螺栓，拉下离合器罩壳和盘。

小提示

(1)拆卸离合器盖时，要防止离合器总成跌落，以免砸伤人。

(2)严禁用压缩空气和刷子清除离合器上的石棉尘。按照相关法规，应收集并妥善处理石棉尘或石棉的液体。

(3)从变速器上拆下分离轴承、分离叉和保护罩。

①拆下夹扣，拉下轴承和轮壳。

②拆下分离叉和保护罩。

小提示

(1)以上操作仅为一般性的操作规程，具体操作方法要以车型维修手册所规定的步骤为准。

(2)用千斤顶支撑变速器时，要注意安全。

(3)注意拆卸零部件的安装位置和方向，必要时应作装配记号。

2. 实施计划

(1)用汽车举升机将车辆举到适当高度，加装安全保护装置，确定安全后，拆下变速器。

(2)用专用工具将飞轮固定，然后观察压盘和飞轮的装配标志。如无标记时，则需要作好标记。再将离合器的各固定螺栓依次拧松，取下压盘总成、离合器从动盘。

(3)用拉力器拉出分离轴承。

(4)拆下分离轴承导向套和橡胶防尘套、复位弹簧。

(5)用尖嘴钳取出卡簧及衬套座，取出分离叉轴。

(6)拆下离合器盖。

(7)拆下离合器片。

三、评价与反馈

(一)教师评价(表1-5)

教师评价 表1-5

评价项目	评价分值(分)				
	5	4	3	2	1
安全意识					
着装和卫生					
工具使用和摆放					
零件摆放					
工作页填写情况					
组装完成后离合器工作情况					

（二）小组互评（表 1-6）

小 组 互 评

表 1-6

评 价 项 目	评 价 分 值（分）				
	5	4	3	2	1
安全意识					
5S 情况					
团队合作					
工作页填写情况					

（三）自我评价（表 1-7）

自 我 评 价

表 1-7

评 价 项 目	评 价 分 值（分）				
	5	4	3	2	1
安全意识					
5S 情况					
工具使用的规范性					
对离合器的组成、功用、工作原理的掌握情况					
对离合器更换程序的熟悉程度					
学习资源利用情况，学习目标达到程度					
对这个项目的学习的满意程度					
你对改善本项目后续任务教学的建议：					

（四）学员在本任务中的综合评价（表 1-8）

综 合 评 价

表 1-8

单项分				
总分值				
签名	教师：	学员：	日期：	

学习任务工单二　离合器总成的检修

知识目标

1. 掌握离合器的类型；
2. 掌握离合器的检修方法。

技能目标

1. 会进行离合器分离轴承的检查；
2. 会进行离合器压盘的检查；
3. 会进行离合器从动盘的检查。

学习任务描述

某汽车因离合器总成工作不良造成起步时车辆抖动，需对离合器总成进行检测，确定并对其进行维修或更换。

一、学习准备

离合器是汽车传动系中直接与发动机相连的部件，由哪些元件组成？如何分类？

（一）离合器的分类

1. 按传递转矩的方式分为 3 种：摩擦式离合器、电磁离合器和液力耦合器。

（1）请辨认并写出表 1-9 中所示离合器类型名称。

离合器按传递转矩的方式分类　　　　表 1-9

类型	属于＿＿＿＿＿类型	属于＿＿＿＿＿类型	属于＿＿＿＿＿类型
离合器的类型图片	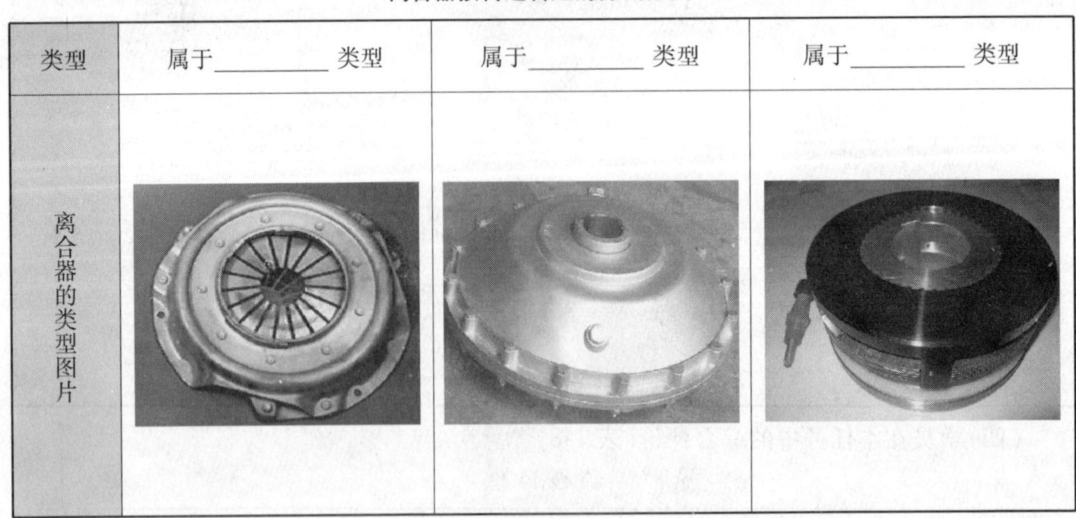		

（2）请列举表 1-9 中 3 种类型的离合器分别安装在车辆的哪些部位？

2. 按压紧弹簧布置的特点分为 3 种：周布弹簧式离合器、中央弹簧式离合器和膜片式离合器。请写出表 1-10 中所示离合器的所属类型。

离合器按压紧弹簧布置的特点分类　　表 1-10

类型	属于________类型	属于________类型	属于________类型
离合器的类型图片			

3. 摩擦式离合器按照其从动盘数目可分为 3 种：单片式、双片式、多片式，见表 1-11。

离合器按从动盘数目分类　　表 1-11

类型	属于________类型	属于________类型	属于________类型
离合器的类型图片	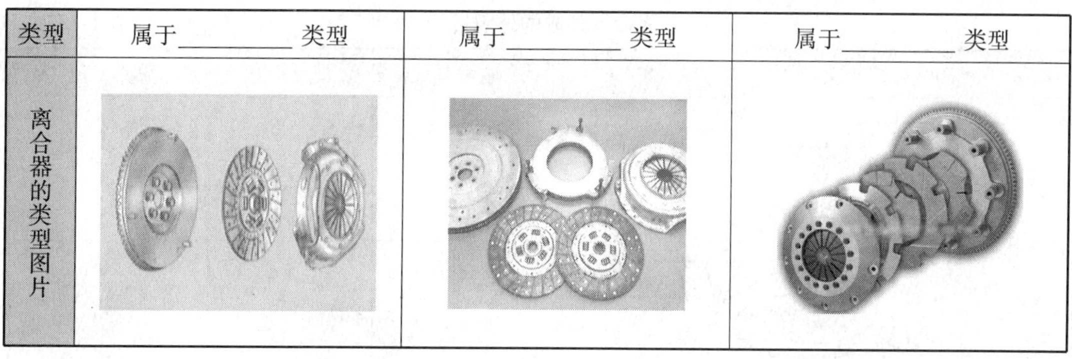		

（二）离合器的工作原理

1. 松开离合器踏板时，分离轴承__________（有/没有）压紧膜片弹簧，离合器主动盘____（压紧/分开）________从动盘，发动机将________（能/不能）传递到变速器。

2. 踩下离合器踏板时，分离轴承________（有/没有）压紧膜片弹簧，离合器主动盘____（压紧/分开）________从动盘，发动机将________（能/不能）传递到变速器。

二、计划与实施

（一）工具和材料

常用工具、举升机、百分表、千分尺、液压机、维修手册、干净的抹布。

（二）保护性衣物

标准作业着装。

（三）汽车相关信息

车辆型号（VIN 码）：____________________车辆号牌：____________________

车型及行驶里程：____________________维修接待意见____________________

（四）计划与实施

1. 在进行离合器总成维修前，需先拆卸离合器总成。

2. 离合器总成出现问题易导致离合器分离不彻底、打滑、发抖和异响等故障，需要对离合器总成进行规范检查。

（1）离合器总成的外观目检

请认真填写表1-12。

离合器总成的外观目检　　表1-12

外观目检	是	否
①离合器表面是否磨损或受到油污染?		
②扭力弹簧是否损坏或太软?		
③离合器片是否翘曲或磨损?		
当离合器表面受到油污染时,汽车容易发生哪些故障现象?什么原因?		
当离合器片翘曲时,汽车容易发生哪些故障现象?什么原因?		

(2)离合器片的检查

正确填写表1-13。

离合器总成的外观目检　　表1-13

铆钉头部深度测量图片	测量用量具	测量值	极限值

①用游标卡尺测量铆钉头部深度,见表1-13。

②在驱动桥上安装离合器片。

小提示

在安装离合器片时,注意离合器片的安装方向。

③用百分表检查离合器片总成的摆动,见表1-14。

正确填写表1-14。

用百分表检查离合器片总成的摆动　　表1-14

检查离合器片总成的摆动图片	测量用量具	测量摆动量	标准值

(3)离合器盖的检查

用游标卡尺检查膜片弹簧磨损的程度,见表1-15。

正确填写表1-15。

用游标卡尺检查膜片弹簧磨损的程度 表 1-15

检查膜片弹簧深度和宽度图片	测量用量具	深　度	宽　度

(4)飞轮的检查

使用百分表检查飞轮摆动,见表 1-16。

正确填写表 1-16。

使用百分表检查飞轮摆动 表 1-16

检查飞轮摆动图片	测量用量具	测量摆动量	标 准 值

3. 离合器分离轴承的检查

如图 1-9 所示,在轴承上施力并转动分离轴承。

小提示

很多离合器分离轴承是轴向受力并转动,且是永久润滑的,无需清洁或润滑,其操作规范以具体维修手册为准,检查其是否转动灵活。必要时更换。

4. 离合器总成安装

(1)安装离合器片

小提示

安装离合器片时,要注意其安装方向,严禁装反。

(2)安装离合器盖

①将离合器盖和飞轮上的记号对齐。

②如图 1-10 所示,依次拧紧 6 个螺栓,第一个螺栓位于顶部的定位销附近。

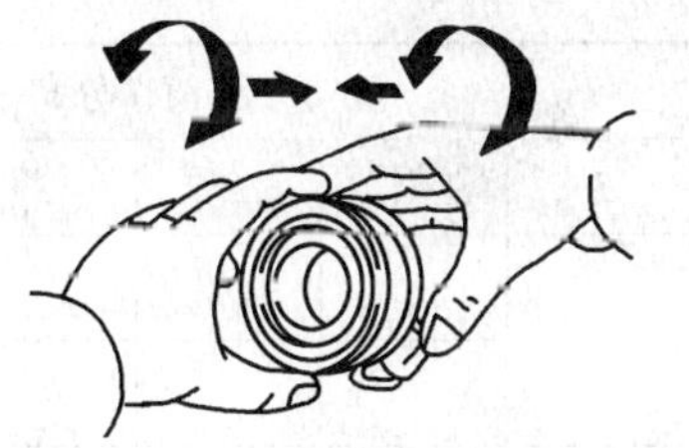

图 1-9　检查分离轴承

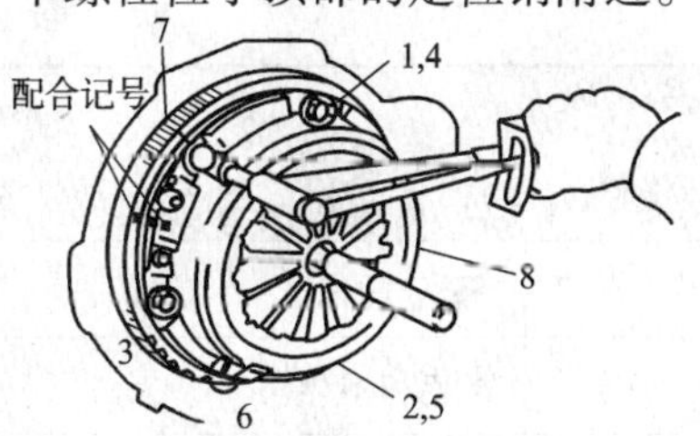

图 1-10　依次拧紧 6 个螺栓

小提示

按图 1-10 所示的顺序进行拧紧螺栓时要分多次均匀拧紧。上下、左右轻微晃动 SST 确认离合器片对中后,再拧紧螺栓。

(3)检查并调整离合器盖

①用带滚轮的百分表检查膜片弹簧尖部平整度,如图 1-11 所示。

②如果平整度不合格,用 SST 进行调整,如图 1-12 所示

(4)安装分离叉支撑

(5)安装离合器分离叉防尘套

(6)安装分离轴承固定夹

(7)安装离合器分离叉

①分别在分离叉与分离轴承之间接触面及分离叉和推杆之间接触面的分离叉支撑上涂润滑脂,如图 1-13 所示。

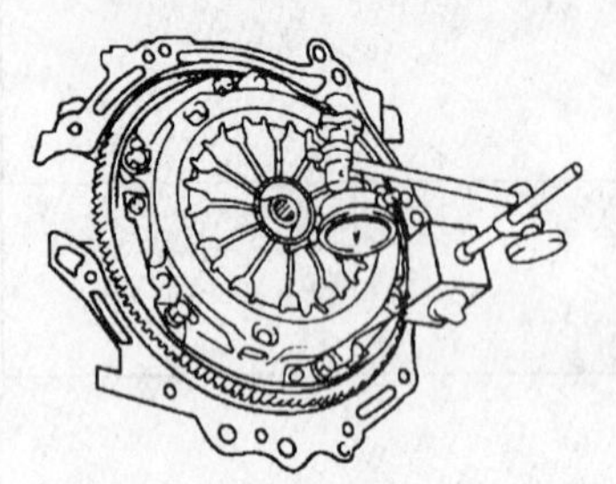

图 1-11　检查离合器平整度

SST

图 1-12　调整离合器盖

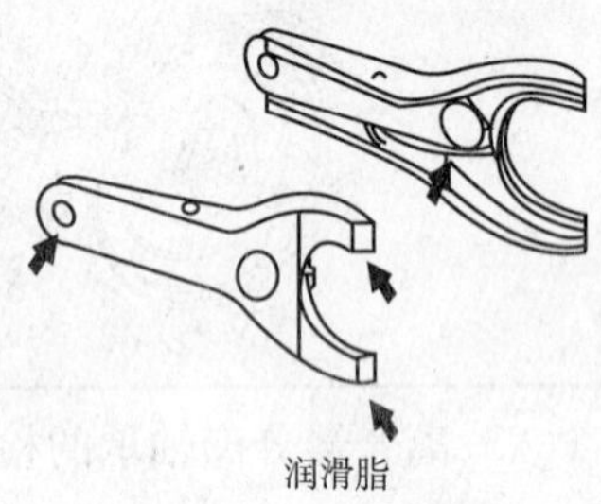

图 1-13　涂抹润滑脂

②把分离叉装在分离轴承上。

(8)安装离合器分离轴承

①在输入轴花键上涂离合器花键润滑脂。

②在分离叉上装入分离轴承,然后将两者一起装入传动桥总成。

小提示

离合器分离轴承安装完成后,应向前和向后移动分离轴承以检查分离轴承是否滑动自如。

三、评价与反馈

(一)教师评价(表 1-17)

教 师 评 价　　表 1-17

评 价 项 目	评 价 分 值(分)				
	5	4	3	2	1
安全意识					
着装和卫生					
工具使用和摆放					

续上表

评价项目	评价分值(分)				
	5	4	3	2	1
零件摆放					
工作页填写情况					
完成后工作情况					

(二)小组互评(表1-18)

小组互评　　表1-18

评价项目	评价分值(分)				
	5	4	3	2	1
安全意识					
5S情况					
团队合作					
工作页填写情况					

(三)自我评价(表1-19)

自我评价　　表1-19

评价项目	评价分值(分)				
	5	4	3	2	1
安全意识					
5S情况					
工具使用的规范性					
对离合器总成的外观目检的完成情况					
对离合器片的检查的完成情况					
对离合器分离轴承的检查的完成情况					
学习资源利用情况,学习目标达到程度					
对这个项目的学习的满意程度					
你对改善本项目后续任务教学的建议:					

（四）学员在本任务中的综合评价（表 1-20）

综 合 评 价　　表 1-20

单项分				
总分值				
签名	教师：	学员：	日期：	

学习任务工单三　离合器的调整

知识目标

1. 掌握离合器踏板自由行程的调整方法；
2. 掌握离合器分离杠杆高度的调整方法。

技能目标

1. 会进行离合器踏板自由行程的调整；
2. 会进行离合器分离杠杆高度的调整。

学习任务描述

某汽车因离合器总成工作不良造成起步时车辆抖动，经检查需对分离杠杆高度进行调整。

一、学习准备

（一）离合器的自由间隙是指离合器处于正常接合状态时，在分离杠杆内端与分离轴承之间预留的一定量的间隙。

（二）离合器踏板自由行程是指先测量离合器踏板________，再压________使________与________刚刚接触，量出踏板高度，两数值之差，即为离合器踏板自由行程，如图 1-14 所示。

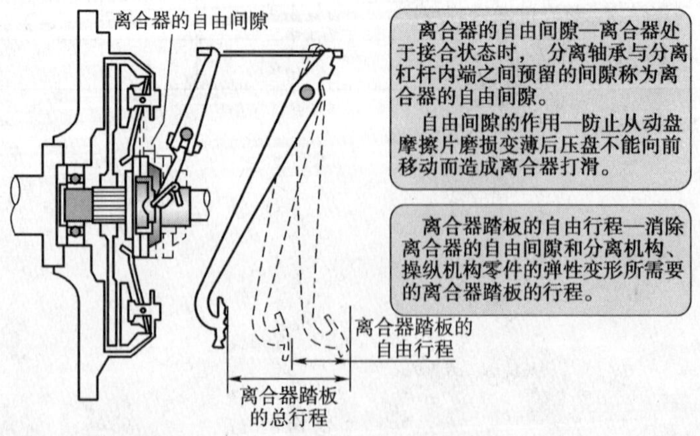

图 1-14　离合器踏板自由行程

（三）离合器盖与飞轮的________个连接螺栓紧固后，才可调整分离杠杆________。每调整一个分离杠杆，都要进行________，各个分离杠杆内端高度差不应大于________，距从动盘后端距离为________ mm。

二、计划与实施

（一）了解以下信息

1. 使用的工具：____。

2. 学习的车型：____。

（二）注意事项

1. 拆卸下来的零件要合理地进行摆放；

2. 工具的使用要合理规范；

3. 注意拆卸过程的操作安全。

（三）技术标准及要求

1. 离合器踏板自由行程 15 ~ 25mm ，总行程（150 ± 5）mm ；

2. 离合器片铆钉头沉入摩擦表面的深度大于 0.30 ~ 0.50mm。

3. 压盘表面不平度不得超过 0.12mm。

（四）准备工作

1. 实验车若干辆；

2. 常用工具、量具各两套，专用工具两套。

（五）计划与实施

1. 离合器踏板自由行程的检查

将一个钢直尺放在驾驶室地板上，先测量踏板完全放松时的高度，再用手轻按踏板，当感到压力增大时，表示分离轴承端面已与分离杠杆内端接触，即停止按压踏板，再测量踏板高度。两次测量的高度差，即为踏板的自由行程。踏板的自由行程在 15 ~ 25mm 之间为合格，推杆间隙为 0 ~ 1mm。用手指压离合器踏板，并使用钢尺测量离合器踏板的自由行程量，见表 1-21。

正确填写表 1-21。

离合器踏板自由行程的检查 表 1-21

检查离合器踏板自由行程图片	测量用量具	测 量 值	标准自由行程	离合器踏板自由行程是否正常
自由行程 有效行程				是
				否

2. 离合器踏板自由行程的调整

正确填写表 1-22。

离合器踏板自由行程的调整　　表 1-22

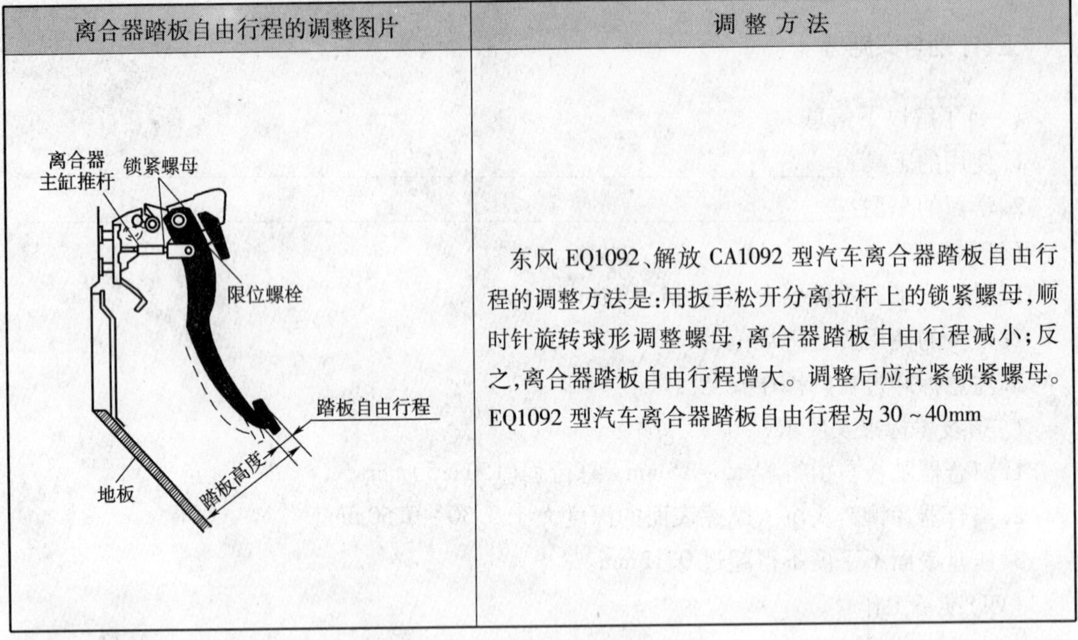

离合器踏板自由行程的调整图片	调 整 方 法
	东风 EQ1092、解放 CA1092 型汽车离合器踏板自由行程的调整方法是:用扳手松开分离拉杆上的锁紧螺母,顺时针旋转球形调整螺母,离合器踏板自由行程减小;反之,离合器踏板自由行程增大。调整后应拧紧锁紧螺母。EQ1092 型汽车离合器踏板自由行程为 30 ~ 40mm

小提示

机械操纵式离合器踏板自由行程的调整,一般是通过分离拉杆调整螺母调整拉杆或钢索长度。

3. 检查并调整踏板高度

踏板高度应在 145 ~ 155mm 之间。超出规定范围就应调整,其方法是:松开锁止螺母并转动止动螺栓直到踏板高度正确为止,然后紧固锁止螺母,拧紧力矩为 16N · m。

4. 分离杠杆高度的调整(表 1-23)

分离杠杆高度的调整　　表 1-23

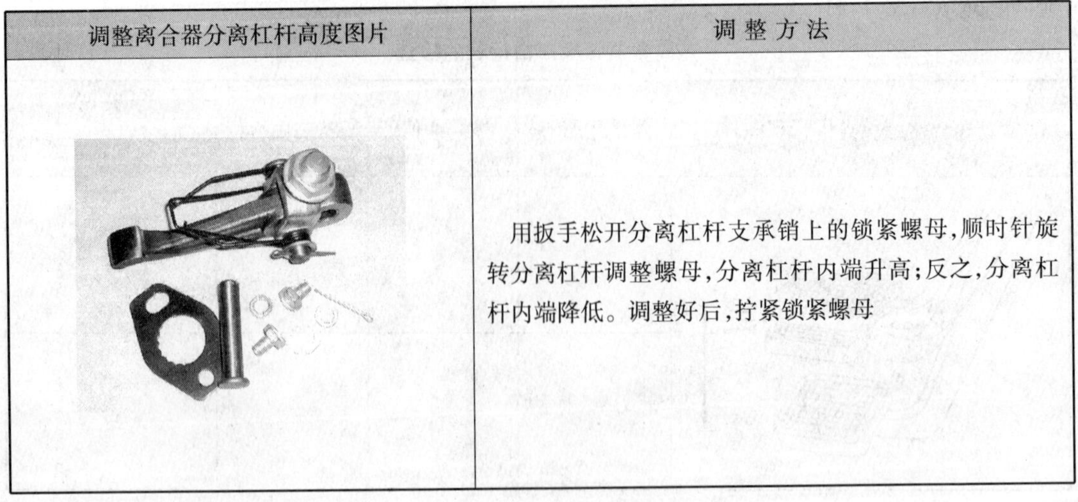

调整离合器分离杠杆高度图片	调 整 方 法
	用扳手松开分离杠杆支承销上的锁紧螺母,顺时针旋转分离杠杆调整螺母,分离杠杆内端升高;反之,分离杠杆内端降低。调整好后,拧紧锁紧螺母

三、评价与反馈

(一)教师评价(表1-24)

教 师 评 价 表1-24

评 价 项 目	评 价 分 值 (分)				
	5	4	3	2	1
安全意识					
着装和卫生					
工具使用和摆放					
零件摆放					
工作页填写情况					
组装完成后离合器工作情况					

(二)小组互评(表1-25)

小 组 互 评 表1-25

评 价 项 目	评 价 分 值 (分)				
	5	4	3	2	1
安全意识					
5S 情况					
团队合作					
工作页填写情况					

(三)自我评价(表1-26)

自 我 评 价 表1-26

评 价 项 目	评 价 分 值 (分)				
	5	4	3	2	1
安全意识					
5S 情况					
工具使用的规范性					
对离合器踏板自由行程的检查的完成情况					
对离合器踏板自由行程的调整的完成情况					
对分离杠杆高度的调整的完成情况					
学习资源利用情况,学习目标达到情况					
对这个项目的学习的满意程度					
你对改善本项目后续任务教学的建议.					

（四）学员在本任务中的综合评价（表 1-27）

综合评价　　表 1-27

单项分				
总分值				
签名	教师：	学员：	日期：	

学习任务工单四　离合器常见故障诊断与排除

知识目标

1. 掌握离合器常见故障现象和原因；
2. 熟悉离合器常见故障排除方法。

技能目标

1. 分析离合器发响的故障现象、原因以及故障排除；
2. 分析离合器打滑的故障现象、原因以及故障排除；
3. 分析离合器发抖的故障现象、原因以及故障排除；
4. 分析离合器分离不彻底的故障现象和原因。

学习任务描述

汽车底盘离合器常见故障离合器发响、离合器打滑、离合器发抖、离合器分离不彻底等。有必要掌握其故障现象，原因以及排除故障方法。

一、学习准备

（一）离合器的常见故障

离合器的常见故障有离合器打滑、分离不彻底、接合不平顺和异响等。

（二）离合器的常见故障分析

1. 离合器打滑

（1）故障现象

汽车低挡起步时，离合器踏板抬起后，汽车不能起步、起步不灵敏；汽车加速行驶时，行驶速度不能随发动机转速的升高而升高，上坡动力不足，且伴有离合器发热、产生煳味，甚至冒烟等现象。严重时，起步困难，甚至不能起步。

（2）故障原因

①离合器分离轴承没有间隙，使分离轴承压在分离杠杆上。

②从动摩擦片上有油污、烧焦、磨损过多、表面不平、表面硬化或铆钉外露等现象。

③从动盘摩擦片、压盘或飞轮工作表面磨损严重，离合器盖与飞轮的 连接松动，使压紧

力减弱。

④压力弹簧过软或折断,膜片弹簧疲劳或破裂。

⑤飞轮与离合器盖之间的固定螺钉松动。

⑥分离轴承运动发卡而复位。

⑦液压操纵机构或机械操纵机构的绳索黏滞。

⑧分离轴承座运动不灵活,与轴套管发卡不能及时复位。

(3)故障诊断及排除

①经验诊断法。

a. 若有自由行程,则故障可能由从动片油污、烧焦、铆钉露头等原因引起。

b. 若没有自由行程,则检查分离轴承是否复位、压力弹簧(或膜片弹簧)是否断裂。如弹簧断裂,则故障由此引起;如弹簧未断裂,则故障由从动片表面不平、表面硬化或弹簧疲劳引起。

具体试验方法:起动发动机,拉紧驻车制动器操纵杆,换上低速挡(一般为2挡),慢慢抬起离合器踏板,逐渐踩加速踏板起步,如果汽车不动,发动机也不熄火,这就基本可以判断离合器打滑(例外情况,离合器从动盘花键被磨光,或传动轴花键磨光也可能引起该种现象)。

②仪器诊断法。

用离合器打滑频闪测定仪诊断。

具体试验方法:支起驱动桥或置驱动轮于滚筒式试验台上。汽车低挡起步,逐渐加挡于直接挡,使汽车驱动轮在原地转动。将闪光灯发出的光亮点投射到传动轴的某一点(可预先设置标记)上。若传动轴上某点与光亮不同步,则离合器打滑,且看到似乎传动轴相对于光亮点在缓慢转动;若传动轴上某点与光亮同步,则离合器不打滑。

2. 离合器分离不彻底

(1)故障现象

发动机怠速运转时,踩下离合器踏板换挡困难,且伴随齿轮撞击声;勉强换入挡位,离合器未抬起,汽车就起步或发动机熄火;行驶中,换挡困难,且仍伴随有齿轮撞击声。

(2)故障原因

①离合器自由行程过大。

②分离杠杆变形或某一分离杠杆折断。

③分离杠杆内端不在同一平面上或内端太低。

④从动盘正反装错。

⑤从动盘铆钉松脱、摩擦片破裂、钢片变形。

⑥双片离合器中间压盘支撑弹簧弹力不均或个别弹簧折断、中间压盘调整不当。

⑦从动盘在花键轴上轴向锈蚀、运动发卡。

⑧压紧弹力不均或个别弹簧折断。

⑨在踩下离合器时分离拨叉变形。

⑩液压系统漏油,包括离合器主缸内漏。

⑪液压式离合器的液压系统油量不足(漏油)或有空气进入。

(3)故障诊断与排除

①检查液压系统是否漏油。

②检查离合器踏板自由行程。若自由行程太大,则故障由此引起;否则,应继续检查液压传动系统(对液压式离合器)。若油量不足(漏油)或管路中有空气,则故障由此引起;否则,拆下离合器下盖继续检查。

③检查分离杠杆内端高度。高度若是太低,则故障由此引起;否则,检查分离杠杆是否在同一平面内。如不在同一平面内,则故障由此引起。若在同一平面内,则检查从动盘是否正反装错,若装错,则故障由此引起;否则,踩下离合器踏板继续检查。

④检查从动盘钢片。从动钢片是否有变形、铆钉是否松脱。有其中之一情况者,则故障由此引起;否则,故障由从动盘轴向运动发卡引起。其原因是:从动盘在花键轴上移动卡滞;双片离合器中间压盘支撑弹簧弹力不均或个别弹簧折断。

3. 离合器接合不平顺

(1)故障现象

汽车起步时,严格执行操作规程,离合器接合时产生振抖,严重时整车都产生振抖,甚至熄火。

(2)故障原因

①分离杠杆内端高度不在同一平面内。

②压盘或从动片钢片翘曲变形。

③从动摩擦片表面不平,表面硬化、油污或烧焦,铆钉露头、松脱或折断。

④从动片上的减振弹簧疲劳或折断、缓冲片破裂。

⑤分离轴承发卡而不能复位。

⑥离合器压紧弹簧折断或弹力不均,膜片弹簧疲劳或破裂。

⑦踏板复位弹簧折断或脱落。

⑧飞轮工作端面圆跳动严重(翘曲变形)。

⑨飞轮、离合器壳或变速器固定螺钉松动。

⑩曲轴轴向间隙过大。

⑪变速器油黏度过大。

(3)故障诊断与排除

①检查离合器踏板复位弹簧是否折断或脱落。如折断或脱落,则故障由此引起。

②检查分离轴承复位情况。不复位则故障由此引起;否则,拆下离合器下盖继续检查。

③检查飞轮、离合器壳或变速器固定螺钉是否松动。如松动,则故障由此引起;否则,继续检查。

④检查分离杠杆内端是否在同一平面内。如不在同一平面内,则故障由此引起;否则,继续检查。

⑤检查压紧弹簧是否断裂。如断裂,则故障由此引起;否则,继续检查。

⑥检查从动盘是否有油污、烧焦或铝质粉末物。若有,则故障由油污、烧焦或铆钉露头引起;否则,继续检查。

⑦检查从动盘钢片、压盘或飞轮是否有翘曲变形。如有翘曲变形，则故障由此引起；否则，故障在缓冲片（从动盘上）或缓冲弹簧上疲劳或断裂、摩擦片表面不平、软化、铆钉松脱或折断。

⑧检查变速器油的黏度是否符合要求。

4.离合器异响

（1）故障现象

分离或接合时，发出不正常声响。

（2）故障原因

①分离轴承损坏或润滑不良、干摩擦。

②分离杠杆与离合器盖的连接松旷或分离杠杆支撑弹簧疲劳、折断或脱落。

③从动片花键孔与轴配合松旷。

④从动片铆钉松动或露头。

⑤从动片减振弹簧疲劳或折断。

⑥分离轴承与分离杠杆内端之间没有间隙。

⑦飞轮上的传动销与压盘上的传力孔或离合器盖上的驱动孔与压盘上的凸块配合间隙太大。

（3）故障诊断与排除

诊断前，调整离合器，使之分离彻底。

①轻轻踩下离合器踏板，注意察听分离轴承与分离杠杆内端刚刚接触时发出的声音：发出“沙沙”的响声，则故障由于分离轴承缺油（润滑不良）引起；无“沙沙”的响声，则拆下离合器下盖，将离合器踏板踩到底继续察听。

②将离合器踏板踩到底，发出“哗哗”的金属滑磨声，甚至看到离合器下部有火星冒出，则故障由分离轴承损坏引起；发出连续的“喀啦、喀啦”声，且分离不彻底时尤为严重，放松踏板后响声消失，则故障由传动销与压盘孔配合松旷或离合器盖驱动窗孔与压盘凸块松旷引起。双片离合器特别容易产生此故障。否则，继续检查。

③在离合器处于刚接合或刚分离时察听，发出“喀哒”的碰声，则故障由摩擦片松动引起；发出金属刮研声，则故障由从动片铆钉露头引起；发出连续噪声或间断的碰击声，则故障由分离轴承与分离杠杆内端间隙太小或无间隙引起。否则，继续检查。

④在汽车起步或行车中加、减速时，发出“吭”或“喀”的响声，则故障原因为：减振弹簧疲劳或断裂；从动片花键孔与轴配合松旷。

二、计划与实施

（一）了解以下信息

1.使用的工具：____。

2.学习的车型：____。

（二）准备工作

1.工具准备：工具车、工具柜等；

2.清理离合器周围污物。

(三)配分与评分标准(表1-28)

配分与评分标准 表1-28

序号	考核内容	配分	评分标准	考核记录	扣分	得分
1	正确使用工具仪器	10	工具使用不当扣10分			
2	正确的拆装顺序	10	拆装顺序错误酌情扣分			
	所有零件摆放整齐	10	摆放不整齐扣5分			
	能够清楚各零件的工作原理	20	叙述不出零件的工作原理扣5分			
	正确组装离合器	20	组装顺序错误酌情扣分			
3	调整间隙	10	不会调整扣5分			
			不会调整扣5分			
4	整理工具、清理现场	10	每项扣2分,扣完为止			
5	安全用电,防火,无人身、设备事故	10	因违规操作发生重大人身和设备事故,此题按0分计			
6	分数合计	100				

(四)计划与实施

1. 离合器故障原因与排除方法(表1-29)。

离合器故障原因与排除方法 表1-29

故障现象	可能原因	排除方法
离合器打滑	飞轮翘曲	修整或更换飞轮
	从动盘有油液、润滑脂或表面磨损	清洗或更换离合器从动盘
	从动盘或压盘翘曲	更换损坏的零件
	离合器没有正确对准	离合器重新对准
	压盘弹簧飞轮翘曲损坏或压盘浸油	更换损坏的零件
离合器发抖	摩擦片磨损或光滑	更换从动片
	摩擦片上有机油或润滑脂	清洗或更换
	飞轮或压盘翘曲或有沟槽	矫正、打磨或更换
	发动机支架损坏	修复
离合器分离不彻底	摩擦片上有机油或润滑脂	清洗或更换
	摩擦片破损	更换从动盘
	从动盘翘曲	更换从动盘
	分离杠杆调整不当或磨损	调整、修复或更换
	从动盘的花键磨损	更换从动盘
	从动盘粘在变速器输入轴上	清洗或更换从动盘和输入轴
	向心轴承磨损或黏合	更换向心轴承
离合器异响	向心轴承磨损或黏合	更换向心轴承
	减振器弹簧断裂	更换损坏件
	从动盘的花键磨损	更换从动盘
	变速器输入轴的轴承磨损	更换修复

2. 案例评析

案例1:桑塔纳轿车起步不平稳,有异响故障的检修。

故障症状:一辆桑塔纳轿车行驶里程为6800km,该车起步不稳,离合器处有异响。

检修方法:一个人在车内起步,一个人在车外听,发现在离合器处发出“哐”的一声响。拆下变速器,发现离合器从动片的减振弹簧全部断裂,造成起步时“闯”车。更换离合器从动片后,离合器起步平稳,异响消失。

分析:减振弹簧的作用是减缓传动系的扭转振动,同时在从动盘花键磨损、侧隙增大时起缓冲作用,从减振角方面给予适当补偿。车辆起步时,应适当增大节气门开度并慢抬离合器踏板,如果在不良路面上增大节气门开度、猛松离合器踏板,有可能造成从动片减振弹簧断裂,产生上述故障。

案例2:丰田凯美瑞轿车起步时,车身发生抖动故障的检修。

故障症状:一辆丰田凯美瑞轿车起步时,离合器不能平稳结合,车身发生抖动。

先采用经验法确定故障部位。如果踏下离合器踏板,离合器处于分离状态发抖,则可能是由于分离轴承或分离拨叉卡滞;如果踏下离合器踏板无阻滞感,感觉轻松,但仍发抖,则故障部位可能在压盘膜片弹簧上;如果松开离合器踏板后发抖,即离合器处于接合状态时发抖,则可能是离合器片上扭转缓冲弹簧断裂或失去弹性;如果轿车行驶途中和换挡时踏动离合器踏板均发抖,则可能是离合器盖螺栓松动造成离合器发抖。

按照以上经验方法,根据故障特征,拆检离合器,检查重点部位,结果拆检后未发现离合器部件损坏。

进一步仔细检查离合器部件,发现离合器盖外观粗糙,盖与飞轮接合部分不平整,询问车主,方知该车更换过离合器。试车中还发现一个特征:即离合器发抖的振动频率随发动机转速的升高而增长,这说明该车更换了不合格的离合器盖,离合器动平衡被破坏。

离合器动平衡应在平衡架上检验和校正。经检验,该车离合器动平衡超标(不平衡量应不大于2g·cm)。鉴于该离合器动不平衡系更换不合格离合器盖造成,因此更换了合格的离合器盖附件板总成。再次在平衡试验架上检验,达到规定要求,装车后,离合器颤抖故障排除。

三、评价与反馈

(一)教师评价(表1-30)

教师评价 表1-30

评价项目	评价分值(分)				
	5	4	3	2	1
安全意识					
着装和卫生					
工具使用和摆放					
零件摆放					
工作页填写情况					
组装完成后离合器工作情况					

（二）小组互评（表 1-31）

小 组 互 评　　表 1-31

评 价 项 目	评 价 分 值（分）				
	5	4	3	2	1
安全意识					
5S 情况					
团队合作					
工作页填写情况					

（三）自我评价（表 1-32）

自 我 评 价　　表 1-32

评 价 项 目	评 价 分 值（分）				
	5	4	3	2	1
安全意识					
5S 情况					
工具使用的规范性					
对离合器打滑的故障原因的诊断与排除情况					
对离合器发抖的故障原因的诊断与排除情况					
对离合器分离不彻底的故障原因的诊断与排除情况					
学习资源利用情况，学习目标达到情况					
对这个项目的学习的满意程度					
你对改善本项目后续任务教学的建议：					

（四）学员在本任务中的综合评价（表 1-33）

综 合 评 价　　表 1-33

单项分				
总分值				
签名	教师：	学员：	日期：	

项目二　手动变速器故障诊断与维修

案例导入

案例1:一辆桑塔纳2000轿车手动变速器在3~4挡之间易掉挡,若踩加速踏板掉3挡,若抬加速踏板掉4挡。

案例2:某轿车换不上挡,不能前进只能倒退故障的检修。

故障症状:一辆轿车在交通繁忙路段行驶时,由于是新手驾车,换挡过猛,突然换不上挡。驾驶员试过所有的前进挡,都不能使汽车向前行驶,只有倒挡时车辆能够行驶。

手动变速器是实现变速、增矩和倒车,利用空挡中断动力传递的装置,在汽车行驶过程中,变速器经常担负着变速、变矩的作用。频繁换挡和大负荷、高速状态下工作都极易引起零件的磨损和变形,造成变速器出现跳挡、乱挡、异响、漏油等故障。

在传动系中,手动变速器位于离合器的后面,万向传动装置的前面。手动变速器由变速传动机构和操纵机构两大部分组成。手动变速器操纵机构是通过驾驶员用手操纵变速杆来选定挡位,并直接操纵变速器的换挡机构进行挡位变换。变速传动机构的主要作用是改变速比和旋转方向。

按工作轴的数量不同(不包括倒挡轴)可分为三轴式变速器和二轴式变速器。其中,三轴式变速器分三轴式五挡变速器和带中间隔板的三轴式五挡变速器。二轴式变速器广泛应用于发动机前置前轮驱动或发动机后置后轮驱动的汽车,一般与驱动桥合称为手动变速驱动桥。

为了能深刻、系统地完成手动变速器故障诊断与维修这个项目的学习,本项目选取四个典型的任务,见表2-1。

手动变速器典型任务　　表2-1

学习任务	学习任务一	学习任务二	学习任务三	学习任务四
工作内容	手动变速器的解体和清洗	手动变速器主要零部件的检验	手动变速器的装配	手动变速器常见故障诊断与排除

在完成以上四个任务之前,有必要明确手动变速器安装位置及要求,见表2-2。

手动变速器安装位置及要求　　表2-2

手动变速器的安装位置	对手动变速器操纵机构的要求	手动变速器图片

学习任务工单一　手动变速器的解体和清洗

知识目标

1. 掌握变速器的功用、类型与齿轮机构的变速传动原理；
2. 能简单叙述手动变速器的构造及变速器各挡的传动情况；
3. 能正确描述同步器的功用、类型、构造与工作原理。

技能目标

1. 观察变速器与发动机的连接关系、手动变速器及操纵机构的拆装步骤；
2. 能识别手动变速器及操纵机构的主要零件并叙述其作用；
3. 熟悉手动变速器及操纵机构的技术要求；
4. 能够选择正确的工具与量具，完成操作任务。

学习任务描述

汽车底盘手动变速器出现了异常情况，需要检查，请你按照技术规范，正确对手动变速器及操纵机构进行拆装清洗。

一、学习准备

（一）变速器的功用

完成表2-3的相关内容。

变速器的功用　　表2-3

变速器功用	实现挡位	手动变速器挡位图片
1. 实现变速变矩		
2. 实现倒车		
3. 实现中断动力传动		

问题讨论

问题：汽车为什么要安装变速器？

____

____

____

小提示

在使用工具时，应选择最适当的工具以便安全和有效地工作。选用工具时，应按先套筒扳手，后梅花扳手最后开口扳手的原则进行选择。

（二）变速器类型

1. 按传动比的变化方式

完成表2-4。

变速器按传动比的变化方式分类　　表2-4

类型	________变速器	________变速器	________变速器
特点	采用齿轮传动，具有若干个定值传动比	传动比是连续变化的	部分是无级式的
变速器图片	 a)有极变速器	 b)无极变速器	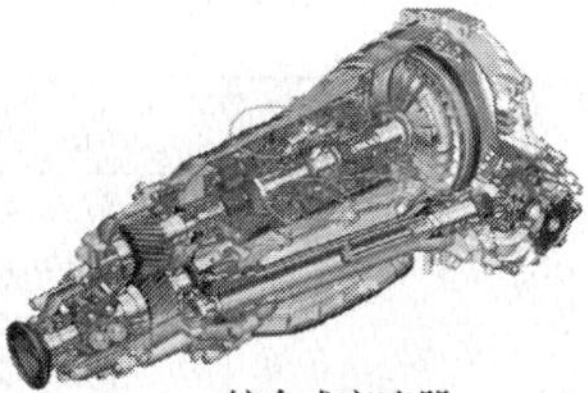 c)综合式变速器

2. 按操纵方式

完成表2-5。

变速器按传动比的变化方式分类　　表2-5

类型	________变速器	________变速器	________变速器
特点	采用齿轮传动，具有若干个定值传动比	传动比是连续变化的	部分是无级式的
变速器图片	 a)手动变速器	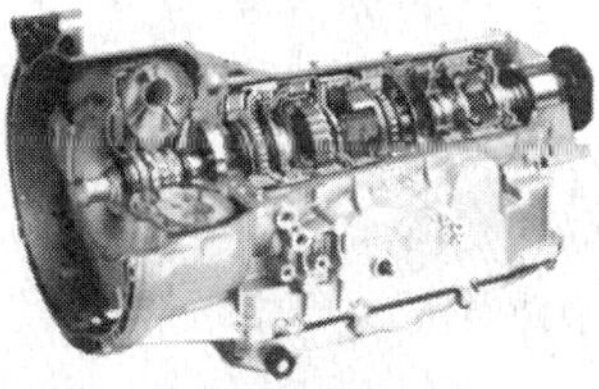 b)自动变速器	 c)手动自动一体变速器

3. 按齿轮轴数分

完成表2-6。

变速器按齿轮轴数分类　　表2-6

类型	________变速器	________变速器
特点		
变速器图片	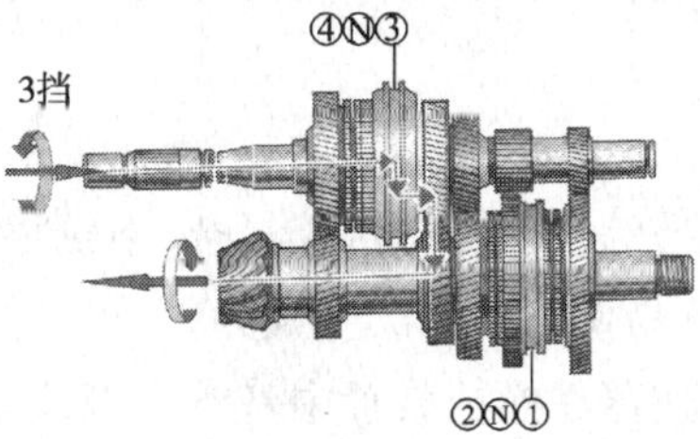 3挡 ④Ⓝ③ ②Ⓝ① a)两轴式变速器	 b)三轴式变速器

小提示

注意安全工作的相关规范以保护自己免受伤害或避免发生任何事故，因此工作时选择合适工作服、工作鞋穿着，并应严格按照作业流程规范操作。

经常保持工作场所的清洁，工作过程中，应严格遵循5S（整理、整顿、清洁、清扫、自律）管理。

（三）手动变速器的构造

手动变速器由变速传动机构和变速操纵机构两部分组成，完成表2-7。

手动变速器构造　　表2-7

变速器构造	作　用	组　成	手动变速器传动机构图片
1.变速器传动机构	改变转矩和转速的传动比及方向	由壳体、第一轴、____、中间轴、______、各挡齿轮和轴承等组成	
2.变速器操纵机构	控制传动机构实现变速器传动比和转向变换，即完成换挡操作	由盖、操纵装置、__________、_________和倒挡保险装置等组成	

问题讨论

变速器操纵机构有____________和____________两种，它们分别在什么情况下使用？

小提示

变速器在使用过程中，对变速器油的检查或更换周期按各厂家规定进行，30000km检查变速器油位，变速器油不需要更换。如果在使用过程中出现漏油或油品变质，则必须添加或更换。

（四）同步器

手动变速器的换挡操作，尤其是从高挡向低挡的换挡操作比较复杂，不仅很容易产生轮齿或花键齿间的冲击、降低齿轮的使用寿命，而且易使驾驶员产生疲劳。

为了简化操作，保证换挡迅速、平顺，目前变速器在换挡装置中基本上都设置有同步器，完成表2-8。

同步器构造　　表 2-8

	作　用	组　成	同步器构造图片
同步器构造	1. 使接合套与待接合齿圈两者之间能迅速同步； 2. 阻止同步前齿轮进行啮合； 3. 防止产生接合齿圈之间的冲击； 4. 缩短换挡时间，迅速完成换挡操作； 5. 延长齿轮寿命	由接合套、齿轮毂、______、推动件、摩擦件和锁止装置组成	锁环 花键毂

（五）手动变速器动力传递路线

以发动机横向布置的两轴变速器为例，填写表 2-9。

两轴式手动变速器动力传递路线　　表 2-9

	动力传递路线	动力传递路线图片
两轴变速器动力传递路线	空挡： 输入轴 → 主驱动齿轮（第 4 挡）→ →	a）空挡动力传递路线
	1 挡：	b）1 挡动力传递路线
	2 挡：	c）2 挡动力传递路线
	3 挡：	d）3 挡动力传递路线

续上表

<table>
<tr><th rowspan="4">两轴变速器动力传递路线</th><th>动力传递路线</th><th>动力传递路线图片</th></tr>
<tr><td>4 挡：</td><td> e)4 挡动力传递路线</td></tr>
<tr><td>5 挡：</td><td> f)5 挡动力传递路线</td></tr>
<tr><td>倒挡：</td><td> g)倒挡动力传递路线</td></tr>
</table>

二、计划与实施

（一）了解以下信息

1. 使用的工具：________________________________。

2. 学习的车型：________________________________。

（二）拆卸的注意事项

1. 严格按照拆装程序进行操作并注意操作安全；

2. 注意各零部件的清洗、润滑和摆放；

3. 分解变速器时不能用手锤直接敲击零件，必须采用铜棒或硬木垫进行敲击；

4. 工具的正确使用；

5. 轴承、齿轮的正反方向。

（三）准备工作

1. 捷达两轴式手动变速器 1 台，EQ1090E 型汽车五挡变速器一台。

2. 磁力表座、百分表 1 套，平板 1 块，维修工具 1 套，塞尺 1 把，V 形铁 2 块，力矩扳手一把。

3. 每组一套底盘拆装工具、零部件盘。

4. 维修手册、工单。

（四）技术标准及要求

1. 捷达王五速变速器技术参数如表 2-10 所示。

捷达王五速变速器技术参数　　表 2-10

1 挡传动比	3.455
2 挡传动比	1.944
3 挡传动比	1.077
4 挡传动比	1.032
5 挡传动比	0.85
倒挡传动比	3.167
齿轮油容量	1.7L
齿轮油规格	API－GI4SAE－80(MIL－L2105)
主减速比	3.941

2. 同步环背与齿轮花键端之间的间隙,应约为 1mm。

3. 换挡拨叉与接合套的轴向最大间隙为 1.0mm。

4. 输入、输出轴的弯曲度,最大不超过 0.06mm。

5. 齿轮和轴间间隙应小于 0.03mm。

(五)计划与实施

1. 变速器总成的分解

(1)拆卸延伸壳(后端盖)如图 2-1 所示。

(2)拆卸 5 挡齿轮,如图 2-2 所示。

图 2-1　拆卸延伸壳(后端盖)

图 2-2　拆卸 5 挡齿轮

(3)取下 5 挡齿轮及同步器(注意滑套的正反方向),如图 2-3 所示。

(4)拆卸换挡机构,如图 2-4 所示。

图 2-3　取下 5 挡齿轮及同步器

图 2-4　拆卸换挡机构

(5)拆卸离合器罩，如图2-5所示。

(6)拆卸换挡机构，如图2-6所示。

图2-5　拆卸离合器罩

图2-6　拆卸换挡机构

(7)拆卸倒挡开关，如图2-7所示。

(8)取下变速器壳体，如图2-8所示。

(9)拆卸倒挡齿轮，如图2-9所示。

图2-7　拆卸倒挡开关

图2-8　取下变速器壳体

图2-9　拆卸倒挡齿轮

2. 变速器总成的清洗

将变速器总成的各零部件放入清洗盘进行清洗。

三、评价与反馈

(一)教师评价(表2-11)

教师评价　　表2-11

评价项目	评价分值(分)				
	5	4	3	2	1
安全意识					
着装和卫生					
工具使用和摆放					
零件摆放					
工作页填写情况					
分解完成后手动变速器情况					

（二）小组互评（表 2-12）

小 组 互 评 表 2-12

评价项目	评价分值（分）				
	5	4	3	2	1
安全意识					
5S 情况					
团队合作					
工作页填写情况					

（三）自我评价（表 2-13）

自 我 评 价 表 2-13

评价项目	评价分值（分）				
	5	4	3	2	1
安全意识					
5S 情况					
工具使用的规范性					
识别变速器各主要零部件的安装位置的完成情况					
掌握变速器的工作原理的描述情况					
变速器传动机构的拆装步骤的完成情况					
学习资源利用情况，学习目标达到情况					
对这个项目的学习的满意程度					
你对改善本项目后续任务教学的建议：					

（四）学员在本任务中的综合评价（表 2-14）

综 合 评 价 表 2-14

单项分				
总分值				
签名	教师：	学员：	日期：	

学习任务工单二　手动变速器主要零部件的检验

知识目标

1. 掌握手动变速器齿轮的检修方法；
2. 掌握手动变速器轴的检修方法。

技能目标

1. 会正确使用普通、专用量具；
2. 能读懂装配图，会使用维修手册；
3. 会对齿轮和轴承进行检修；
4. 会对输入轴、输出轴、同步器进行检修。

学习任务描述

汽车手动变速器出现了异常情况，需要检验，请你按照技术规范，正确对手动变速器主要零部件进行检验。

一、学习准备

(一)变速器齿轮的检修

变速器的齿轮经常在不断变化的转速、负荷下进行工作。齿轮齿面又受到冲击载荷的作用，致使齿轮，特别是齿面产生损伤。

1. 齿面上有明显的疲劳麻点、脱皮，或阶梯状磨损时，要进行更换。

2. 为保证齿轮轮齿端部的间隙为0.1～0.3mm，齿轮端面起槽要修磨，磨削量不超过0.5mm。

3. 齿轮啮合间隙一般应为0.15～0.26mm，使用极限0.8mm，接合齿(短齿)啮合间隙为0.1～0.15mm，使用极限为0.6mm，齿厚磨损量不应超过0.4mm。如果超过，需要更换。

4. 常啮合齿轮(一轴)、内座孔、滚针轴承、轴颈三者配合间隙为0.01～0.08mm，使用极限0.3mm，否则应予更换。

(二)变速器壳体的检修

变速器的壳体是变速器总成的基础件，用以保证变速器各零件的正确位置，工作中承受一定的载荷。

1. 裂纹

(1)用锤击法直接测量出来。

(2)用磁力探伤测量出裂纹。

(3)非重要部位的小裂纹可用环氧树脂黏结，也可使用焊补。

(4)重要部位如轴承座孔之内的贯通裂纹,不可修复,需更换壳体。

2. 变形

(1)要保证轴承座孔之间中心线平行,平行度为0.02mm,最大不可超过0.1mm。

(2)接合平面的平面度,不能大于0.05mm ,否则会漏油。

(3)轴承座孔磨损变大,极限为0.1mm,保证轴承与座孔之间配合间隙为0~0.03mm,否则可给座孔镶套,或更换壳体。

(4)螺纹孔的螺纹损伤不可多于2牙,可用加粗螺栓,重制螺孔。

(三)变速器轴的检修

变速器在工作过程中,各轴受着变化的扭转力矩、弯曲力矩作用,键齿部分还承受着挤压、冲击和滑动摩擦等载荷。

1. 拨叉轴直线度为0.05mm,定位凹槽最大磨损量为0.5mm,超过极限就需要更换。

2. 一轴、二轴、中间轴以轴两端中心孔为基准,中部径向跳动公差为0.03mm,长度大于250mm跳动量不应大于0.1mm,否则应用压力机校正。

3. 轴上花键齿,一侧磨损量不应大于0.25mm,与键槽之间配合不应超过0.4mm,否则需要更换。

(四)同步器的检修

1. 锁环锥面角的检测

锁环的锥面角 α 为6°~7.5°,在使用中,锥面角变形增大而不能迅速同步,应及时更换。

2. 被同步的齿轮与同步器齿轮毂应有0.15~0.2mm的握力间隙,过紧或过松都将引起同步不良现象。

二、计划与实施

(一)了解以下信息

1. 使用的工具:____。

2. 学习的车型:____。

(二)检修时的注意事项

1. 严格拆装程序并注意操作安全;

2. 注意各零部件的清洗和润滑;

3. 分解变速器时不能用手锤直接敲击零件,必须采用铜棒或硬木垫进行敲击。

(三)准备工作

1. 工具准备:工具车、工具柜等;

2. 清理变速器周围污物。

(四)考核要求及配分标准(表2-15)

1. 拆卸、装配变速器总成;

2. 装配后符合技术标准;

3. 正确检测变速器的主要零部件,检测方法与结果正确。

变速器拆装配分标准 表2-15

序号	考核内容	配分	评分标准	考核记录	扣分	得分
1	正确使用工具仪器	10	工具使用不当扣10分			
2	正确的拆装顺序	10	拆装顺序错误酌情扣分			
	所有零件摆放整齐	10	摆放不整齐扣5分			
	能够正确回答各挡位动力传递路线	20	回答不出各挡位动力传递路线扣10分			
	组装变速器总成	20	组装顺序错误酌情扣分			
3	组装后变速器总成能够正常工作	10	若不能正常工作扣10分			
4	整理工具、清理现场	10	每项扣2分,扣完为止			
5	安全用电,防火,无人身、设备事故	10	因违规操作发生重大人身和设备事故,此题按0分计			
6	分数合计	100				

(五)计划与实施

1. 齿轮和轴承的检修(表2-16)

齿轮和轴承的检修 表2-16

检查项目	对比数值	结果	检查齿轮与内座圈间隙图片
目视检查齿面是否有斑点	斑点轻微	用油石修磨	
	斑点面积超15%	更换齿轮	
检查齿厚	齿厚磨损超过0.2mm	更换齿轮	
检查齿长的磨损	磨损超过15%	更换齿轮	
装好轴承和内座圈后,用百分表检查齿轮与内座圈之间的间隙	超标(查维修手册)	更换轴承	

小提示

齿轮应成对更换。

2. 输入轴、输出轴的检修

(1)目视检查输入轴、输出轴,不应有裂纹,轴径及花键不应有严重磨损,轴上的齿轮不应有断齿和严重磨损,否则应更换。

(2)检查轴的径向圆跳动,不应超过0.05mm,否则应更换或校正,如图2-10所示。

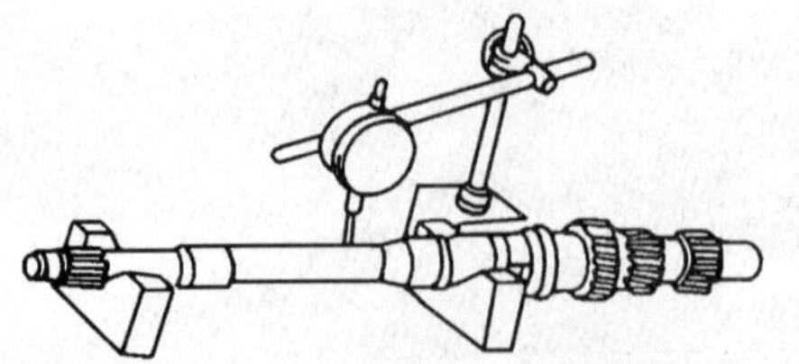

图2-10 检查轴的径向圆跳动

3. 同步器的检修、装配

(1)同步器的检修

各挡位装配间隙与磨损极限见表2-17。

装配间隙与磨损极限　　表 2-17

挡位齿轮	装配间隙(mm)	磨损极限(mm)	同步器的检修图片
1 挡和 2 挡	1.10 ~ 1.17	0.5	
3 挡和 4 挡	1.35 ~ 1.90	0.5	
5 挡	1.10 ~ 1.70	0.5	

(2)同步器的装配

如图 2-11 ~ 图 2-14 所示。

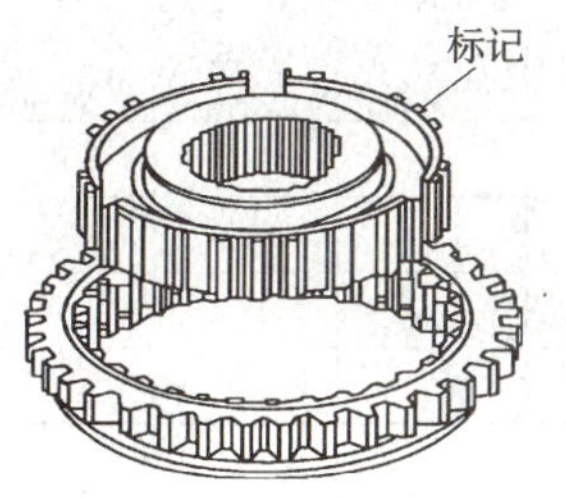

图 2-11　1 挡和 2 挡花键毂与接合套的装配

图 2-12　3 挡和 4 挡花键毂装配标志

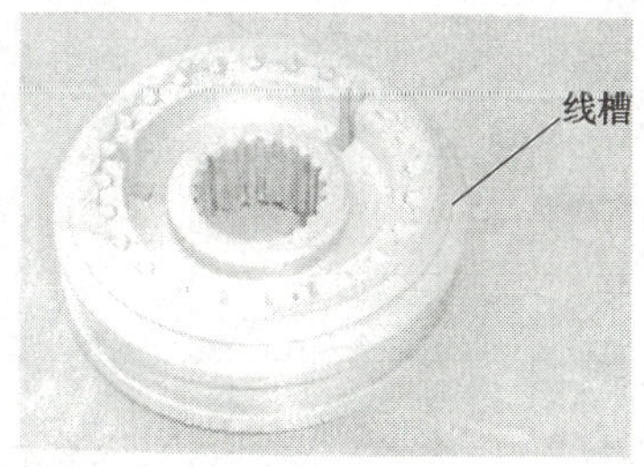

图 2-13　3 挡和 4 挡花键毂与接合套的装配

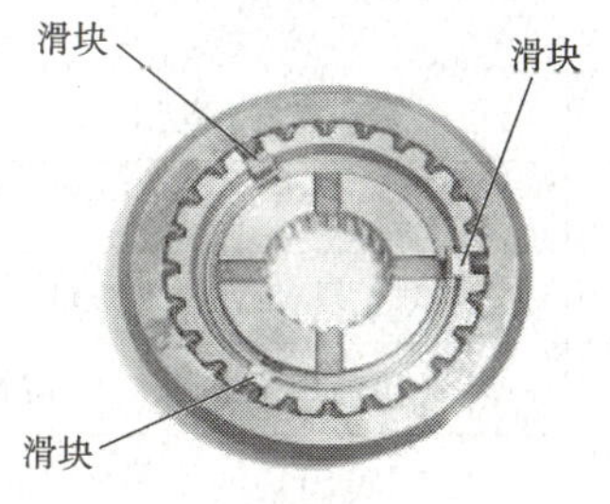

图 2-14　接合套/花键毂的装配

4. 手动变速器操纵机构的检修

(1)变速杆的检修。

(2)变速器拨叉的检修

(3)变速器拨叉轴、定位互锁装置的检修。

5. 变速器壳体和盖的检修

(1)变速器壳体的检修。

(2)变速器盖的检修。

三、评价与反馈

(一)教师评价(表2-18)

教 师 评 价　　表2-18

评 价 项 目	评 价 分 值 (分)				
	5	4	3	2	1
安全意识					
着装和卫生					
工具使用和摆放					
零件摆放					
工作页填写情况					
组装完成后离合器工作情况					

(二)小组互评(表2-19)

小 组 互 评　　表2-19

评 价 项 目	评 价 分 值 (分)				
	5	4	3	2	1
安全意识					
5S 情况					
团队合作					
工作页填写情况					

(三)自我评价(表2-20)

自 我 评 价　　表2-20

评 价 项 目	评 价 分 值 (分)				
	5	4	3	2	1
安全意识					
5S 情况					
工具使用的规范性					
齿轮和轴承的检修的完成情况					
输入轴、输出轴的检修的完成情况					
变速器同步器的检查的完成情况					
学习资源利用情况,学习目标达到情况					
对这个项目的学习的满意程度					
你对改善本项目后续任务教学的建议:					

(四)学员在本任务中的综合评价(表2-21)

综合评价

表2-21

单项分				
总分值				
签名	教师:	学员:	日期:	

学习任务工单三　手动变速器的装配

知识目标

1. 熟悉手动变速器的结构;
2. 熟悉手动变速器的装配方法。

技能目标

1. 能正确使用普通、专用量具;
2. 能读懂装配图,会使用维修手册;
3. 会安装换挡机构;
4. 会安装变速器壳。

学习任务描述

汽车底盘手动变速器出现了异常情况,经维修师的检测,将故障及时排除,请你按照技术规范,正确对手动变速器主要零部件进行装配。

一、学习准备

(一)倒挡惰轮及轴的装配

1. 首先用枢轴、垫圈和螺母,将倒挡变速臂装到变速器套壳上并拧紧螺母。

2. 把第5挡变速拨叉轴和变速头装到变速器套壳上,用尖头冲子和手锤敲入开口槽弹簧销。

3. 把倒挡惰轮沟槽与倒挡变速臂闸互相对齐,将倒挡惰轮轴穿过倒挡惰轮安装到壳上,并用15~22N·m的力矩拧紧止动螺栓。

(二)副轴的安装

(三)输出轴的安装

1. 装上离合器壳。

2. 在输出轴前端和滚针轴承上涂抹齿轮油,将2号同步环放在齿轮上,使环槽和滑块对齐,把滚针轴承装入第3齿轮,用压力机将第3齿轮和第2号啮合套装上。

3. 选择一个与环槽为最小间隙的开口环,装到输出轴上。

4. 如图2-15所示,用塞尺测量第3齿轮轴向间隙。

5. 在输出轴后端和滚针轴承上涂抹齿轮油，将 1 号同步环放在第 2 齿轮上，使环槽和滑块对齐，把滚针轴承装入第 2 齿轮里，如图 2-16 所示，用压力机将第 2 齿轮和第 1 号啮合套装上。

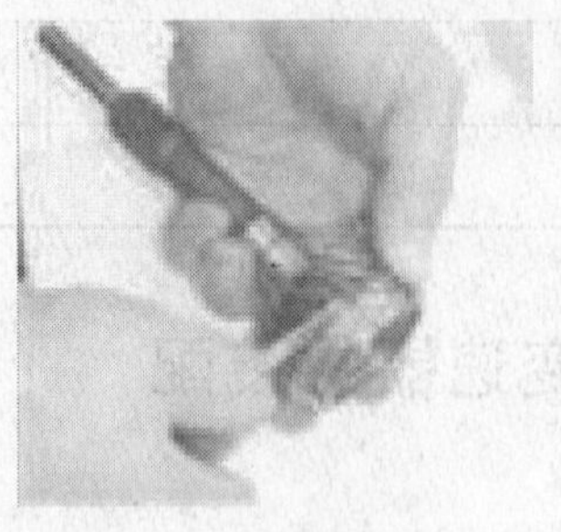

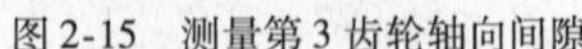

图 2-15　测量第 3 齿轮轴向间隙

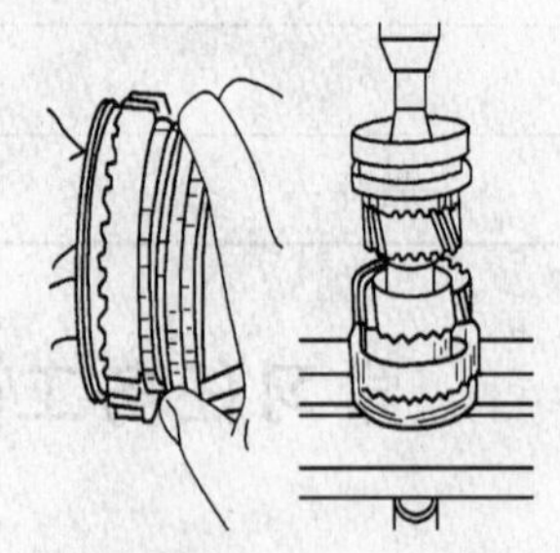

图 2-16　将齿轮装在啮合套装上

6. 将锁紧滚珠装在输出轴上，在滚针轴承上涂抹齿轮油，将第 1 齿轮、同步环、滚针轴承和轴承座内圈装配起来。

7. 把输出轴装到变速器套壳上。

8. 用特种修理工具把第 5 齿轮安装到输出轴上，再用开口环钳装上开口环，取掉钢板。

(四) 输入轴的安装

(五) 副轴前后轴承、护圈及延伸壳的安装

1. 把变速器翻转过来，使副轴与轴承中心对齐，同时支撑好副轴后部，用铜锤将副轴前轴承敲入轴承座。

2. 安装前轴承护圈。

3. 把中间轴承护圈装到变速器套壳上，并拧紧螺栓。

4. 先在副轴上安装锁紧滚珠和推力垫圈，再在滚针轴承上涂抹多用途润滑脂并装入副轴后端，然后安装第 3 号接合毂，插上第 5 挡变速拨叉，并用开口弹簧销锁止。

5. 将同步环槽和滑块对齐，用专用工具把第 5 齿轮花键装到副轴上。

6. 用手旋转输入轴和拨动啮合套，分别检查各齿轮的旋转和啮合套的操作是否平顺。

7. 将滚珠和速度驱动齿轮装在输出轴，安装好开口环后再装延伸壳。

8. 将速度计从动齿轮装在输出轴上，安装锁紧板和螺栓。

(六) 变速器盖的安装

1. 将变速横杆轴装到壳盖上，再把轴和横杆的孔对齐后，装上锁紧螺栓。

2. 在变速横杆轴上安装变速外横杆，再用锁销插上，并用螺母紧固。

3. 把选速横杆轴装到壳盖上，在选速横杆轴上装上选速外横杆，再用锁紧螺栓插上，拧紧螺栓。

4. 对于 L54 变速器，先装上弹簧和滚珠，把变速拨叉轴、倒挡变速头和第 5 挡变速头装到壳盖上，最后装上卡环，用开槽环销锁死。

5. 先把倒挡拨叉用联锁销装到倒挡变速头上，再把另一联锁销、弹簧和滚珠装到壳盖上，装上倒挡变速头(只适用于 L49)，再把第三个联锁销装到变速拨叉轴上。

6. 把 1、2 挡拨叉用联锁销、弹簧和滚珠装到壳盖上，再把第 1 挡和第 2 挡变速拨叉轴装到变速头上，然后把第 1 挡和第 2 挡变速头、拨叉和轴装到壳盖上，用尖头冲子和手锤敲入

两个开槽弹簧销。

7. 装上3、4挡拨叉用联锁销，装上第3挡和第4挡变速拨叉和轴，用尖头冲子和手锤敲入开槽弹簧销。

8. 先在紧封塞座上涂抹液体密封剂，装上滚珠、弹簧和座；然后在紧封塞上涂抹液体密封剂，再将它装入座内。

9. 安放好变速器盖新垫圈，将壳盖装到变速器壳体上，再插上安装螺栓并拧紧。

二、计划与实施

（一）了解以下信息

1. 使用的工具：______________________________。

2. 学习的车型：______________________________。

（二）装配的注意事项

1. 防止进入异物，如沙土、灰尘；

2. 在装配前要清洁洗刷零件，保持零件干净；

3. 注意每个零件的安装位置和方向；

4. 非重复使用的零件不能重复使用；

5. 装配过程中注意给零件添加润滑油。

（三）准备工作

1. 工具准备：工具车、工具柜等；

2. 清理变速器周围污物。

（四）配分与评分标准（表2-22）

配分与评分标准 表2-22

<table>
<tr><th>序号</th><th>考核内容</th><th>配分</th><th>评分标准</th><th>考核记录</th><th>得　分</th></tr>
<tr><td>1</td><td>正确实用工具</td><td>10</td><td>工具使用不当扣5分</td><td></td><td></td></tr>
<tr><td rowspan="2">2</td><td>正确拆卸顺序</td><td rowspan="2">30</td><td>拆卸顺序错误一次扣10分</td><td rowspan="2"></td><td rowspan="2"></td></tr>
<tr><td>零件摆放整齐</td><td>摆放不整齐扣5分</td></tr>
<tr><td>3</td><td>清楚各挡动力传递路线</td><td>20</td><td>叙述不准确一项扣5分</td><td></td><td></td></tr>
<tr><td>4</td><td>正确组装变速器</td><td>30</td><td>组装顺序错误一次扣10分</td><td></td><td></td></tr>
<tr><td rowspan="2">5</td><td>整理工具，清理场地</td><td rowspan="2">10</td><td rowspan="2">保持实训场地卫生、保证人身及设备的安全，违规一次扣5分</td><td rowspan="2"></td><td rowspan="2"></td></tr>
<tr><td>实训态度和纪律</td></tr>
<tr><td>6</td><td>分数合计</td><td>100</td><td></td><td></td><td></td></tr>
</table>

（五）计划与实施

1. 将输出轴装入中间板

（1）一边拉输出轴，一边敲中间板，将输出轴装入中间板，如图2-17所示。

（2）使用弹簧卡环钳安装输出轴中间轴承的弹簧卡环，如图2-18所示。

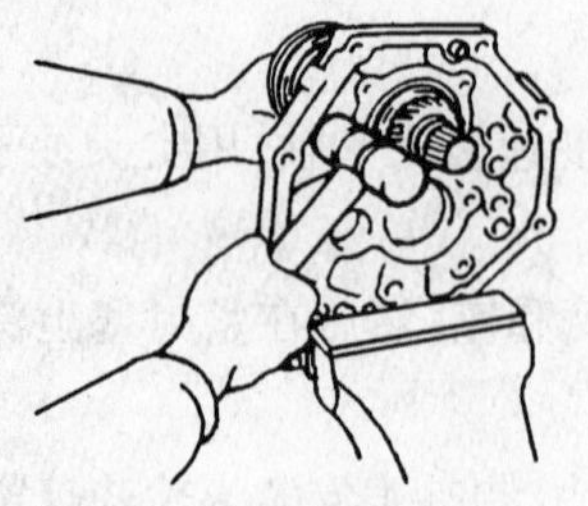

图 2-17　将输出轴装入中间板

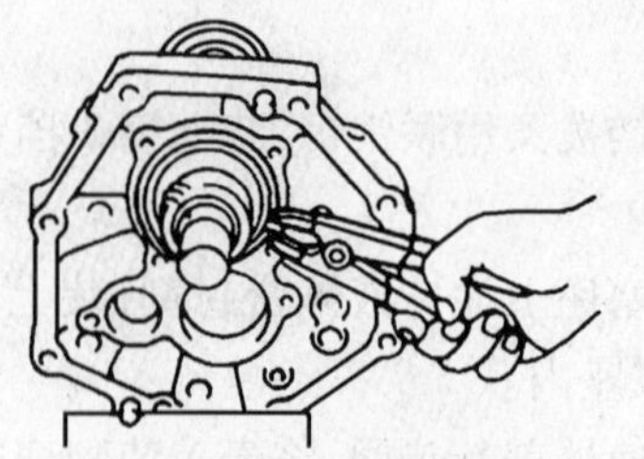

图 2-18　安装输出轴中间轴承的弹簧卡环

小提示

弹簧卡环应与中间板表面齐平。

2. 将第一轴(输入轴)装入第二轴(输出轴)

(1)在轴承的 13 个滚针上涂敷 MP 润滑剂,将滚针装入输入轴,如图 2-19 所示。

(2)将输入轴装入输出轴,使同步环槽对齐变速键,如图 2-20 所示。

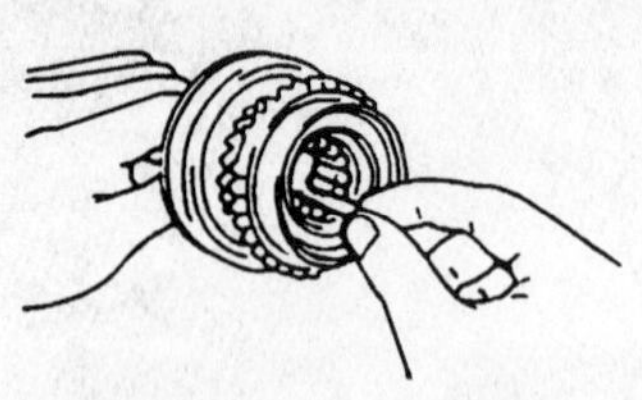

图 2-19　滚针装入输入轴

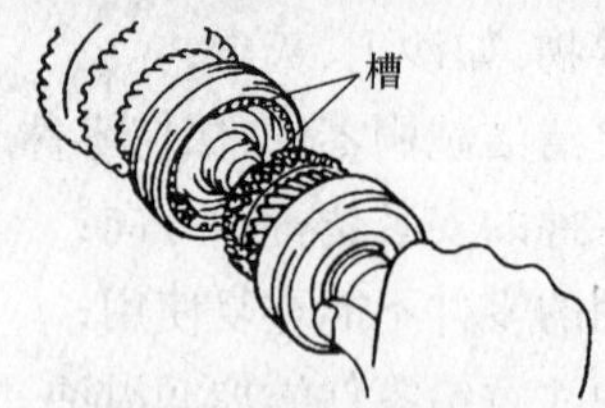

图 2-20　输入轴装入输出轴

3. 将中间轴齿轮装到中间板上

(1)使用弹簧卡环钳将弹簧卡环安装在中间轴齿轮的后轴承上,如图 2-21 所示。

(2)将中间轴齿轮装入中间板,同时握住中间轴齿轮,使用 SST 装上中间轴后轴承,如图 2-22 所示。SST 09316 - 60010(09316 - 00010)。

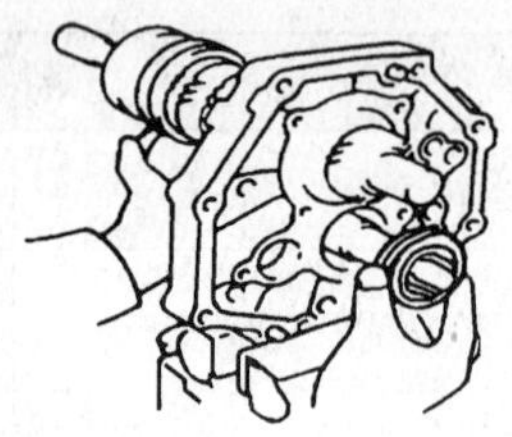

图 2-21　将弹簧卡环安装在中间轴齿轮的后轴承上

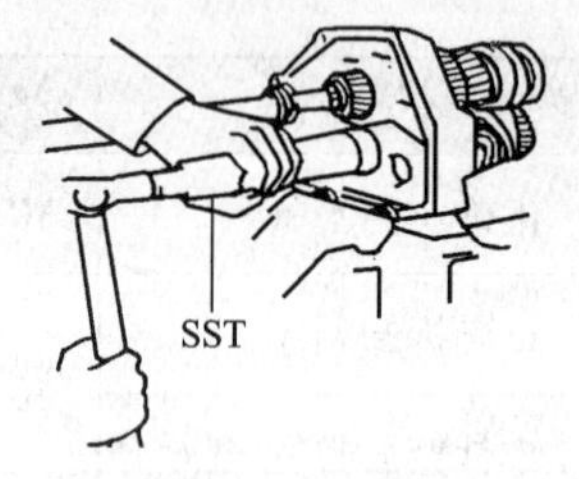

图 2-22　将中间轴齿轮装入中间板

4. 安装后轴承护圈(图 2-23)

使用力矩套筒扳手安装并拧紧螺栓。拧紧力矩:18N · m。(力矩套筒扳手 T40 09042 - 00020)

5. 安装倒挡惰齿轮和轴

(1)安装倒挡惰齿轮和轴,如图 2-24 所示。

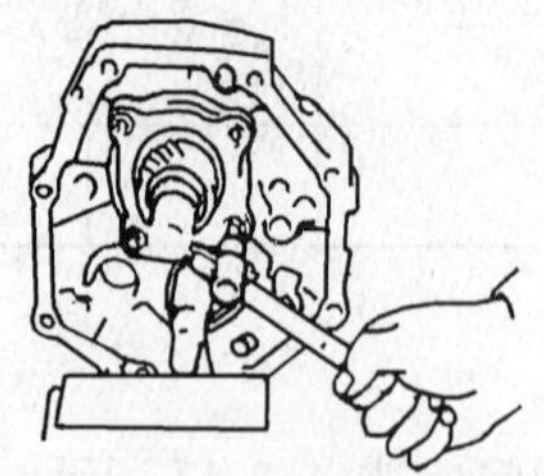

图 2-23　将输出轴装入中间板

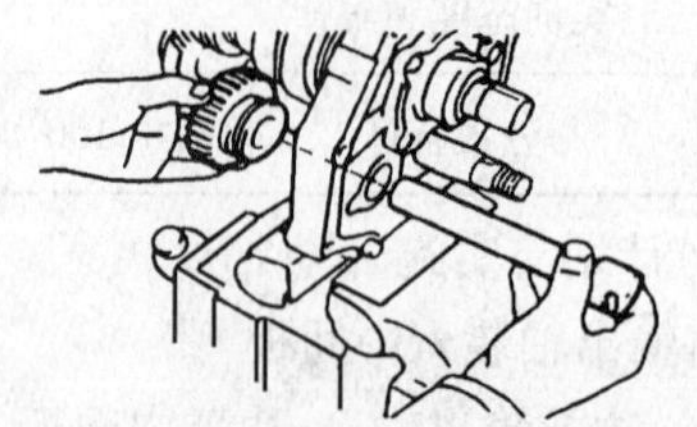

图 2-24　安装输出轴中间轴承的弹簧卡环

(2)安装轴的限位螺栓并拧紧螺栓,如图 2-25 所示。拧紧力矩:17N·m。

6. 安装倒挡换挡臂托架(图 2-26)

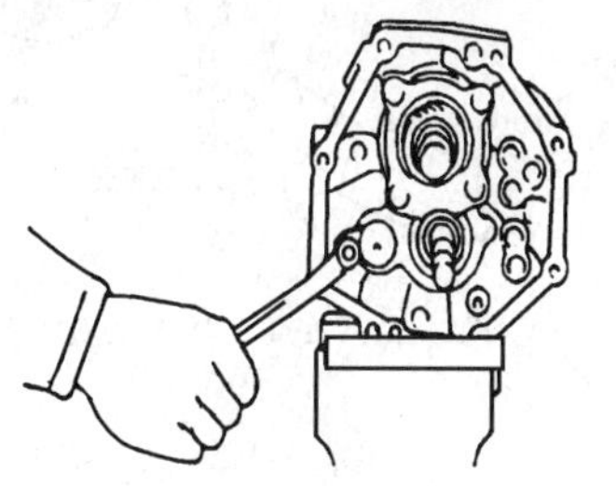

图 2-25 安装轴的限位螺栓并旋紧螺栓

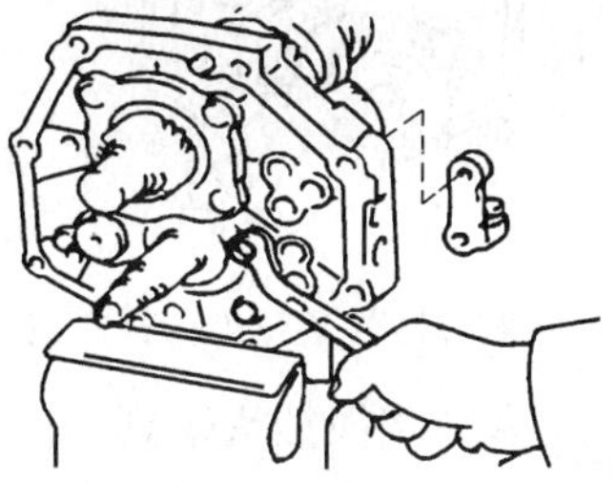

图 2-26 安装倒挡换挡臂托架

安装倒挡换挡臂托架,拧紧 2 个螺栓。拧紧力矩:18N·m。

7. 安装锁球和隔套 (5 速)(图 2-27)

8. 安装带有 3 号啮合套部件和滚针轴承的中间轴 5 挡齿轮(5 速)(图 2-28)

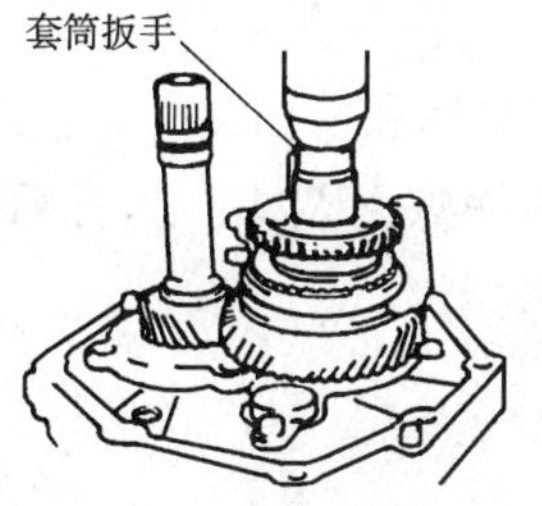

图 2-27 将输出轴装入中间板

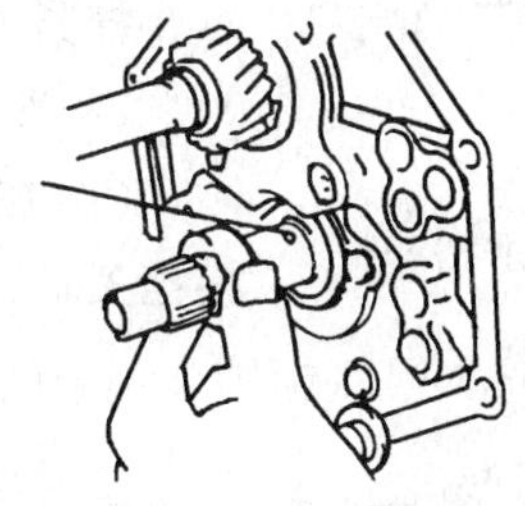

图 2-28 安装输出轴中间轴承的弹簧卡环

(1)在滚针轴承上涂敷齿轮油。

(2)安装带有 3 号啮合套和滚针轴承的中间轴 5 挡齿轮。

9. 安装同步环和 5 挡齿轮花键片(5 速)

(1)将同步环装到 5 挡齿轮花键片,如图 2-29 所示。

(2)从台虎钳上卸下中间板。

(3)固定住变速器。

(4)使用压床和 22mm 套筒扳手安装 5 挡齿轮花键片,使同步环槽对齐变速键,如图 2-30所示。

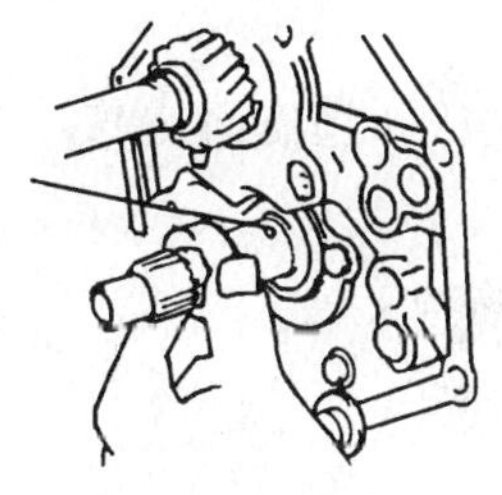

图 2-29 将同步环装到 5 挡齿轮花键片

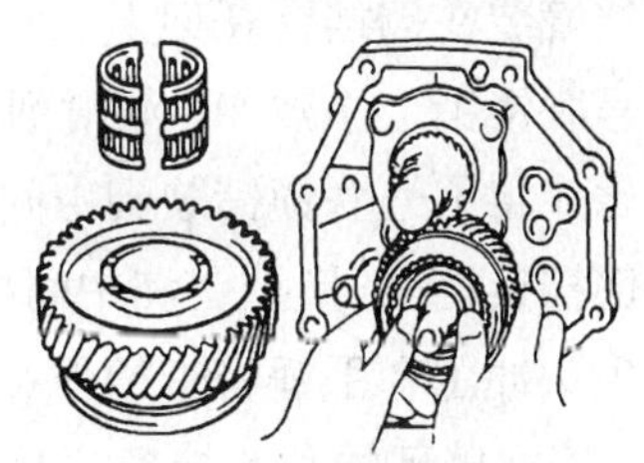

图 2-30 安装 5 挡齿轮花键

(5)安装弹簧卡环,如图 2-31 所示。

10. 安装 1 挡换挡叉轴和换挡叉(图 2-32)

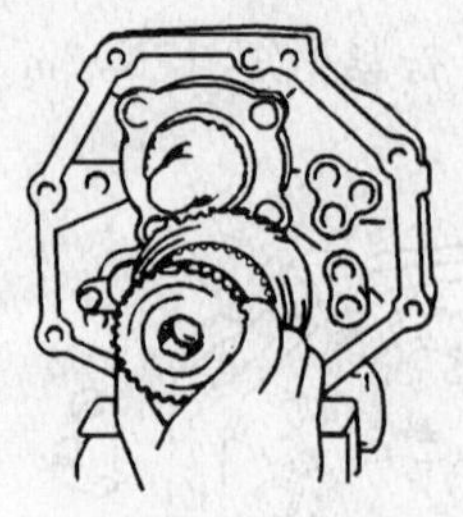
图 2-31　安装弹簧卡环

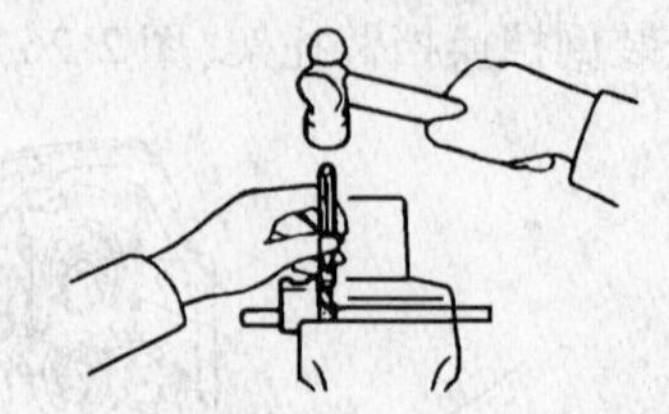
图 2-32　安装 1 挡换挡叉轴和换挡叉

(1)将 1 挡和 2 挡换挡头装到 1 挡换挡叉轴上。

(2)使用尖头冲子和手锤敲入带槽弹簧销。

(3)安装 1 挡和 2 挡换挡叉。

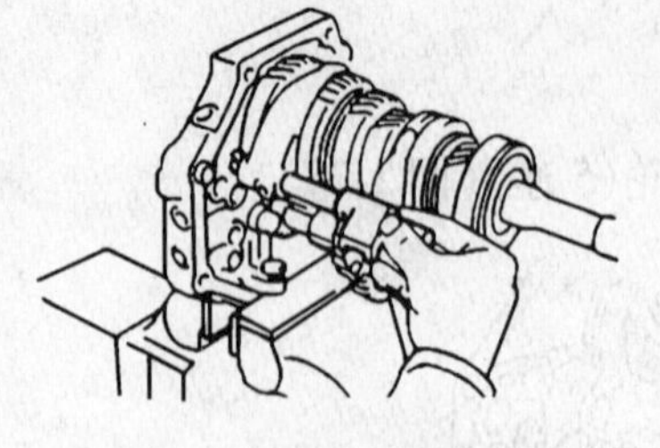
图 2-33　安装 1 挡换挡叉轴

(4)穿过 1 挡和 2 挡换挡叉以及中间板,安装 1 挡换挡叉轴,如图 2-33 所示。

(5)装上 1 挡换挡叉固定螺栓并拧紧螺栓,如图 2-34 所示。拧紧力矩:20N · m。

11. 安装 3、4 挡换挡叉轴和换挡叉

(1)在 2 号联锁销上涂敷 MP 润滑脂,然后将它装入 2 挡换挡叉轴,如图 2-35 所示。

(2)使用磁棒将 1 号联锁销装到中间板上。

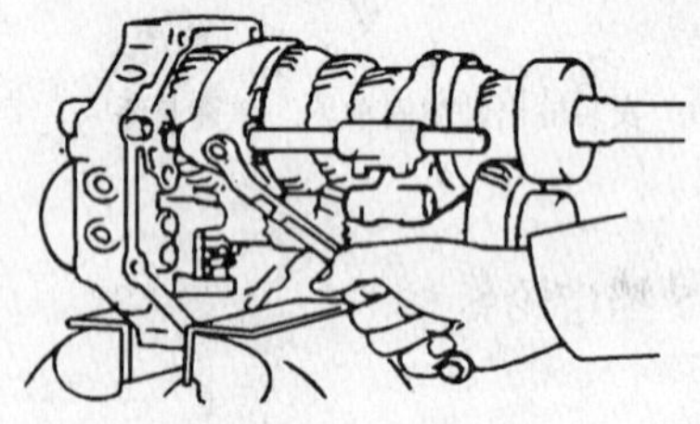
图 2-34　装上 1 挡换挡叉

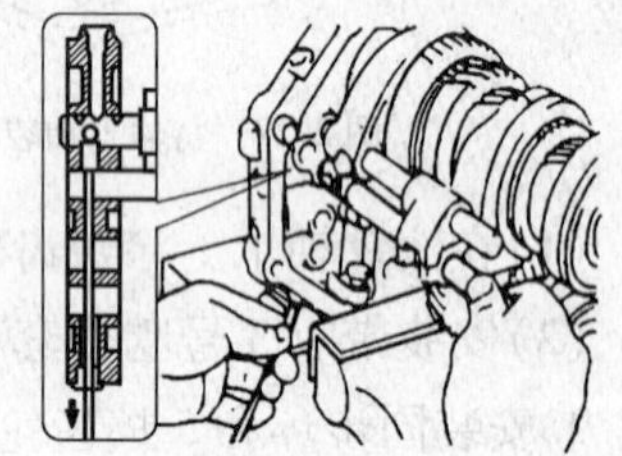
图 2-35　安装 3、4 挡换挡叉轴和换挡叉

(3)穿过 2 挡换挡叉和中间板安装 2 挡换挡叉轴。

(4)使用尖头冲子和手锤将带槽弹簧销敲入 2 挡换挡叉。

12. 安装倒挡换挡叉轴、倒挡换挡叉和换挡头(图 2-36)

(1)将换挡臂蹄、换挡叉和 2 个 E 形环装在倒挡臂上。

(2)将倒挡臂装在倒挡臂托架上。

(3)在 2 号联锁销上涂敷 MP 润滑剂,然后将它装入 3 挡换挡叉上。

(4)使用磁棒将 1 号联锁销装到中间板上。

(5)穿过倒挡换挡叉,换挡头和中间板安装 3 挡换挡叉轴。

(6)使用尖头冲子和手锤将带槽弹簧销敲入倒挡换挡叉。

13. 安装 5 挡换挡叉轴和 5 挡换挡叉(图 2-37)。

(1)使用磁棒将钢球装到倒挡换挡头上。

(2)穿过倒挡换挡头安装 5 挡换挡叉轴。

(3)使用磁棒将 1 号联锁球装到中间板上。

(4)使用尖头冲子和手锤将带槽弹簧销敲入5挡换挡叉。

14. 安装换挡叉轴的弹簧卡环(图2-37)。

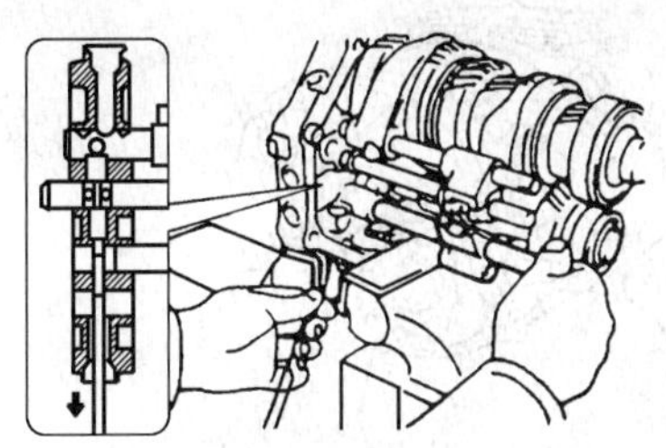

图2-36　安装2挡换挡叉轴和换挡叉

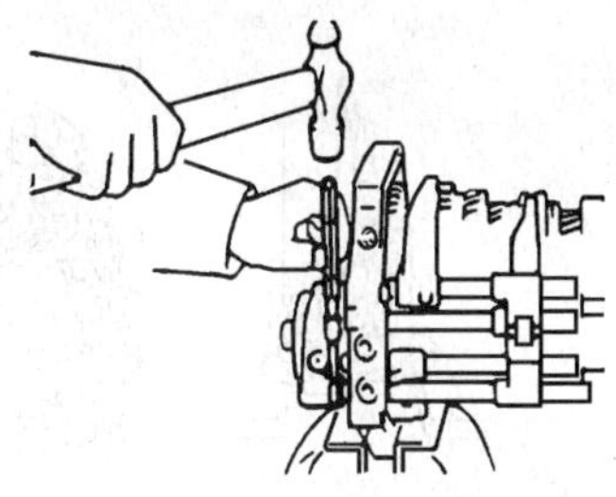

图2-37　安装1、5挡换挡叉轴

使用铜棒和手锤敲入弹簧卡环,如图2-38所示。

15. 安装锁球、弹簧和直螺塞

(1)安装锁球和弹簧。

小提示

4个锁球和4个弹簧,如图2-39所示。

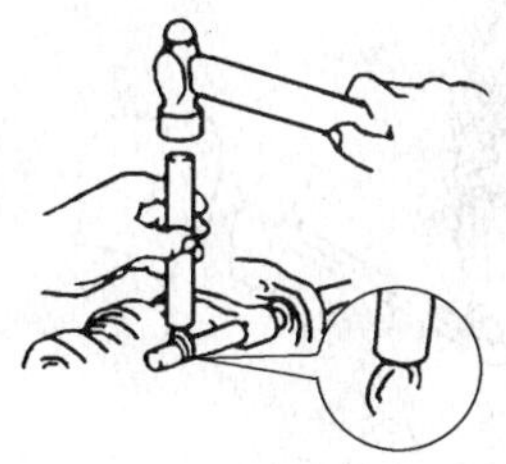

图2 38　安装弹簧卡环

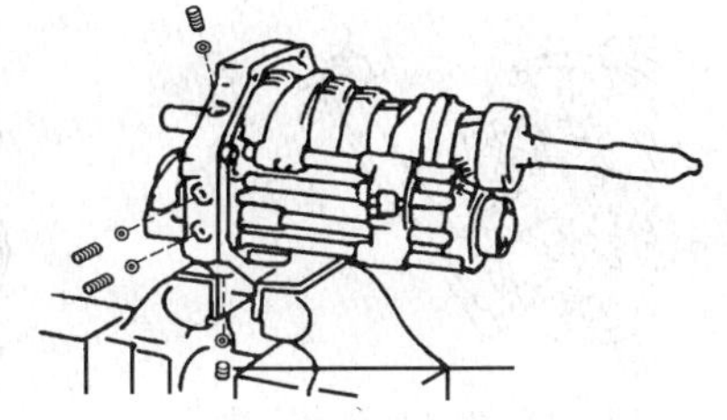

图2-39　安装锁球和弹簧

(2)在螺塞的螺纹部分涂敷密封胶。

密封胶:产品号08833－00080、1344 THREE BOND、242 LOCTITE或相当的品种。

(3)安装锁球、弹簧和螺塞,使用力矩套筒扳手拧紧螺塞,如图2-40所示。力矩套筒扳手T40 09042－00020。拧紧力矩:19N·m。

16. 安装变速器外壳

(1)如图2-41所示在变速器外壳上涂上密封剂。

密封剂:产品号08833－00090、1281 THREE BOND或相当的品种。

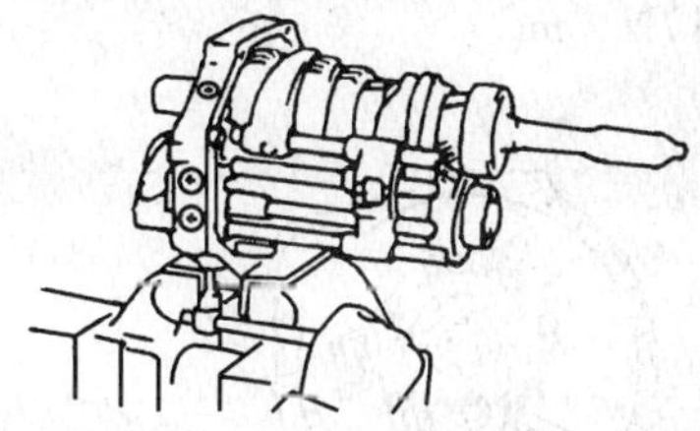

图2-40　安装锁球、弹簧和螺塞

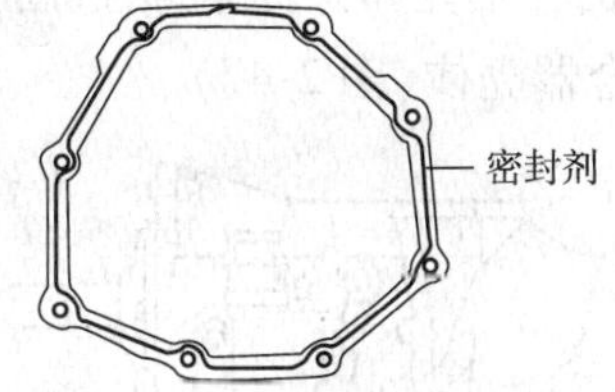

图2-41　在变速器外壳上涂上密封剂

(2)安放中间板。

(3)将变速器外壳安装到中间板上,如图2-42所示。

17. 安装轴承的弹簧卡环(图 2-43)。

使用弹簧卡环钳安装 2 个弹簧卡环。

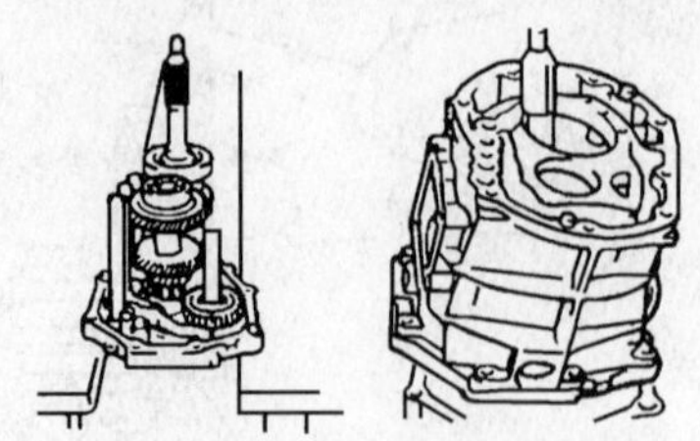

图 2-42　安装弹簧卡环

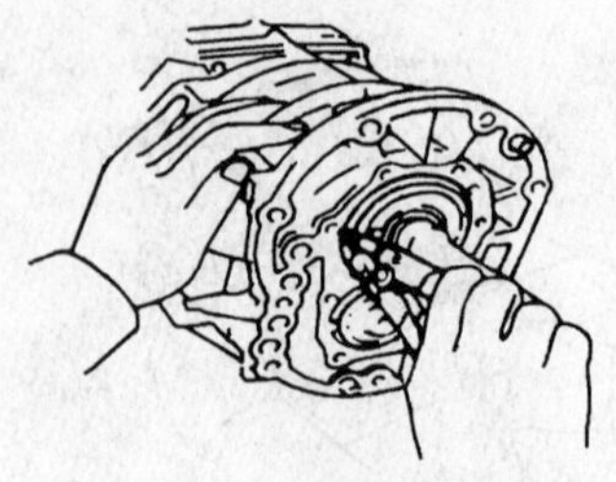

图 2-43　安装锁球和弹簧

18. 用新垫片安装前轴承护圈(图 2-44)。

(1)用新垫片装上轴承护圈。

(2)在螺栓的螺纹部涂敷密封胶。

密封胶:产品号 08833 - 00080、1344 THREE BOND、242 LOCTITE 或相当的品种。

(3)装上并拧紧螺栓。拧紧力矩:17N · m。

19. (2WD)安装延伸壳(图 2-45)

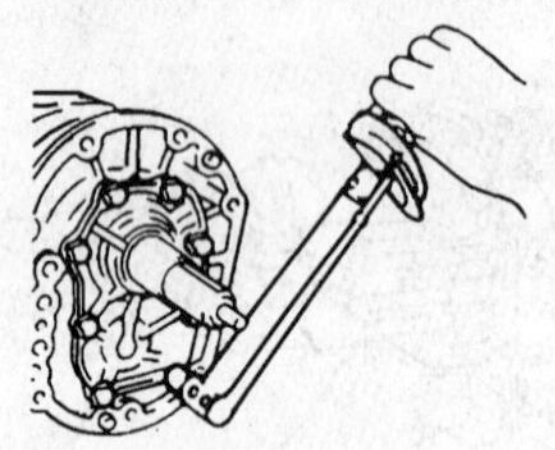

图 2-44　安装前轴承护圈

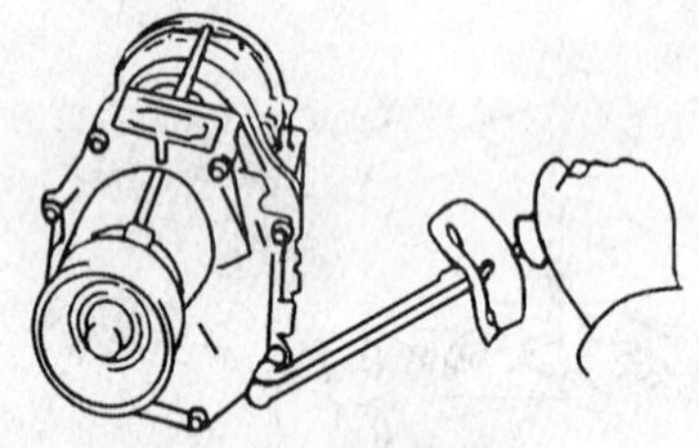

图 2-45　安装延伸壳

(1)在延伸壳上涂敷密封剂。

密封剂:产品号 08826 - 00090、1281 THREE BOND 或相当的品种。

(2)装上延伸壳并拧紧螺栓。拧紧力矩:37N · m。

20. 用新垫片安装换挡杆轴壳体部件(图 2-46)

(1)将 2 挡换挡叉、1 挡和 2 挡换挡头以及倒挡换挡头置于空挡位置。

(2)将 1 张新垫片装到变速器外壳上。

(3)在除了 2 个黑色螺栓外的所有螺栓的螺纹部分涂敷密封胶。

密封胶:产品号 08833 - 00080、1344 THREE BOND、242 LOGTITE 或相当的品种。

(4)装上换挡杆轴壳体并拧紧螺栓。拧紧力矩:17N · m。

21. 安装离合器壳体(图 2-47)

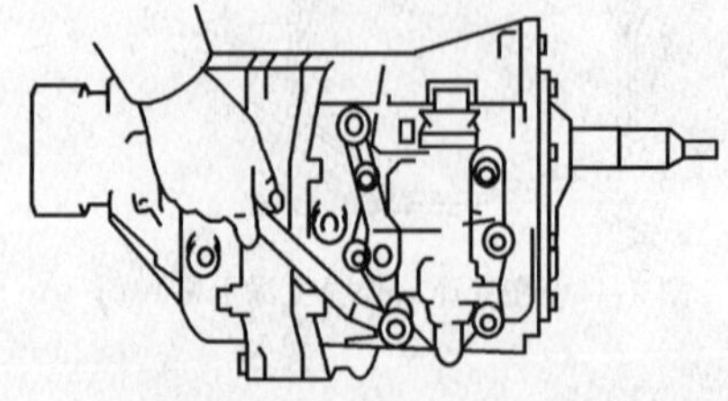

图 2-46　安装换挡杆轴壳体部件

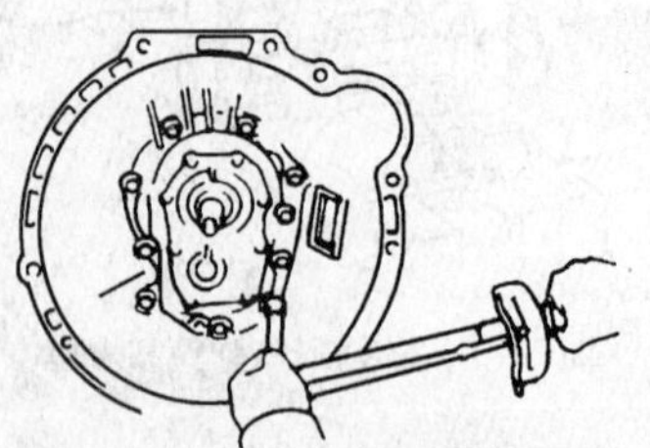

图 2-47　安装离合器壳体

(1)安装离合器壳体。

(2)在"A"螺栓螺纹上涂敷密封胶。

密封胶:产品号:08833 - 00080、1344 THREE BOND、242 LOCTITE 或相当的品种。

(3)装上并拧紧螺栓。拧紧力矩:37N · m。

22. 安装倒车灯开关。拧紧力矩:37N · m。

23. 安装车速表从动齿轮。

24. 将防尘罩、叉、轴套和轴承装到变速器上。

三、评价与反馈

(一)教师评价(表 2-23)

教 师 评 价 表 2-23

评 价 项 目	评 价 分 值 (分)				
	5	4	3	2	1
安全意识					
着装和卫生					
工具使用和摆放					
零件摆放					
工作页填写情况					
组装完成变速器工作情况					

(二)小组互评(表 2-24)

小 组 互 评 表 2-24

评 价 项 目	评 价 分 值 (分)				
	5	4	3	2	1
安全意识					
5S 情况					
团队合作					
工作页填写情况					

(三)自我评价(表 2-25)

自 我 评 价 表 2-25

评 价 项 目	评 价 分 值 (分)				
	5	4	3	2	1
安全意识					
5S 情况					
工具使用的规范性					
变速器与主减速器齿轮和轴的检查的完成情况					

续上表

评价项目	评价分值(分)				
	5	4	3	2	1
变速器与主减速器轴承和油封的检查的完成情况					
换挡操纵机构的检查的完成情况					
学习资源利用情况,学习目标达到情况					
你对这个项目的学习的满意程度					
你对改善本项目后续任务教学的建议:					

(四)学员在本任务中的综合评价(表2-26)

综合评价　　表2-26

单项分				
总分值				
签名	教师:	学员:	日期:	

学习任务工单四　手动变速器常见故障诊断与排除

知识目标

1. 熟悉手动变速器常见故障的现象及原因;
2. 掌握手动变速器常见故障诊断步骤和排除方法。

技能目标

1. 会正确使用普通、专用量具;

2. 学会手动变速器常见故障的分析方法并能排除。

学习任务描述

汽车手动变速器出现了异常情况，请你按照技术规范，正确对手动变速器进行诊断并排除故障。

一、学习准备

为了顺利进行诊断与故障排除，首先应和客户进行沟通，通过试车、初步检查等方法进行确认和再现故障现象；其次根据个人的知识或参考相关维修资料进行故障原因推测，结合相应检测来逐渐缩小诊断范围，确定汽车故障部位；最后对故障部位进行维修。

（一）故障诊断步骤

如图2-48所示，在汽车故障诊断过程中，一般分为5大步骤。

图2-48　诊断步骤示意图

1. 询问客户汽车故障症状及发生故障的时间、地点、条件及维修历史。

2. 验证并重现故障症状，以确定该症状是否是故障。

3. 参考相关手册或个人知识经验，推测产生故障的原因。

4. 通过各种试验，检查可疑部位以找出故障原因。

5. 排除故障并试验确认。

（二）客户询问

当汽车要进行维修时，向客户询问汽车的故障症状以及汽车发生故障的时间、路况、工况、使用条件及维修历史情况等因素，将有助于分析故障所发生的部位，缩短诊断的范围。在进行客户询问中，应该包含以下几个要点。

1. 时间：询问故障发生频率及日期。

2. 地点和部位：询问故障发生的地点及部位。

3. 条件：在什么条件下发生故障。例如，急加速时，踩下离合器时有异响。

4. 发生了什么：故障症状。

5. 维修历史：作为背景信息评估故障原因。

（三）诊断提问注意

在进行诊断提问中，为了让顾客能明自提问的意思，并容易回答，在进行诊断提问时，应该注意以下几点。

1. 提问时，要尽量选择客户熟悉的语种表达，如普通话、地方方言和英语等。

2. 用具体的事例询问客户，让客户容易回答。

3. 避免使用专业术语，尽量用通俗的语言进行提问。

(四)变速器常见故障现象与原因

故障原因分析见表 2-27。

变速器常见故障现象与原因 表 2-27

<table>
<tr><th colspan="2">故障症状</th><th>故障可能原因</th></tr>
<tr><td colspan="2" rowspan="2">变速器漏油</td><td>齿轮油过量或齿轮油牌号不正确</td></tr>
<tr><td>密封垫衬垫故障</td></tr>
<tr><td colspan="2" rowspan="3">变速器换挡困难</td><td>换挡操纵机构卡滞或调整不正确</td></tr>
<tr><td>换挡拨叉轴、同步器锁止或互锁损坏</td></tr>
<tr><td>齿轮油牌号不正确</td></tr>
<tr><td colspan="2" rowspan="3">变速器换挡卡住</td><td>换挡操纵机构或变速杆运动干涉</td></tr>
<tr><td>同步器损坏</td></tr>
<tr><td>换挡拨叉行程受限</td></tr>
<tr><td colspan="2" rowspan="3">变速器咬住</td><td>外换挡操纵机构损坏或调整不正确</td></tr>
<tr><td>内换挡操纵机构磨损或损坏</td></tr>
<tr><td>同步器损坏</td></tr>
<tr><td colspan="2" rowspan="4">变速器自动跳挡</td><td>换挡操纵机构磨损或损坏</td></tr>
<tr><td>发动机/变速器支架破裂或松动</td></tr>
<tr><td>换挡拨叉磨损或换挡操纵机构运动干涉</td></tr>
<tr><td>同步器磨损</td></tr>
<tr><td colspan="2" rowspan="3">变速器换挡冲击</td><td>离合器拖滞</td></tr>
<tr><td>换挡拨叉磨损</td></tr>
<tr><td>同步器零件损坏或磨损</td></tr>
<tr><td rowspan="8">噪声</td><td>某个挡位有噪声</td><td>某一特定齿轮副齿轮损坏</td></tr>
<tr><td rowspan="4">所有挡位有噪声</td><td>齿轮油油位过低</td></tr>
<tr><td>变速器和车身的连接螺母松动</td></tr>
<tr><td>安装螺栓松动</td></tr>
<tr><td>齿轮轮齿磨损或损坏</td></tr>
<tr><td rowspan="3">空挡噪声</td><td>齿轮油油位过低</td></tr>
<tr><td>输入轴的轴承磨损或损坏</td></tr>
<tr><td>中间轴的轴承损坏</td></tr>
</table>

变速器是传动系的一个重要组成部分。在汽车使用过程中,变速器会出现各种不同的故障,直接影响汽车的正常运行。

本次任务通过具有代表性的桑塔纳 4 与 5 变速器为例,对其常见故障进行分析与判断,研究故障出现的原因,探索故障的诊断和排除方法。通过案例分析,总结出一般性的手动变速器故障出现规律及分析方法,并根据故障情况提出使用与维护中的注意事项。

二、计划与实施

(一)了解以下信息

1. 使用的工具:________________________________。

2. 学习的车型:________________________________。

(二)计划与实施

汽车变速器随着行驶里程的增加,以及不正常的操作,会使其零件的磨损、变形随之增加。这样,变速器会出现异常响声、换挡困难、跳挡、发热、漏油等常见故障。

1. 变速器异响

变速器的异响是指变速器工作时发出的不正常响声,如金属的干摩擦声、不均匀的碰撞声等。桑塔纳2000型轿车变速器的异常响声,大致发生在下述两种情况:空挡时发响;换挡后发响。

(1)空挡时发响。

现象:发动机怠速运转,变速器处于空挡位置时有异响,踩下离合器踏板时响声消失。

原因:

①变速器与发动机安装时,曲轴与变速器第一轴中心线不同心。

②第二轴前轴承磨损、污垢、起毛。

③常啮合齿轮磨损发出均匀的噪声,个别牙齿碎裂,则发出有规律的间隙撞击声。

④常啮合齿轮修理时未成对更换,啮合不良。

⑤第一轴轴承损坏。

⑥旧齿轮换用了新轴承,在此之前已造成齿面不均匀磨损,换用新轴承后,齿面啮合位置改变。

(2)换挡后发响

现象:变速器换入挡位后发响,是由于相互啮合的齿轮在运转时有撞击和变速器空腔的共鸣作用而引起的;当汽车以40km/h以上车速行驶时,发出一种不正常的响声,且车速越高,响声越大,而当滑行或低速时响声减小或消失。

原因:

①齿轮更换不当,轴或轴承更换后破坏了齿轮正常的啮合。

②差速齿轮或半轴齿轮键槽磨损松旷。

③主、从动锥齿轮配合间隙过大。

④从动锥齿轮螺栓松动。

判断:

变速器产生响声的过程,是由齿轮和轴的振动,然后扩散到变速器壳壁产生共振而发响。轴承磨损松旷声,可以用下列方法判明部位:

①主动锥齿轮轴(变速器输出轴)后轴承响:在发动机起动后尚未换挡就可听到。

②主动锥齿轮轴(变速器输出轴)前轴承响:在汽车运行中和车速变化时才响。

③轴承磨损松旷后引起齿轮的发响:将随车速改变而显著改变。

④也可将前驱动车轮架起，起动发动机并换上空挡，然后突然改变车速，察听变速器响声来源，以判断故障所在部位。

2. 变速器发热

现象：

汽车行驶一段路程后，用手触摸变速器时，有非常烫手感觉。有可能的话，用温度计测定，正常温度为 82 ~ 93℃。

原因：

①轴承装配过紧。

②齿轮啮合间隙过小。

③缺少齿轮油或齿轮油黏度太小。

判断：

应结合发热部位，逐项检查予以排除。

3. 变速器跳动

现象：

汽车在行驶中，变速器操纵杆自动跳回空挡，滑动齿轮脱离啮合位置（一般多在中、高负荷突然变化或汽车剧烈振动时发生）。

原因：

①变速叉轴凹槽及定位球磨损松旷，以及定位弹簧过软或折断，致使定位装置失效。

②齿轮或齿套磨损过度，沿齿长方向磨成锥形。

③变速轴、轴承严重磨损松旷或轴向间隙过大，使轴转动时发生跳动和窜动。

④定位销磨损松旷以及定位弹簧过软或折断，致使定位装置失效。

判断：

①发现某挡跳动时，仍将变速器操纵杆推入该挡，然后拆下变速器盖察看齿轮啮合情况，如齿轮啮合良好，应检查换挡机构。

②用手推动跳挡的变速器操纵杆拨动端试验定位装置：如定位不良，需拆下变速器操纵杆拨动端检查定位球及弹簧，如弹簧过软、折断应进行更换。

③如齿轮未完全啮合，用手推动跳动的齿轮使齿轮正确啮合。应检查变速器操纵杆拨动端是否弯曲，如弯曲应校正。

④如换挡机构良好，而齿轮或齿套不能完全啮合时，应检查齿轮是否磨成锥形，轴承是否松旷，必要时拆下修理或更换。

4. 变速器乱挡

现象：

汽车起步换挡或行驶中换挡，所换挡与需要挡位不符，或虽然换入所需挡位但不能退回空挡，或一次换入两个挡位。

原因：

①变速器操纵杆与变速器操纵杆拨动端松旷、损坏或变速器操纵杆拨动端内孔磨损过大。

②变速控制器弹簧压缩量达不到规定的要求。

③变速器操纵滑杆互锁销与小互锁销磨损过大，失去互锁作用。

判断：

①变速器操纵杆如能任意摆动，且能打圈，则为夹箍销钉折断或失落所致。

②换挡时，变速器操纵杆稍偏离位置，就会换上不需要的挡位，这是变速器操纵杆拨动端工作面磨损过大所致。

5. 案例解析

案例 1 解析：

检修方法：通过本项目的学习，我们知道在手动变速器的构造中，如果手动变速器齿轮之间的正常啮合条件遭到破坏，当齿轮之间的受力条件发生变化时容易脱挡。

本案例中桑塔纳 2000 轿车手动变速器在 3 ~ 4 挡之间易掉挡，若踩加速踏板掉 3 挡，若抬加速踏板掉 4 挡。经分析，认为这是因变速器输入轴轴向窜动量过大造成的。根据以往的经验，若输入轴轴向窜动量超过 1mm 时就会出现掉挡。当输入轴后轴承磨损时，轴向窜动量就会变大，而且无法调整。遇到这种故障时，只能更换轴承。更换输入轴后轴承，故障排除。

案例 2 解析：

检修方法：经分析认为，变速器 5 个挡同时损坏的可能性较小，该车出现的只有倒挡而无前进挡的故障极有可能是操纵机构有问题，于是对变速器外操纵机构进行了检查，发现是操纵机构由于换挡过猛而错位，导致上述故障的发生。

换挡机构的调整需按以下步骤进行：

（1）使变速器在空挡位置上，如不在空挡位置应用变速器操纵挡杆将变速器拨叉拨到空挡位置。先拆下换挡杆和防护罩，露出球形挡。

（2）松开外换挡机构中换挡后连杆总成和换挡前连杆总成的连接螺栓，使夹紧片松动，使前后连杆总成可以在轴线方向移动并能径向转动。

三、评价与反馈

（一）教师评价（表 2-28）

教 师 评 价 表 2-28

评 价 项 目	评 价 分 值（分）				
	5	4	3	2	1
安全意识					
着装和卫生					
工具使用和摆放					
零件摆放					
工作页填写情况					
组装完成后工作情况					

(二)小组互评(表2-29)

小组互评　　表2-29

评价项目	评价分值(分)				
	5	4	3	2	1
安全意识					
5S情况					
团队合作					
工作页填写情况					

(三)自我评价(表2-30)

自我评价　　表2-30

评价项目	评价分值(分)				
	5	4	3	2	1
安全意识					
5S情况					
工具使用的规范性					
分析变速器漏油的故障原因的完成情况					
分析变速器换挡困难的故障原因的完成情况					
分析变速器换挡卡住、咬住的故障原因的完成情况					
分析变速器自动跳挡、换挡冲击的故障原因的完成情况					
分析变速器异响的故障原因的完成情况					
学习资源利用情况,学习目标达到情况					
对这个项目的学习的满意程度					
你对改善本项目后续任务教学的建议:					

(四)学员在本任务中的综合评价(表2-31)

综合评价　　表2-31

单项分				
总分值				
签名	教师:	学员:	日期:	

项目三　万向传动装置故障诊断与维修

案例导入

案例1:富康轿车传动轴异响故障的检修。

故障症状:一辆富康ZX型(1.36L)轿车在服务站维修差速器后不久,车主要求返修,声称异响较大。试车过程中,前桥底部发出周期性“呜、呜”响声,并且随着车速提高响声增大,在某一车速时车辆有抖动感。

案例2:捷达轿车行驶途中自动跑偏故障的检修。

故障症状:一辆捷达轿车装用ACR发动机,车主说该车轮重新定位过,前束也调整过,4个轮胎气压均符合标准,但是向右跑偏的故障一直没有排除。

变速器固定在车架上,车辆在行驶时由于路面颠簸使驱动桥发生上下偏移,输出轴与驱动桥无法实现刚性连接,需要采用万向节才能解决。

万向传动装置能够在轴线相交且相对位置经常变化的两转轴间传递动力,它由万向节和传动轴组成,当传动轴比较长时,还要加中间支承。

万向传动装置通常在变速器与驱动桥之间、变速器与分动器之间、分动器与驱动桥之间、驱动桥与驱动轮之间传递动力。

汽车行驶过程中,变速器与驱动桥的相对位置经常变化,为避免运动干涉,传动轴用由滑动叉和花键轴组成的滑动花键连接,以适应传动轴长度的变化。为减少磨损,还装有用以加注滑脂的滑脂嘴、油封、堵盖和防尘套。

为了能深刻、系统地完成万向传动装置故障诊断与维修这个项目的学习,本项目选取了三个典型的任务,见表3-1。

典型学习任务　　表3-1

学习任务	学习任务一	学习任务二	学习任务三
工作内容	万向传动装置的解体与装配	万向传动装置主要零部件的检验	万向传动装置常见故障诊断与维修

在完成以上三个任务之前,有必要明确方向传动装置的安装位置,见表3-2。

万向传动装置的安装位置　　表3-2

万向传动装置的安装位置	为什么要万向传动装置	方向传动装置图片
在______和______之间。 在______和______之间。 在______和______之间。	变速器固定在车架上,车辆在行驶时由于路面使颠簸使驱动桥发生上下偏移,输出轴与驱动桥无法实现刚性连接,需要采用万向节才能解决	

学习任务工单一　万向传动装置的解体与装配

知识目标

1. 掌握万向传动装置的功用与组成；
2. 能正确描述普通万向节、准等角速万向节和等角速万向节的结构与特点。

技能目标

1. 能将传动轴凸缘从差速器的接合凸缘上脱开；
2. 会拆下中间支撑轴承；
3. 会从变速器上拆下传动轴。

学习任务描述

某汽车因底盘异响进厂维修，初步判断是传动轴总成出现故障，需要对车辆总成进行检查确定故障部位，并维修或更换。

一、学习准备

由于汽车万向传动装置（图 3-1）露于底盘之外，常处于高速旋转的条件下，万向节和万向节护套容易损坏，导致汽车产生异常噪声，影响相关系统的性能，所以需要对汽车万向传动装置进行定时检查。

（一）汽车万向传动装置的作用、组成

1. 万向传动装置作用

万向传动装置作用：在________的两根转轴之间传递动力。

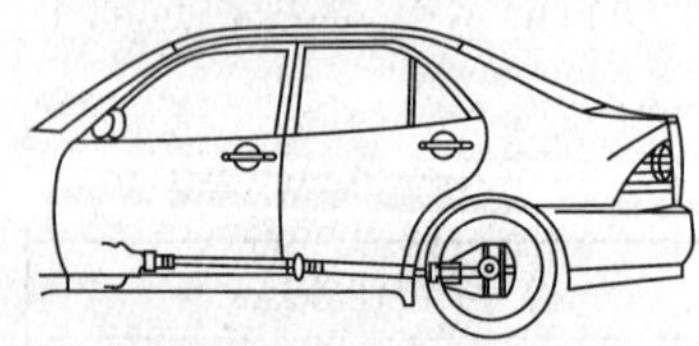

图 3-1　万向传动装置

2. 万向传动装置组成

（1）万向传动装置的组成：一般由________和________组成。但部分汽车的发动机与驱动桥之间距离较远，需将传动轴分为两端，在其中部必须加装________。

（2）用彩笔在图 3-1 中标示出万向传动装置。

（二）万向传动装置安装位置

根据图 3-2 所示，查阅相关资料，补充相关信息。

1. 在图 3-2a）中，万向传动装置安装在________与________之间。
2. 在图 3-2b）中，万向传动装置安装在________与________之间。
3. 在图 3-2c）中，万向传动装置安装在________与________之间。
4. 在图 3-2d）中，万向传动装置安装在________与________之间。

（三）万向节的类型

万向节是万向传动装置中实现变角度传动的主要部件，分为刚性万向节和挠性万向节两种类型。刚性万向节又分为________万向节（十字轴式）、准等速万向节（双联式、三销轴式等）和________万向节（球笼式、球叉式等）。

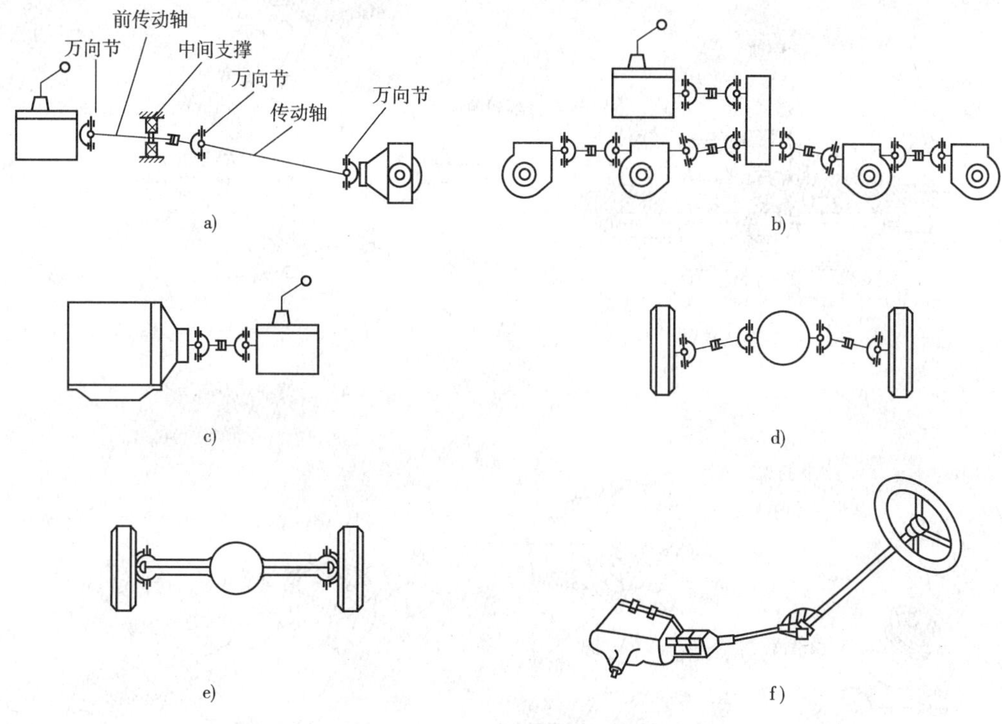

图 3-2 万向传动装置安装位置示意图

1. 十字轴式万向节，如图 3-3 所示。

十字轴式万向节结构简单、工作可靠，且允许所连接的两轴之间有较大夹角，因此在汽车上应用最为普遍。

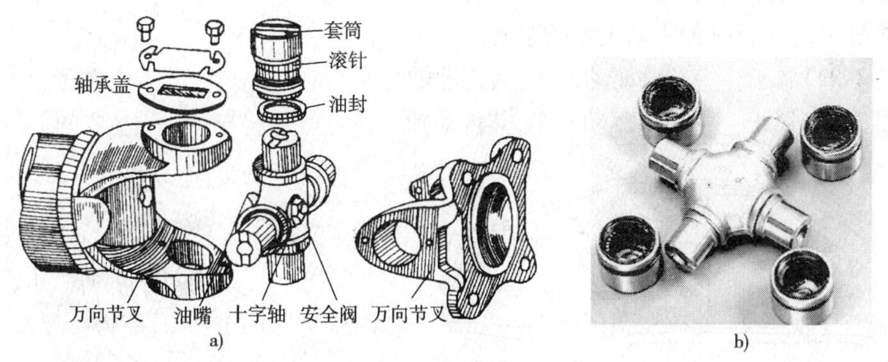

图 3-3 十字轴式万向节

2. 双联式万向节，如图 3-4 所示。

3. 三销轴式万向节，如图 3-5 所示。

4. 球叉式万向节，如图 3-6 所示。

5. 球笼式万向节，如图 3-7 所示。

球笼式万向节有两种形式：固定式和三球销式。

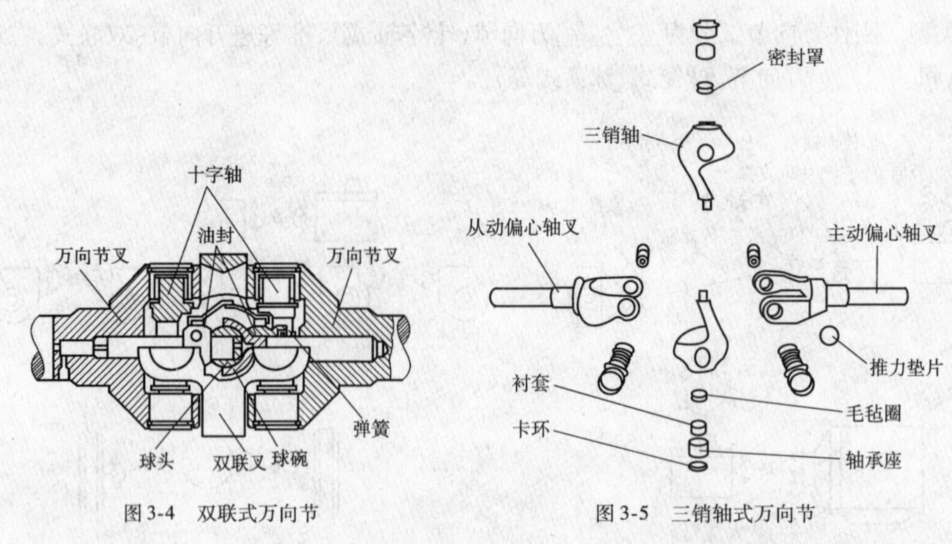

图3-4　双联式万向节　　　　图3-5　三销轴式万向节

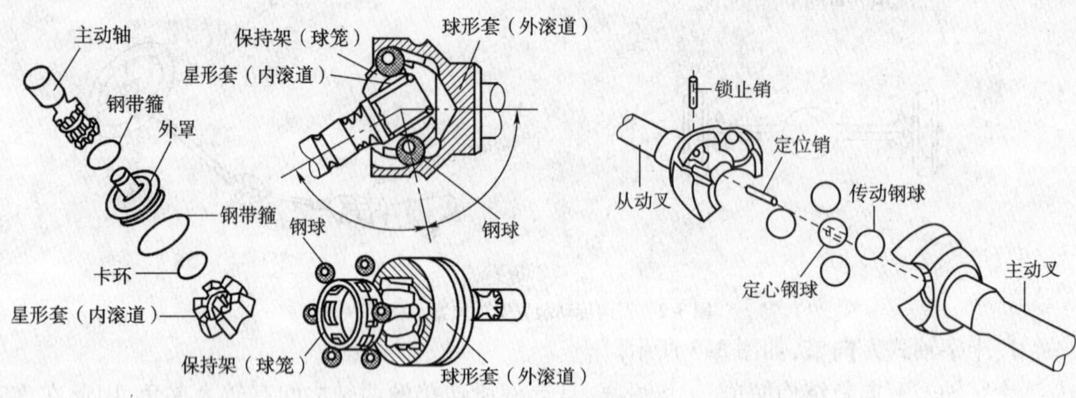

图3-6　球叉式万向节　　　　图3-7　球笼式万向节

(四)如何区分后轮驱动汽车和前轮驱动汽车的传动轴

观察图3-8,区分哪种驱动类型的车辆。

1. 图3-8a)属于________驱动汽车,其传动轴装在________与________之间。

2. 图3-8b)属于________驱动汽车,其传动轴装在________与________之间。

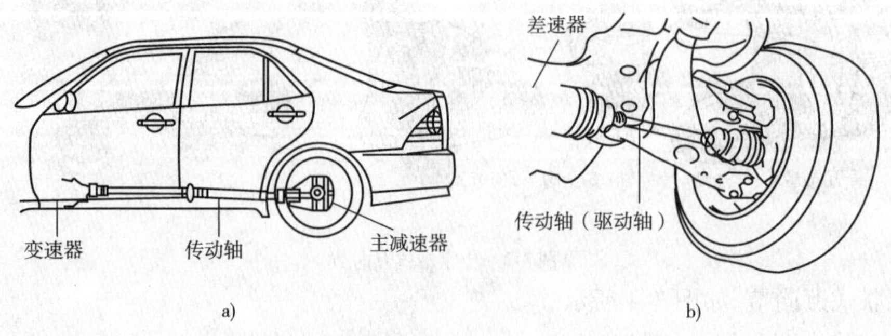

图3-8　传动轴

(五)传动轴和中间支承

1. 传动轴

在有一定距离的两部件之间采用万向传动装置传递动力时,一般需要在万向节之间安装传动轴,如图 3-9 所示。

若两部件之间的距离会发生变化,而万向节又没有伸缩功能时,则还要将传动轴做成两段,用滑动花键相连接。

小提示

(1)传动轴在高速旋转时,任何质量的偏移都会导致剧烈振动。

(2)厂家在把传动轴与万向节组装后,都进行动平衡。经过动平衡的传动轴两端一般都点焊有平衡片。

(3)拆卸后重装时,要注意保持二者的相对角位置不变。

(4)在传动距离较长时,往往将传动轴分段,即在传动轴前增加带中间支承的前传动轴。

2. 中间支承

如图 3-10 所示,中间支承是一个通过支承座和缓冲垫安装在车身(或车架)上的轴承,用来支承传动轴的一端。

图 3-9　传动轴结构

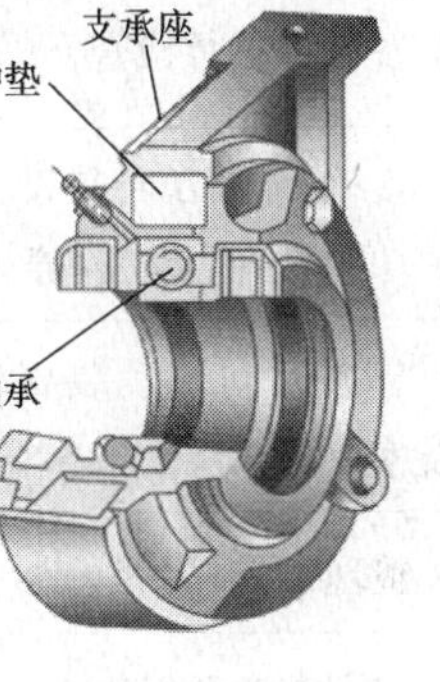

支承座
中间轴承缓冲垫
滚珠轴承

图 3-10　中间支承

二、计划与实施

(一)了解以下信息

1. 使用的工具:____。

2. 学习的车型:____。

(二)拆装的注意事项

1. 在拆卸时,应先检查传动轴末端凸缘盘与主减速器凸缘盘标记,如无标记,应先做好标记再拆卸,以保证传动轴的动平衡。

2. 分解传动轴总成时,要先在两个万向节叉上做好标记再拆卸,在装配时原位装回,以保证传动轴的动平衡。

3. 有的传动轴表面带有方形凸块(平衡块),在拆装时注意不要碰掉,如果不慎掉落,要重新对传动轴进行动平衡。

4. 为保证装配后十字轴轴承的配合精度,拆卸十字轴轴承之前要做好标记,并原位装回。

5. 零件拆卸后,应使用清洁的煤油进行彻底的清洗,清洗后用压缩空气吹干。

6. 如果十字轴带油盅,则安装万向节十字轴时,应使十字轴上的油盅朝向传动轴,以便于在维护时加注润滑脂。

(三)准备工作

1. 轿车(普通桑塔纳、捷达、富康和进口轿车)和货车(CA1092. EQ1090E)传动轴总成数部,各种万向节若干个。确保 8 ~ 10 人/每部。

2. 工具:梅花扳手、套筒扳手、铜棒、手锤、卡簧钳等。

3. 清理万向传动装置周围污物。

(四)配分与评分标准

表 3-3 为万向传动装置解体与装配的配分与评分标准。

万向传动装置配分与配分标准　　　　表 3-3

序号	考核内容	配分	评分标准	考核记录	得　分
1	正确进行万向传动装置的分解	20	操作顺序错误扣 10 分,操作方法错误扣 10 分		
2	能正确地对万向传动装置各零件进行检查	30	检查方法错误一项扣 10 分,量具使用不正确一次扣 10 分		
3	正确解释万向传动装置的功用、结构及工作原理	20	叙述不正确,一项扣 10 分		
4	掌握万向传动装置装配技术要求	20	不清楚扣 10 分		
5	整理工具,清理场地	10	保持实训场地卫生,保证人身及设备的安全,违规一次扣 5 分		
	实训态度和纪律				
6	分数合计	100			

(五)计划与实施

1. 万向传动装置的分解

(1)用举升器举升车辆至合适位置。

(2)检查传动轴末端凸缘盘与主减速器凸缘盘标记,如无标记,要做好标记再拆卸。

(3)从传动轴后端与主减速器凸缘盘的连接处开始,将凸缘盘的连接螺栓拆下,然后将滑动叉组件从变速器输出轴拉出,取下传动轴总成,如图 3-11 所示。

(4)分解传动轴总成:先在万向节的两个传动叉上分别做好标记,再拆下十字轴卡簧,用手锤轻击凸缘盘,将凸缘叉内十字轴轴承套敲出,如图 3-12 所示。

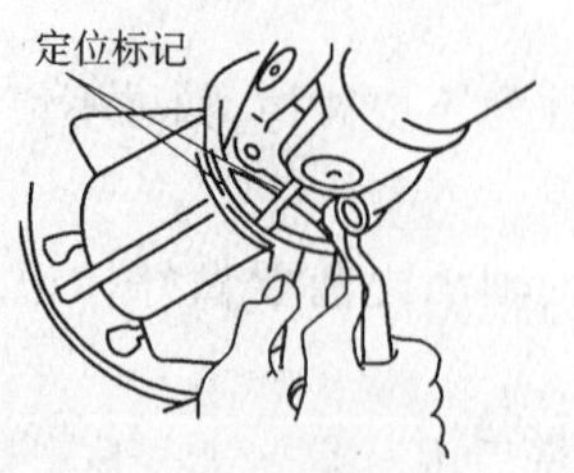

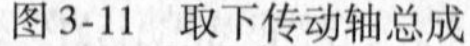
图 3-11　取下传动轴总成

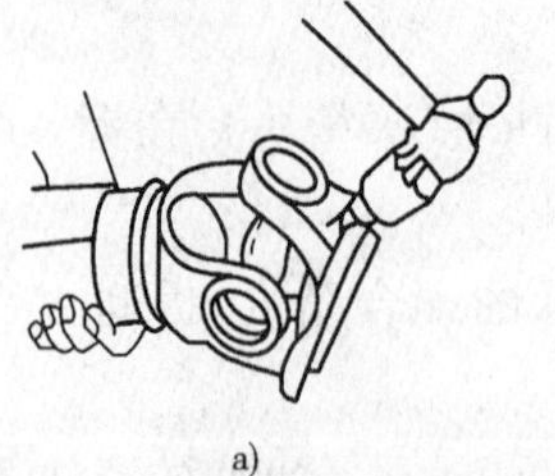

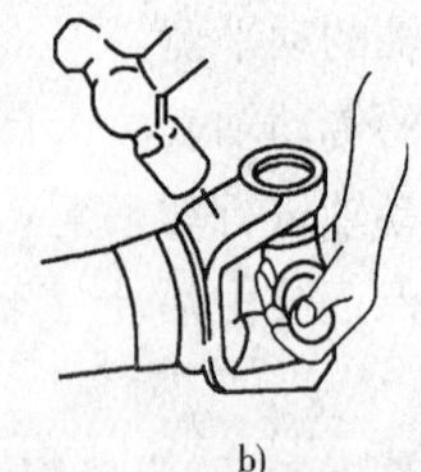

图 3-12　取下传动轴总成

小提示

拆卸传动轴前，应在每个万向节叉的凸缘上做好标记，如图3-13所示，以确保作业后的原位装复，否则极易破坏万向传动装置的平衡性，造成运转噪声和强烈振动。

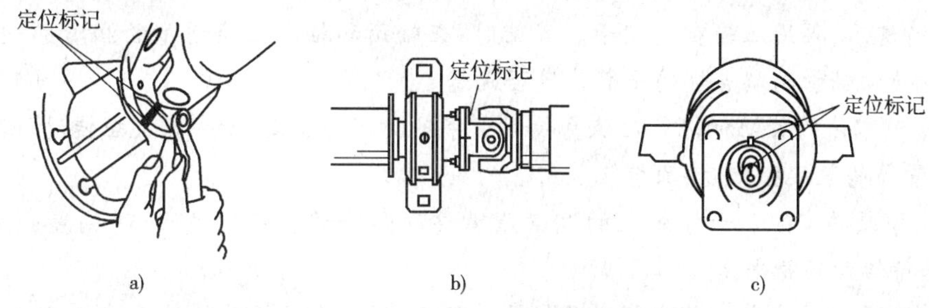

图3-13 取下传动轴总成

拆卸传动轴时，应从传动轴后端与驱动桥连接处开始，先将与后桥凸缘连接的螺栓拧松取下，然后将与中间传动轴凸缘连接的螺栓拧下，拆下传动轴总成。接着，松开中间支承支架与车架的连接螺栓，最后松下前端凸缘盘，拆下中间传动轴。

维护后的传动轴按记号原位装复。

(5)在每个十字轴轴颈和轴承套上做好装配标记，将同组的滚针和轴承套单独存放。

2. 万向传动装置的安装

(1)将万向节装入变速器，如图3-14所示。

①在传动轴的滑动花键齿上涂敷MP润滑脂。

②拆下SST(SST 09325－20010)。

③将万向节叉推入变速器。

(2)安装中间支承轴承(三万向节式)，如图3-15所示。

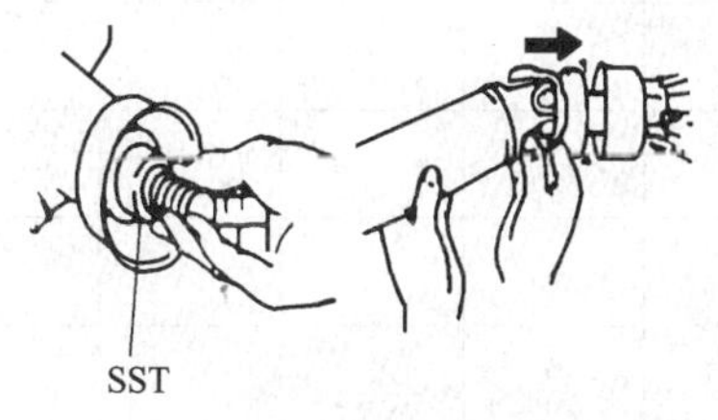

图3-14 将万向节叉装入变速器

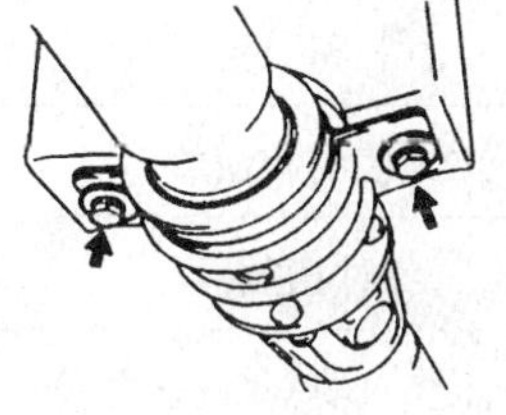

图3-15 安装中间支承轴承

用2个螺栓安装中间支承轴承，并用手拧紧。

小提示

单节式传动轴没有中间支承轴承。

(3)将传动轴凸缘连接到差速器的接合凸缘上，如图3-16所示。

①对齐各凸缘上的配合记号，用4个螺栓和螺母将凸缘连接起来。

②拧紧螺栓和螺母。拧紧力矩:74N·m。

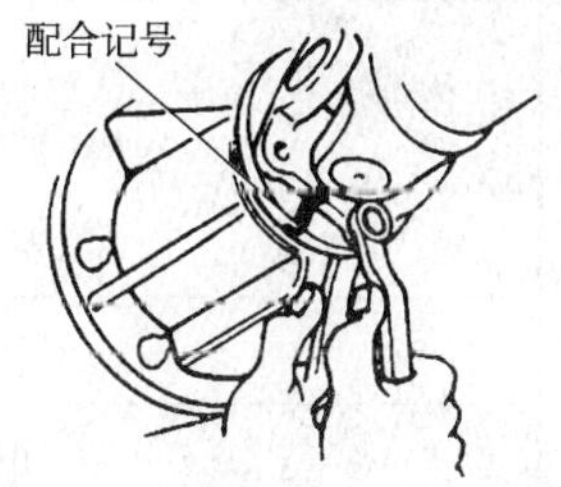

图3-16 安装中间支承轴承

小提示

万向传动装配时,应注意装配位置对其传动速度特性的影响,装配时应注意以下问题:

(1)清洁零件。待装零件应彻底清洗,特别是十字轴的油道、轴颈和滚针轴承,最好用清洁的煤油清洗后,再用压缩空气吹干。装配时,在轴颈和轴承上涂适量的润滑脂;应避免磕碰,并注意传动轴管两端点焊的平衡片是否脱落。

(2)核对零件的装配标记。应认真校对十字轴及万向节叉、十字轴及短传动轴和滑动叉及花键轴管等的装配标记,按原标记装配。

(3)十字轴的安装。十字轴上的润滑脂嘴要朝向传动轴以便注油;两偏置油嘴应间隔180°,以保持传动轴的平衡。

(4)中间支承的安装。将中间支承轴承对正后,压入中间传动轴的花键凸缘内。紧固中间支承前后轴盖上的三个紧固螺栓时,应支起后轮,边转动驱动轮边紧固,以便自动找正中心。

(5)加注润滑脂。用油枪加注汽车通用的锂基2号或二硫化钼锂基脂。注油时,既要保证充分又不应过量,以从油封刃口处或中间支承的气孔能看到有少量新润滑脂被挤出为宜。

三、评价与反馈

(一)教师评价(表3-4)

教师评价　　表3-4

评价项目	评价分值(分)				
	5	4	3	2	1
安全意识					
着装和卫生					
工具使用和摆放					
零件摆放					
工作页填写情况					
组装完成后工作情况					

(二)小组互评(表3-5)

小组互评　　表3-5

评价项目	评价分值(分)				
	5	4	3	2	1
安全意识					
5S情况					
团队合作					
工作页填写情况					

（三）自我评价（表 3-6）

自我评价 表 3-6

评价项目	评价分值（分）				
	5	4	3	2	1
安全意识					
5S 情况					
工具使用的规范性					
识别万向传动装置各主要零部件的安装位置的完成情况					
从变速器上拆下传动轴的完成情况					
学习资源利用情况，学习目标达到情况					
对这个项目的学习的满意程度					
你对改善本项目后续任务教学的建议：					

（四）学员在本任务中的综合评价（表 3-7）

综合评价 表 3-7

单项分				
总分值				
签名	教师：	学员：	日期：	

学习任务工单二　万向传动装置主要零部件的检验

知识目标

1. 掌握传动轴外观检查、传动轴圆跳动的检查方法；
2. 掌握十字轴承的检查、中间支撑轴承的检查方法。

技能目标

1. 会进行传动轴外观检查，传动轴圆跳动的检查；
2. 会进行十字轴承的检查，中间支撑轴承的检查。

学习任务描述

汽车底盘万向传动装置主要零部件出现了异常情况,需要检查,请按照技术规范,正确对底盘万向传动装置主要零部件进行检验。

一、学习准备

(一)万向节的作用

在两轴之间________不断变化情况下可靠传递________,在变速器与驱动桥之间传力的万向节一般普通________万向节,具有结构简单、传力可靠等优点。

(二)汽车传动轴结构

一般采用高强度________制成,以提高其强度和刚度。由于变速器距离驱动桥较________,传动轴高速旋转时易出现变形和振动。所以,传动轴分成两段。同时,后传动轴上采用________结构,以允许汽车行驶中传动轴长度自由变化。

小提示

传动轴在高速旋转时,任何质量的偏移都会导致剧烈振动。因此厂家在把传动轴与万向节组装后,都进行动平衡。经过动平衡的传动轴两端一般都点焊有平衡片,拆卸后重装时要注意保持二者的相对角位置不变。

(三)中间支承结构

中间支承为一种中间支承结构,是一个通过________和缓冲垫安装在车身(或车架)上的轴承,用来支承传动轴的一端。

小提示

橡胶缓冲垫可以补偿车身(或车架)变形和发动机振动对传动轴位置的影响。

二、计划与实施

(一)了解以下信息

1. 使用的工具:____。

2. 学习的车型:____。

(二)拆卸的注意事项

1. 拆卸下来的零件要合理地进行摆放;

2. 工具的使用要合理规范;

3. 注意拆卸过程的操作安全。

(三)准备工作

1. 轿车(普通桑塔纳、捷达、富康和进口轿车)和货车(CA1092. EQ1090E)传动轴总成数部,各种万向节若干个。确保8~10人/每部。

2. 清理万向传动装置周围污物。

(四)计划与实施

1. 传动轴外观检查(图 3-17)

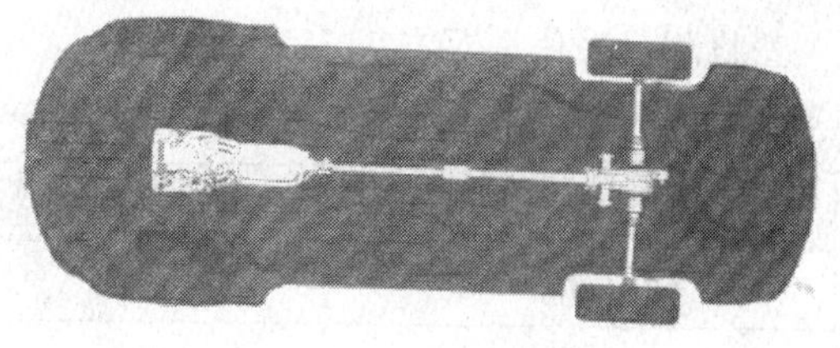

图 3-17　传动轴外观检查

(1)检查传动轴套是否有大的凹槽或损坏。

(2)检查传动轴套管上是否有平衡块。

(3)平衡块是否有松脱或丢失。

(4)检查传动轴的滑动花键是否有过度松动。

小提示

传动轴轴管不得有裂纹及严重的凹瘪,否则应更换传动轴。

2. 检查传动轴弯曲程度

如表 3-8 所示用 V 形铁架起传动轴,使其水平,然后旋转,用百分表在轴的中间部位测量。径向全跳动公差,应符合表 3-8 的规定,否则应更换或校正传动轴(轿车传动轴径向全跳动公差应比表 3-8 相应减小 0.2mm)。

传动轴轴管的径向全跳动公差(mm)　　表 3-8

轴　　长	径向全跳动公差	传动轴弯曲程度检查图片
≤600	0.6	
600 ~ 1000	0.8	
>1000	0.1	

图 3-18　传动轴径向圆跳动的检查

3. 传动轴圆跳动的检查

(1)将变速器换上空挡,松开驻车制动器。

(2)清洁传动轴需要测量部位的灰尘和铁锈。

(3)使用百分表测量传动轴的圆跳动量,如图 3-18 所示。

小提示

测量径向跳动量时,应选取 3 个部位:传动轴两端、传动轴中间。

将测量数据填写在表 3-9 处。

传动轴的圆跳动量记录表　　表 3-9

传动轴检查项目	测 量 数 值			标准数值(mm)
圆跳动量				

4. 十字轴承的检查(图 3-19)

(1)用百分表检查十字轴承与轴颈轴向间隙。

(2)用百分表检查十字轴承与轴颈径向间隙。

小提示

如果十字轴的轴向、径向间隙超过标准值,则应更换十字轴承。

图 3-19　十字轴承的检查

将测量数值填写在表3-10处。

十字轴承与轴颈间隙的测量数据 表3-10

十字轴承测量项目	测量数值(mm)	标准数值(mm)	维修建议
轴向间隙		小于0.05	
径向间隙		小于0.05	

三、评价与反馈

(一)教师评价(表3-11)

教 师 评 价 表3-11

评 价 项 目	评 价 分 值 (分)				
	5	4	3	2	1
安全意识					
着装和卫生					
工具使用和摆放					
零件摆放					
工作页填写情况					
组装完成后工作情况					

(二)小组互评(表3-12)

小 组 互 评 表3-12

评 价 项 目	评 价 分 值 (分)				
	5	4	3	2	1
安全意识					
5S情况					
团队合作					
工作页填写情况					

(三)自我评价(表3-13)

自 我 评 价 表3-13

评 价 项 目	评 价 分 值 (分)				
	5	4	3	2	1
安全意识					
5S情况					
工具使用的规范性					
传动轴外观检查的完成情况					
传动轴圆跳动的检查的完成情况					

续上表

评价项目	评价分值(分)				
	5	4	3	2	1
十字轴承的检查的完成情况					
中间支撑轴承的检查的完成情况					
学习资源利用情况,学习目标达到情况					
对这个项目的学习的满意程度					
你对改善本项目后续任务教学的建议:					

(四)学员在本任务中的综合评价(表3-14)

综合评价 表3-14

单项分				
总分值				
签名	教师:	学员:	日期:	

学习任务工单三　万向传动装置常见故障诊断与排除

知识目标

1. 熟悉万向传动装置常见故障现象及原因;
2. 掌握万向传动装置故障诊断与维修方法;

技能目标

1. 会描述减速时出现咔嗒声的现象,加速时有振动或抖动的现象;
2. 在教师的指导下,会完成前轮驱动轴防尘套的更换;
3. 会分析万向传动装置的典型故障。

学习任务描述

某汽车因底盘异响进厂维修,初步判断是传动轴总成出现故障,请你按照技术规范,正确对传动轴进行检查、维修或更换。

一、学习准备

万向传动装置由于经常受汽车在复杂道路上行驶的影响,使传动轴在其角度和长度不断变化的情况下传递转矩,因此常出现传动轴动不平衡,万向节与中间支承松旷、发响,甚至会引起飞轮壳的破裂等故障。

(一)传动轴动不平衡与异响

1. 故障现象

在万向节和伸缩叉技术状况良好时,汽车行驶中发出周期性的响声;速度越高响声越大,甚至伴随有车身振动,握转向盘的手感觉麻木。

2. 故障原因

(1)传动轴上的平衡块脱落。

(2)传动轴弯曲或传动轴管凹陷。

(3)传动轴管与万向节叉焊接不正或传动轴未进行过动平衡试验和校准。

(4)伸缩叉安装错位,造成传动轴两端的万向节叉不在同一平面内,不满足等角速传动条件。

(5)中间支承吊架固定螺栓松动或万向节凸缘盘连接螺栓松动,使传动轴偏斜。

3. 故障诊断与排除

(1)检查传动轴管是否凹陷,有凹陷,则故障由此引起;无凹陷,则继续检查。

(2)检查传动轴管上的平衡片是否脱落,如脱落,则故障由此引起;否则,继续检查。

(3)检查伸缩叉安装是否正确,不正确,则故障由此引起;否则,继续检查。

(4)拆下传动轴进行动平衡试验,若动不平衡,则应校准以消除故障。弯曲应校直。

(5)检查中间支承吊架固定螺栓和万向节凸缘盘连接螺栓是否松动,若有松动,则异响由此引起,应紧固。

(二)万向节、伸缩叉松旷及异响

1. 故障现象

在汽车起步和突然改变车速时,传动轴发出"吭"的响声;在汽车缓行时,发出"咣当、咣当"的响声。

2. 故障原因

(1)万向节凸缘盘连接螺栓松动。

(2)万向节主、从动部分游动角度太大。

(3)万向节轴承、十字轴磨损严重。

(4)万向节、伸缩叉磨损松旷。

3. 故障诊断与排除

(1)用榔头轻轻敲击各万向节凸缘盘连接处,检查其松紧度。松旷量大,则故障由连接螺栓松动引起,否则继续检查。

(2)用双手分别握住万向节,伸缩叉的主、从动部分转动,检查游动角度。万向节游动角度太大,则异响由此引起;伸缩叉游动角度太大,则异响由此引起。

(三)中间支承松旷

1. 故障现象

汽车运行中出现一种连续的“呜呜”响声,车速越高响声越大。

2. 故障原因

(1)滚动轴承缺油烧蚀或磨损严重。

(2)中间支承安装方法不当,造成附加载荷而产生异常磨损。

(3)橡胶圆环损坏。

(4)车架变形,造成前后连接部分的轴线在水平面内的投影不同线而产生异常磨损。

3. 故障诊断与排除

(1)给中间支承轴承加注润滑脂,响声消失,则故障由缺油引起;否则,继续检查。

(2)松开夹紧橡胶圆环的所有螺钉,待传动轴转动数圈后再拧紧,若响声消失,则故障由中间支承安装方法不当引起。否则,故障可能是:橡胶圆环损坏,或滚动轴承技术状况不佳,或车架变形等引起。

二、计划与实施

(一)了解以下信息

1. 使用的工具:____。

2. 汽车的相关信息:车辆型号(VIN 码)______________________________。

车辆号牌:________车辆及行驶里程:________维修接待意见________

(二)准备工作

1. 轿车(普通桑塔纳、捷达、富康和进口轿车)和货车(CA1092. EQ1090E)。

2. 传动轴总成数部,各种万向节若干个,确保 8 ~ 10 人/每部。

3. 清理周围污物。

(三)计划与实施

1. 万向传动装置常见原因和排除方法见表 3-15。

万向传动装置常见原因和排除方法 表 3-15

故障现象	可能原因	排除方法
车辆起步或行驶中万向传动装置异响	十字轴、轴承磨损或滚针破碎,轴承润滑不良,轴承安装不到位,连接部位紧固螺栓松动,传动轴花键配合副磨损	检查更换万向节
转向时有“咔嗒”声	外侧等速万向节损坏	更换内侧等速万向节
汽车加速时有沉闷的金属声	内侧等速万向节损坏	更换内侧等速万向节
	变速器齿轮或轴承磨损	更换变速器齿轮或轴承
汽车加速时有振动或抖动	传动轴变形,平衡块脱落,未按标记安装传动轴,各连接部位紧固螺栓松动	检查更换等速万向节

续上表

故障现象	可能原因	排除方法
汽车行驶中发出周期性的响声，车速越高，响声越大。严重时伴随有车身抖动	传动轴变形，平衡块脱落，未按标记安装传动轴，各连接部位紧固螺栓松动	检查更换万向节
汽车起步或突然变换车速，传动装置有异响；缓慢行驶时，发出“呱啦、呱啦”的响声	传动轴变形，平衡块脱落，未按标记安装传动轴	检查更换万向节
在万向节和伸缩叉技术状况良好的情况下，汽车行驶中发出周期性的响声，车速越高，响声越大，甚至伴随有车身抖动，握转向盘的手感觉麻木	传动轴变形，平衡块脱落，未按标记安装传动轴，各连接部位紧固螺栓松动，轴承磨损，传动轴花键配合副磨损	检查更换万向节

2. 案例评析

(1)案例1：

检修方法：用千斤顶架起前桥，用三角木楔好后轮，将变速器由低挡换入高挡，仔细倾听声音发出的部位，似在传动部分，不在差速变速器壳体。

用手来回拧动传动轴，察视万向节的径向有无明显的间隙，靠主减速器一侧的万向节能否在轴向平滑滑动。虽未发现明显间隙，但手感觉得有卡涩感。

根据经验判断，此类响声大都为装配不当引起，为验证这个经验判断，决定更换一节靠近主减速器一侧的传动轴进行对比试验。经拆检中发现，原装配此节传动轴有两个错误：一是万向节三销轴安装方向有误，三销轴缺齿端应背向轴的方向安装；二是万向节与传动轴未作装配标记。

拆下另一节传动轴检查，除未作装配记号外，三销轴安装方向正确。

重新安装传动轴，将三销轴缺齿端安装朝向轴端；在传动轴和万向节上打上装配记号，上路试验，调整万向节和传动轴安装方向，直至响声消失。

(2)案例2：

检修方法：对该车进行路试，当空挡滑行或低速时跑偏现象消失，在加速或高速时跑偏现象明显。测量该车前束及倾角，均正常，轮胎气压也符合标准值，对换左右轮胎，试车，仍向右跑偏。看来该车跑偏是由于左右车轮所受力矩不平衡而产生的。

经过仔细检查，发现该车右传动半轴比正常值偏细。询问车主是否更换过传动轴，车主说前段时间半轴磕碰后曾更换过。拆下该传动轴，发现它不仅比原厂配件细，而且轻了许多。重新更换标准配件后试车，跑偏故障排除。

由于捷达轿车传动轴不是等长半轴，所以力矩致使的偏向程度比较大。为了尽量降低力矩产生偏向的可能性，捷达轿车传动半轴加工粗细度及其质量均有严格的要求，如果使用不符合标准的配件，力矩致使的偏向程度将明显提高，而且故障原因不易查找。

三、评价与反馈

（一）教师评价（表3-16）

教 师 评 价　　表3-16

评价项目	评价分值（分）				
	5	4	3	2	1
安全意识					
着装和卫生					
工具使用和摆放					
零件摆放					
工作页填写情况					

（二）小组互评（表3-17）

小 组 互 评　　表3-17

评价项目	评价分值（分）				
	5	4	3	2	1
安全意识					
5S情况					
团队合作					
工作页填写情况					

（三）自我评价（表3-18）

自 我 评 价　　表3-18

评价项目	评价分值（分）				
	5	4	3	2	1
安全意识					
5S情况					
描述常见故障现象的完成情况					
对这个项目的学习的满意程度					
你对改善本项目后续任务教学的建议：					

(四)学员在本任务中的综合评价(表3-19)

综合评价 表3-19

单项分				
总分值				
签名	教师:	学员:	日期:	

项目四　驱动桥故障诊断与维修

案例导入

案例1:上汽奇瑞轿车修理差速器后出现异响故障的检修。

故障症状:该轿车的差速器前几天大修过,最近桥内出现响声,而且越来越严重,被迫停车进行检修。

案例2:1998款丰田霸道反复烧差速器故障的检修。

故障症状:一辆丰田霸道(FZJ80)越野车,装备了全四轮驱动防滑差速器。在一次高速行驶时,突然出现汽车无故"制动甩尾",后轮还有轻微的拖痕。开始以为是制动系统或转向系统出了问题,将车停在路边检查,没有发现有什么异常。

由于要赶路,所以重新起动发动机,进挡准备继续前进。可是进挡后汽车加速很费力,就像驻车制动没有完全解除一样,行驶中车身一种很飘的感觉,再踩加速踏板,后面出现"咔"的一声响。只要汽车一行驶,后面就出现"嘎、嘎、嘎"的尖锐的响声,传动系统出问题了,只好将车拖到修理厂。

驱动桥能将发动机传出的相关转矩传给驱动车轮,实现降速、增大转矩的作用。驱动桥由主减速器、差速器、半轴和桥壳等组成。

主减速器又称主传动器,其作用是降低传动轴传来的转速,增大输出转矩,并改变旋转方向,使传动轴左右旋转变为半轴的前后旋转。按减速齿轮副的级数可分为单级和双级主减速器。

差速器的作用除了把主减速器传来的动力传给驱动轮外,当左右车轮行驶条件不同时,能自动调整左右驱动车轮以不同的转速旋转,使车轮保持滚动行驶状态。现代汽车的差速器按结构分为普通锥齿轮差速器和防滑差速器。

半轴是在差速器和驱动轮之间传递动力的实心轴。桥壳用来支承并保护主减速器、差速器和半轴等机件。

为了能深刻、系统地完成驱动桥故障诊断与维修这个项目的学习,本项目选取四个典型的任务,见表4-1。

驱动桥典型任务　　表4-1

学习任务	学习任务一	学习任务二	学习任务三	学习任务四
工作内容	驱动桥的解体和清洗	主减速器总成的检修	驱动桥的装配、调整	驱动桥常见故障诊断与排除

在完成以上四个任务之前，有必要明确驱动安装位置，见表4-2。

驱动桥安装位置 表4-2

驱动桥的安装位置	驱动桥的功用	驱动桥图片
	将万向传动装置传来的发动机转矩经减速、增矩并改变旋转方向后，传到左右驱动轮，使左右驱动轮以相同的转速直线行驶或以不同的转速转弯行驶	

学习任务工单一 驱动桥的解体和清洗

知识目标

1. 掌握驱动桥各主要部件的功用与类型；
2. 正确描述单级、双级主减速器的分类及结构特点。

技能目标

1. 会进行驱动桥及其主要组成部件的维护及驱动桥主减速器和差速器的拆装步骤及技术要求；
2. 能识别驱动桥主要零部件的名称、作用及相互装配关系。

学习任务描述

汽车底盘驱动桥出现了异常情况，需要检查，请你按照技术规范，正确对驱动桥进行解体与清洗。

一、学习准备

(一)汽车上主减速器位置

汽车上主减速器位于驱动桥内。驱动桥主要由________、________、和________、________组成，如图4-1所示。

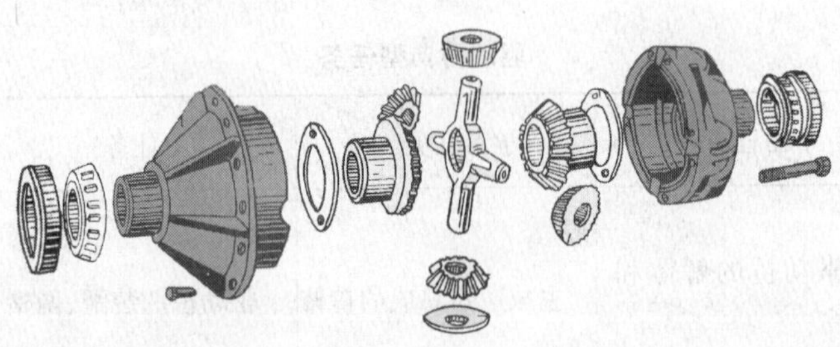

图4-1 驱动桥组成

（二）单级主减速器

单级主减速器主要由主动锥齿轮、从动锥齿轮、支承轴承，调整垫片等零件组成，如图4-2所示。

（三）差速器的结构

差速器由四个________，________、两个________，以及________、行星锥齿轮球面垫片组成。十字轴轴颈嵌在差速器壳的端面半圆槽形成的孔中。四个行星齿轮分别松套在四个轴颈上。两个________分别与四个行星齿轮啮合，并以________与半轴连接。行星齿轮的背面和差速器壳体相应位置的内表面，制成球形，以保证行星齿轮良好的对中性，以便和半轴齿轮正确良好的啮合，如图4-3所示。

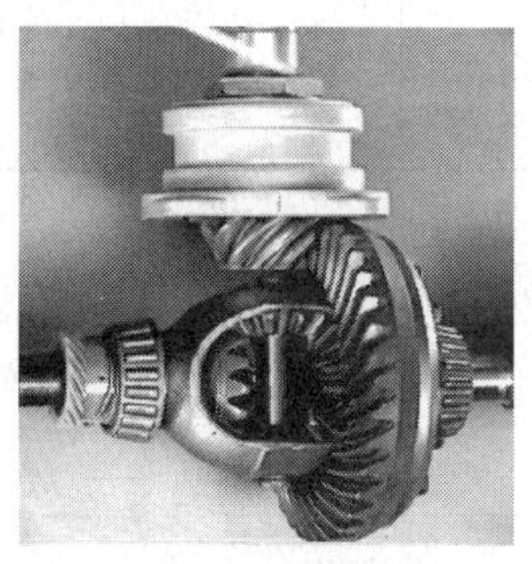

图4-2 单级主减速器

图4-3 差速器结构

（四）半轴（图4-4）

半轴是一根在差速器与驱动轮之间传递动力的________轴，半轴________与轴齿轮花键连接，________与轮毂连接。

图4-4 半轴结构

（五）驱动桥壳的作用

驱动桥壳的作用是支承并保护________、差速器和________等，固定左右________的相对位置，支承汽车质量，传递车架与车轮之间的各向作用力，如图4-5所示。

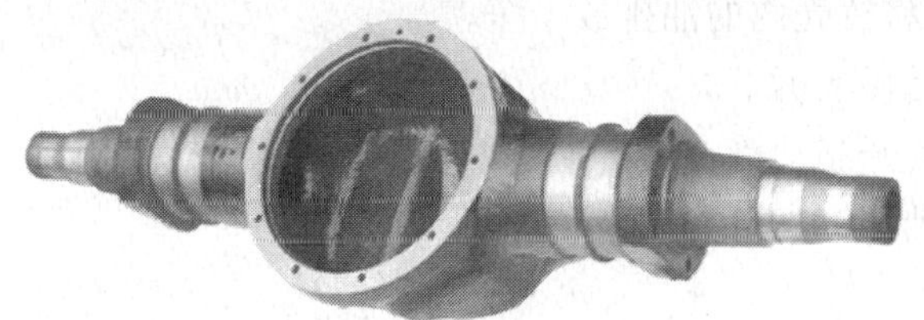

图4-5 驱动桥壳

（六）主减速器分类及结构特点（表4-3）

主减速器分类及结构特点　　表4-3

<table>
<tr><th>分类方法</th><th colspan="2">类别</th><th>特点及应用</th></tr>
<tr><td rowspan="2">按齿轮副数目分</td><td colspan="2">单级式</td><td>小型汽车</td></tr>
<tr><td colspan="2">双级式</td><td>重型汽车、越野汽车、大型客车</td></tr>
<tr><td rowspan="2">按主减速器传动比挡数分</td><td colspan="2">单速式</td><td>传动比是固定的</td></tr>
<tr><td colspan="2">双速式</td><td>两个传动比供选择</td></tr>
<tr><td rowspan="3">按齿轮副结构形式分</td><td colspan="2">圆柱齿轮式</td><td>发动机横置前轮驱动的汽车</td></tr>
<tr><td rowspan="2">圆锥齿轮式</td><td>曲线锥齿轮式</td><td rowspan="2">发动机纵置的汽车</td></tr>
<tr><td>准双曲面齿轮式</td></tr>
</table>

二、计划与实施

（一）了解以下信息

1. 使用的工具：____。

2. 汽车的相关信息：车辆型号（VIN码）________________________________。

车辆号牌：__________车辆及行驶里程：__________维修接待意见__________________。

（二）拆装的注意事项

1. 严格按照拆装顺序，注意操作安全；

2. 拆卸轴承、齿轮必须使用专用工具，不得用手锤直接敲击进行拆卸；

3. 为保证再次装配时的装配精度，在拆解驱动桥时应检查装配标记，如标记不清应重新做好标记；

4. 驱动桥零件分解后应清洗干净，涂上润滑油以防装配前生锈，并将零件按照装配关系整齐地摆放在清洁的工作台上或油盘中。

（三）准备工作

1. 轿车（普通桑塔纳、捷达、富康和进口轿车）和货车（CA1092. EQ1090E）传动轴总成数部，各种万向节若干个，确保8～10人/部。

2. 常用工具、量具各1套，桑塔纳专用工具1套。

3. 清理驱动桥内及外周围污物。

（四）计划与实施

1. 主减速器总成的拆卸

（1）拆下放油塞，将桥壳内的油排放干净。

（2）把传动轴从后桥上拆下。

（3）从制动轮缸脱开制动管。

（4）拆下停车制动器钢索。

（5）拆下后桥轴。

（6）拆下减速器总成。

（7）拆下接合凸缘。

(8)拆下前油封和甩油环。

(9)拆下前轴承、轴承隔套。

(10)拆下减速器壳。

(11)拆下主动小齿轮。

(12)拆下主动小齿轮的后轴承。

(13)拆下前、后轴承外座圈。

(14)拆下从动齿圈。

(15)拆下侧轴承。

(16)分解差速器壳。

2. 清洗

三、评价与反馈

(一)教师评价(表4-4)

教 师 评 价 表4-4

评 价 项 目	评 价 分 值(分)				
	5	4	3	2	1
安全意识					
着装和卫生					
工具使用和摆放					
零件摆放					
工作页填写情况					
组装完成后工作情况					

(二)小组互评(表4-5)

小 组 互 评 表4-5

评 价 项 目	评 价 分 值(分)				
	5	4	3	2	1
安全意识					
5S 情况					
团队合作					
工作页填写情况					

（三）自我评价（表4-6）

自 我 评 价 表4-6

评 价 项 目	评 价 分 值（分）				
	5	4	3	2	1
安全意识					
5S情况					
工具使用的规范性					
认识驱动桥主要零部件的完成情况					
驱动桥各主要零部件的安装位置的完成情况					
描述差速器的工作原理的完成情况					
描述驱动桥的拆装步骤的完成情况					
对这个项目的学习的满意程度					
你对改善本项目后续任务教学的建议：					

（四）学员在本任务中的综合评价（表4-7）

综 合 评 价 表4-7

单项分				
总分值				
签名	教师：	学员：	日期：	

学习任务工单二 主减速器总成的检修

知识目标

1. 熟悉主减速器的组成及零部件作用；
2. 熟悉差速器作用及工作原理；

3. 熟悉主减速器的调整项目与调整方法。

技能目标

1. 会对主减速器进行正确的拆卸；
2. 会对主减速器进行正确的检查；
3. 会对差速器进行正确的检查。

学习任务描述

某后轮驱动汽车因主减速器内部故障而导致驱动桥异响，需要对主减速器分解检测，确定故障部位，并对其进行维修或更换。

一、学习准备

主减速器是传动系统减速增矩的重要装置之一，因此需要了解汽车主减速器有哪些作用、维修时需要知道其安装位置、有哪些类型。

（一）主减速器的作用

主减速器的作用是通过改变主减速比来增大输入________，相应降低________，并且主减速器在发动机纵置时可以改变转矩旋转方向。

主减速器的主速度比（又称为主传动比）：主动齿轮的转速与从动齿轮的转速之比，即从动锥齿轮与主动锥齿轮（齿圈）齿数比，以下式表示：

$$i_{主减速比} = 差速器从动锥齿轮齿数（齿圈齿数）/差速器主动锥齿轮齿数$$

汽车的总减速比是指变速器传动比与主减速器比的乘积，公式表示为：

$$i_{总减速比} = i_{主减速器} \times i_{变速器}$$

（二）主减速器的类型

1. 按照参加传动的齿轮副数，可分为________级式和________级式主减速器两种类型。

2. 按照主减速器传动比个数，可分为________速式和________速式主减速器两种类型。

3. 按照齿轮副结构形式，可分为圆柱齿轮式（又可分为定轴轮系和行星轮系）和圆锥齿轮式（又可分为螺旋锥齿轮式和双曲面锥齿轮式）主减速器两种类型。

（三）差速器的组成

1. 差速器由差速器壳、________、行星齿轮轴、________、齿轮等组成。

2. 根据图4-6，查询相关资料，将表4-8补充完整。

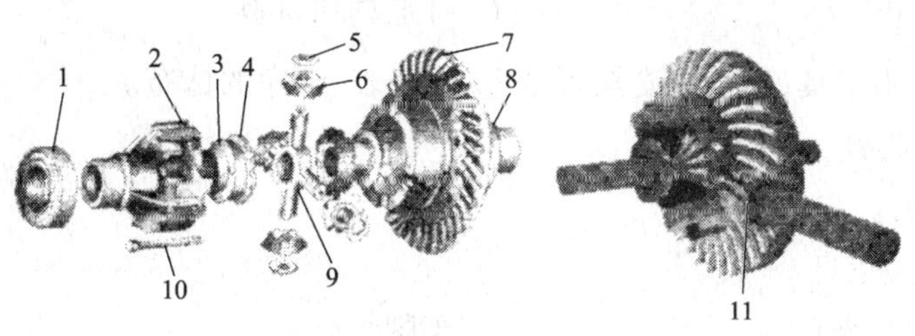

图4-6　差速器的组成

差速器零件的名称　　表 4-8

序号	名　称	序号	名　称	序号	名　称
1	轴承	5	垫圈	9	十字轴
2	左外壳	6		10	螺栓
3	垫片	7		11	
4		8	右外壳		

(四)差速器的作用

差速器的作用是将主减速器传来的传动力传给左、右两半轴,并在________时允许左、右半轴以________转速旋转,以满足两侧驱动轮差速的需要,如图 4-7 所示。

(五)差速器的工作原理

1. 汽车直线行驶时的差速器运动

当汽车正常直线行驶时,行星齿轮只同差速器壳一起绕________轴线旋转(公转),左、右半轴齿轮角速度等,此时无差速作用,如图 4-8 所示。

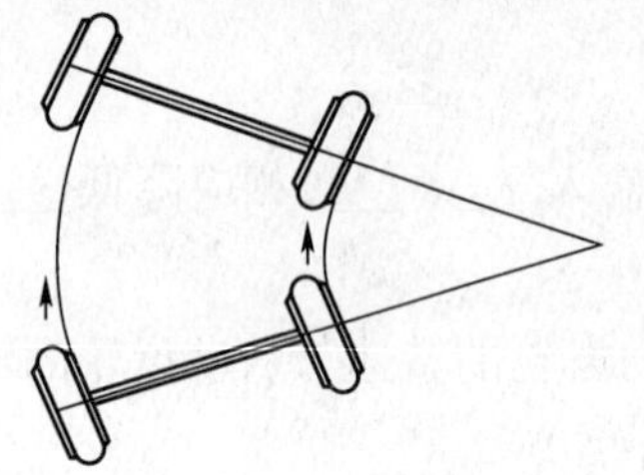

图 4-7　差速器的作用

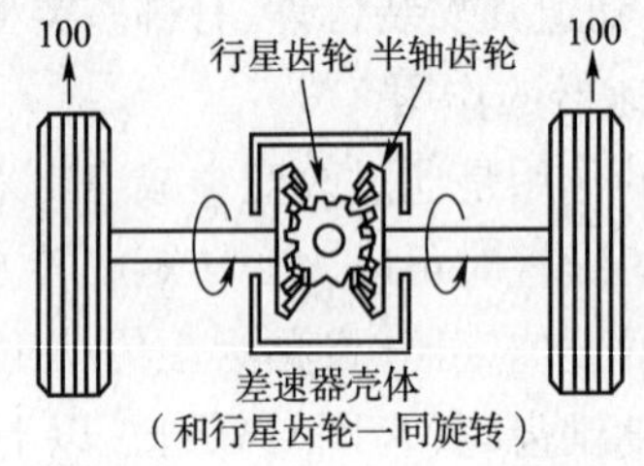

图 4-8　直线行驶时的差速运动

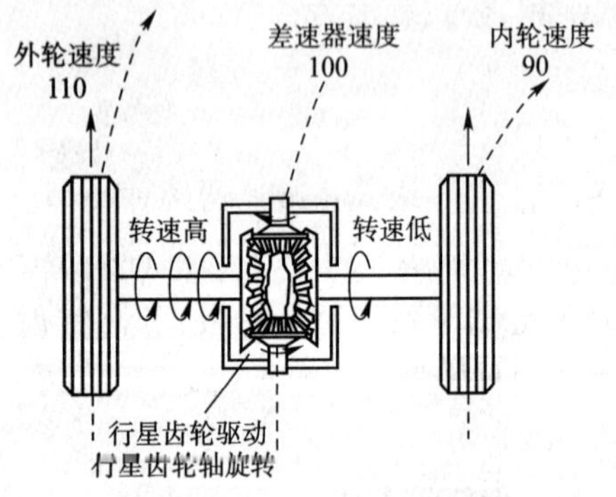

图 4-9　转弯行驶时的差速运动

2. 汽车转弯行驶时的差速器运动

当汽车转弯行驶时(图 4-9),两侧车轮所遇到阻力不同,内侧车轮臂和外侧车轮所遇阻力大,其结果使得行星齿轮顺时针旋转,当行星齿轮除了公转,还要绕自身轴线以某一转速自传时,则左半轴齿轮的转速将在原转速的基础上,重叠一个因行星齿轮自转引起的转速,同时,左半轴齿轮则减去一个转向相反的转速,对左右半轴齿轮来说,其转速的总和保持不变。

二、计划与实施

(一)工具和材料

常用工具、专用工具、磁性座支架百分表、维修表、干净的抹布。

(二)保护性衣物

标准作业着装。

(三)汽车相关信息

车辆型号(VIN 码):____________________车牌号码:__________________

车型及行驶里程:______________________维修及接待意见:________________

(四)注意事项

1. 严格按照技术要求对轴承预紧度、齿轮啮合印记等配合尺寸进行调整，不得随意改变技术要求。

2. 对各紧固螺栓严格按照规定力矩拧紧。

3. 支撑轴承不能随意用其他型号代替。

(五)计划与实施

1. 拆卸主减速器

当由于主减速器损坏而导致汽车出现异响的故障时，需要对其进行解体维修，解体维修前需要进行就车拆卸主减速器。

(1)如图4-10所示，将车辆举升至合适操作高度。

(2)检查减速器壳是否有漏油或其他异常现象。(有/无)

(3)如图4-11所示，拆下放油塞，将桥壳内的主减速器油排放干净。

①检查主减速器的油质。(正常、很黑、很黑且有杂质)

②排放完差速器油后，用手转动一侧车轮，同时观察另一侧车轮出现何种现象，并运用所学知识分析原因。

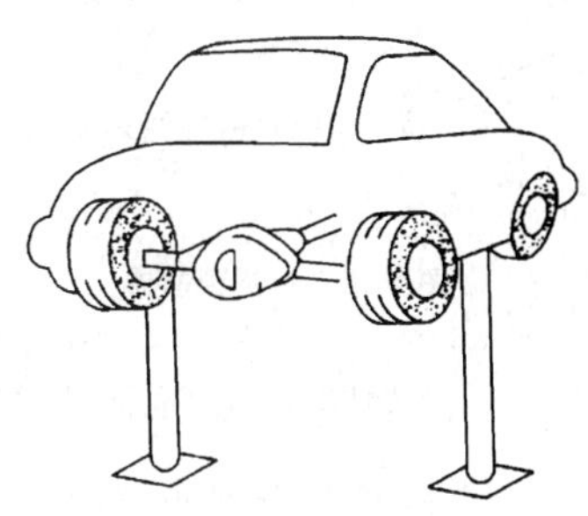

图4-10 举升车辆

(4)如图4-12所示，将传动轴从后桥上拆下。在拆卸传动轴时，解释为什么要做配合记号。

图4-11 排放差速器油

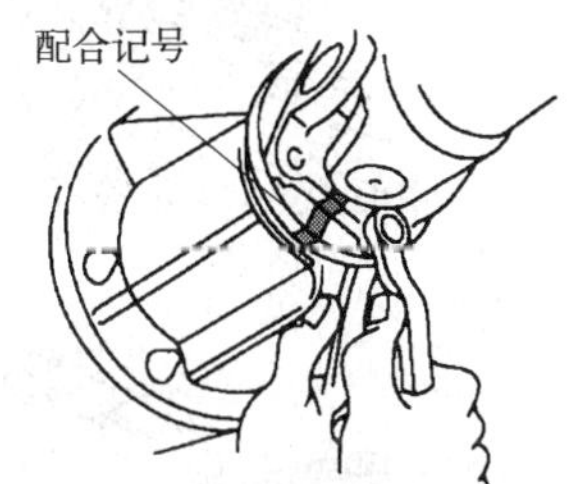

图4-12 拆卸传动轴

(5)如图4-13所示，从制动轮缸处脱开制动油管。

拆卸油管时，选用的工具是:开口梅花扳手、开口扳手、专用的油管扳手。

(6)如图4-14所示，拆下驻车制动器钢索。

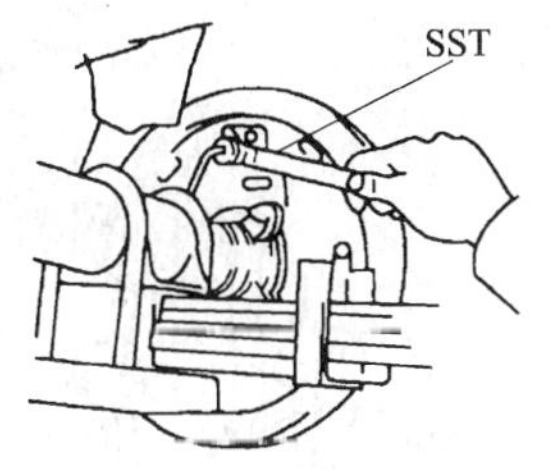

图4-13 拆制动分泵油管

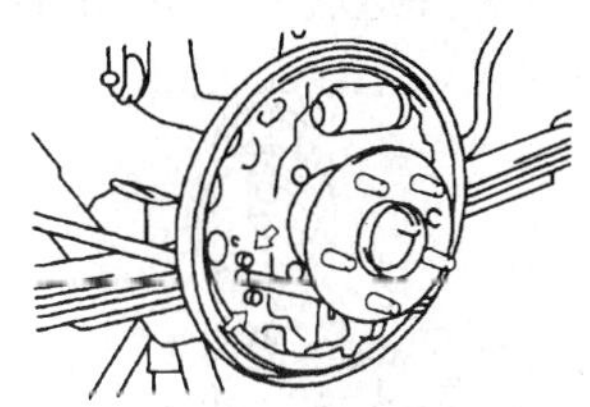

图4-14 拆驻车制动器钢索

(7)如图4-15所示，拆下后桥半轴。

(8)如图4-16所示，使用SST拆卸半轴。

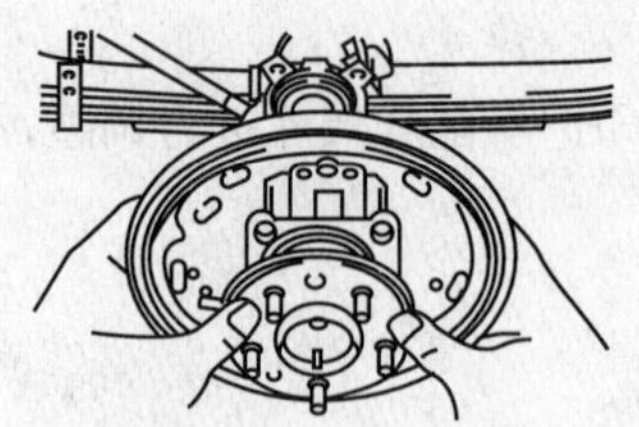

图 4-15　拆卸半轴

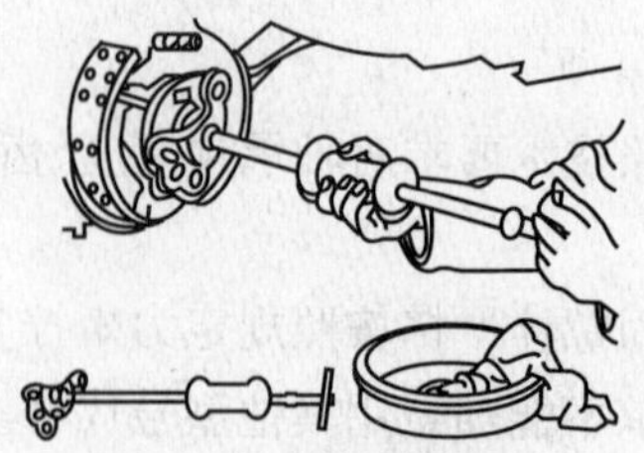

图 4-16　专用工具拆卸半轴

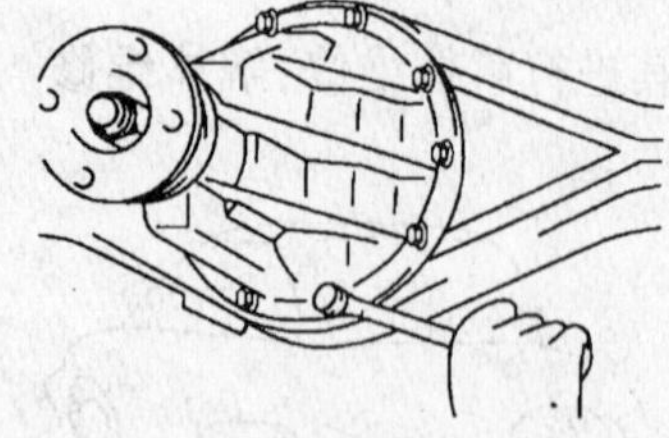

图 4-17　拆下减速器

(9)如图 4-17 所示,拆下减速器总成。

拆卸主减速总成时,应选用下列哪些规格的工具:

12 号梅花扳手、10 号套筒扳手、12 号开口扳手、12 号套筒扳手、14 号梅花扳手、13 号套筒扳手、14 号开口扳手、14 号套筒扳手。

(10)将主减速器安装到支承架上。

2. 主减速器分解前的检查

(1)如图 4-18 所示,目检减速器主、从动锥齿轮。

①齿轮有无明显划伤。(有/无)

②齿轮有无裂纹。(有/无)

③齿轮有无剥落。(有/无)

a)划伤的齿

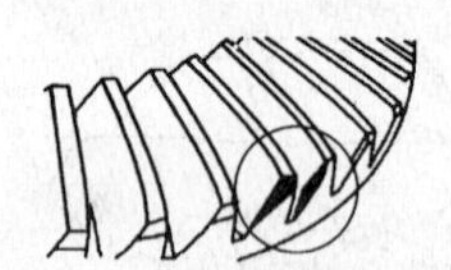

b)轮齿边缘的缺口或凸起

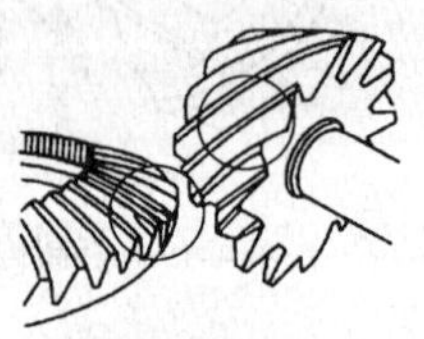

c)碎裂的齿

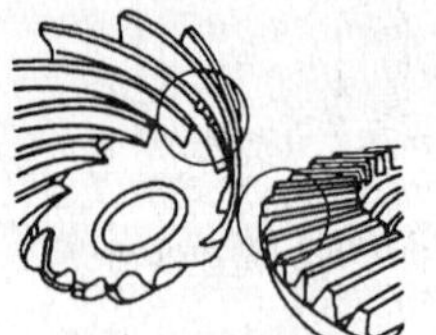

d)工作侧敲击

图 4-18　主、从动锥齿轮目检

(2)如图 4-19 所示,检查接合凸缘的纵向摆差。

(3)如图 4-20 所示,检查接合凸缘的横向摆差。

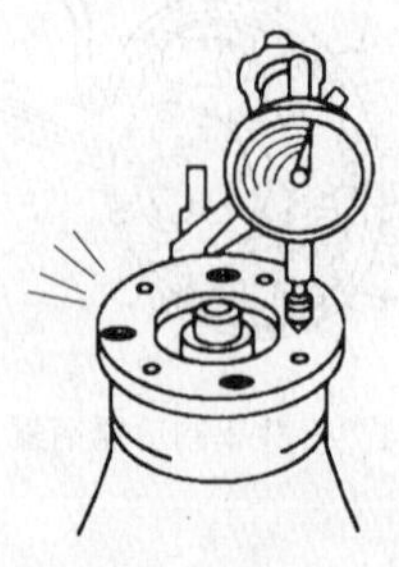

图 4-19　检查接合凸缘的纵向摆差

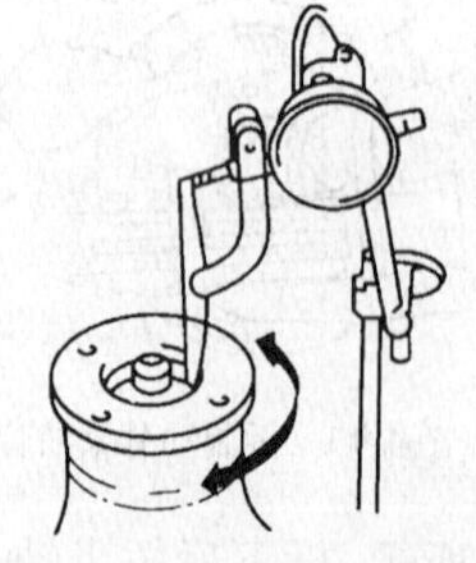

图 4-20　检查接合凸缘的横向摆差

(4)如图4-21所示检查从动齿圈的端面摆差。

(5)检查从动齿圈的啮合间隙。

如图4-22所示,检查从动齿圈的啮合间隙。在进行啮合间隙检查时,分析并阐述导致测量值比标准值大的原因。

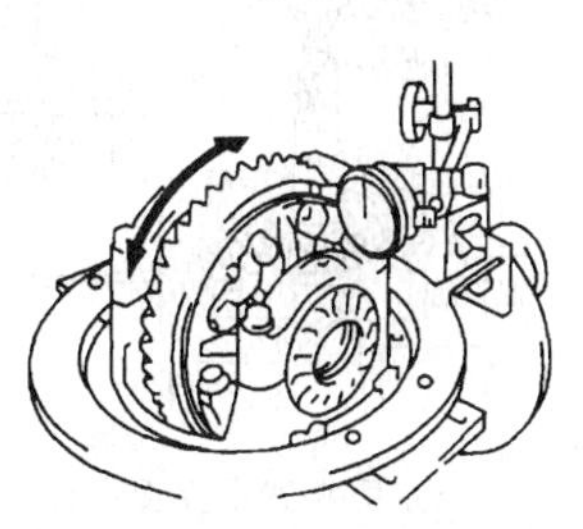

图4-21　检查从动齿圈的端面摆差

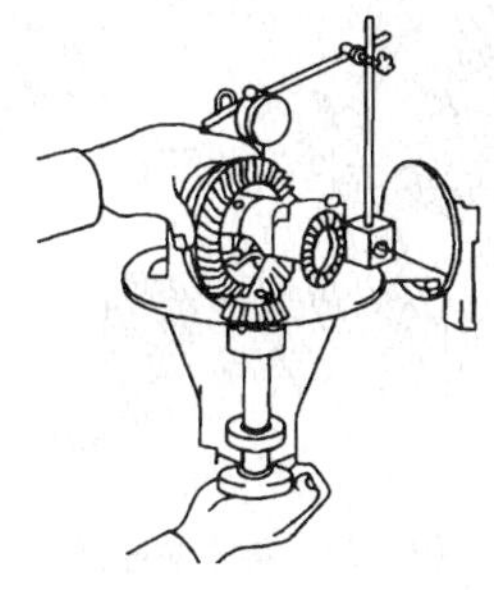

图4-22　检查从动齿圈的啮合间隙

(6)如图4-23所示,检查差速器侧齿轮的啮合间隙。

在进行差速器齿轮啮合间隙检查时,分析并阐述导致测量值比标准值大的原因。

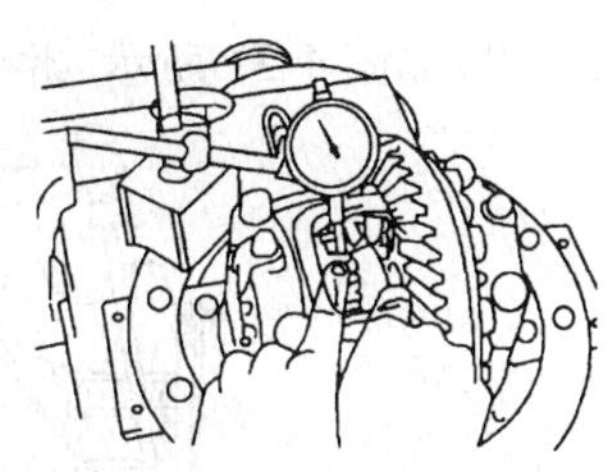

图4-23　检查差速器齿轮啮合间隙

3. 主减速器分解与检查

在主减速器和差速器进行拆装过程中,为了避免其零件受到损坏,需要对其进行规范分解。在主减速器解体后,为确定故障部位需对其零件进行逐步检查,并根据检查结果判断其可用性。

(1)如图4-24所示,拆下接合凸缘。

(2)使用SST固定住凸缘(图4-25),拆下螺母。能否正确选用及使用工具?(能/不能)

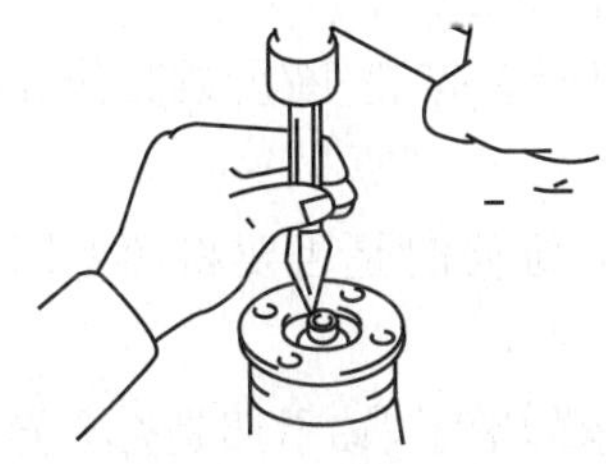

图4-24　拆卸凸缘

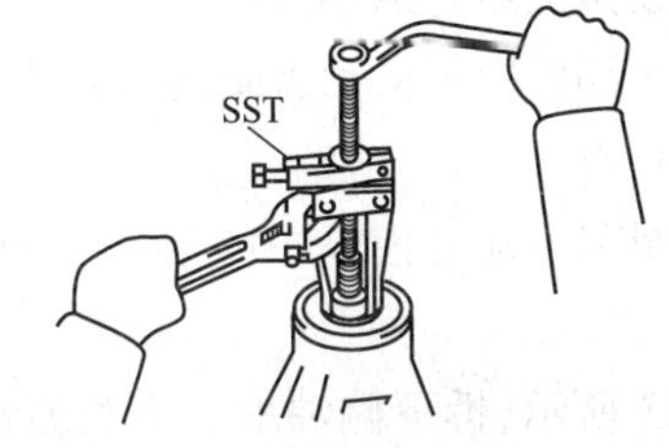

图4-25　使用SST固定住凸缘

(3)如图4-26所示,拆下前油封。拆下的油封能否继续使用?并说明原因。

(4)如图4-27所示,拆下前轴承,并检查前轴承是否有异常损坏。(有/无)

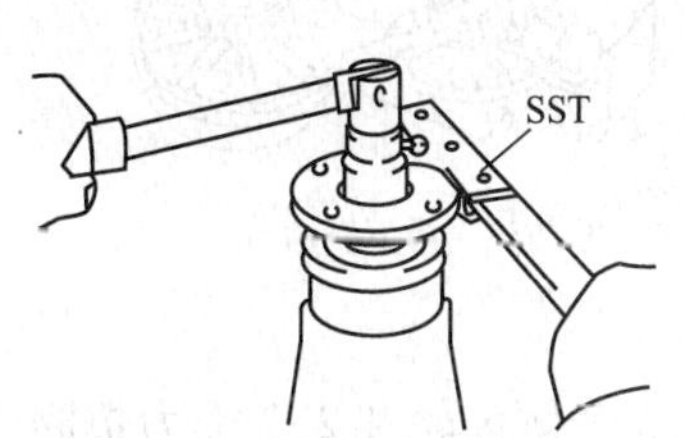

图4-26　拆下前油封

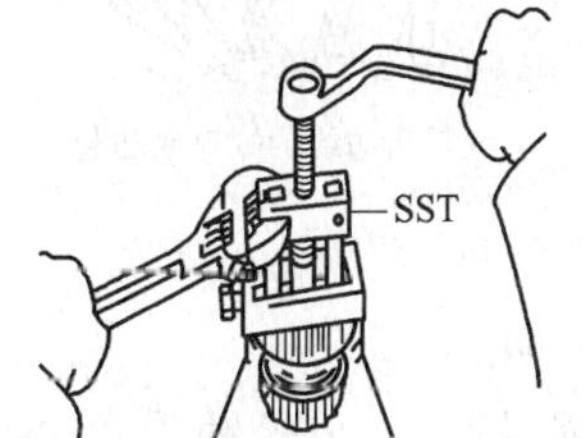

图4-27　拆下前轴承

如果发现轴承损坏,其相应的座圈正常,更换轴承时需要更换其相应的座圈吗?请阐述原因。

(5)如图4-28所示,拆下减速器壳。检查拆下的调整螺母的螺纹、减速器壳螺纹是否有磨损及其他异常损坏现象。(有/无)

(6)如图4-29所示,拆下主动小齿轮后轴承,检查后轴承及减速器壳后轴承座圈有无异常的损坏。(有/无)

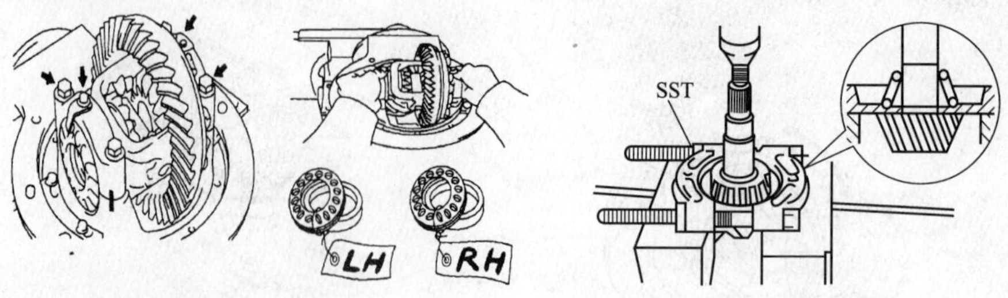

图4-28　拆下减速器壳

图4-29　拆后轴承

(7)拆下前和后轴承外座圈(图4-30)使用手锤和铜棒从壳体敲出外座圈。

(8)如图4-31所示,拆下从动齿圈。

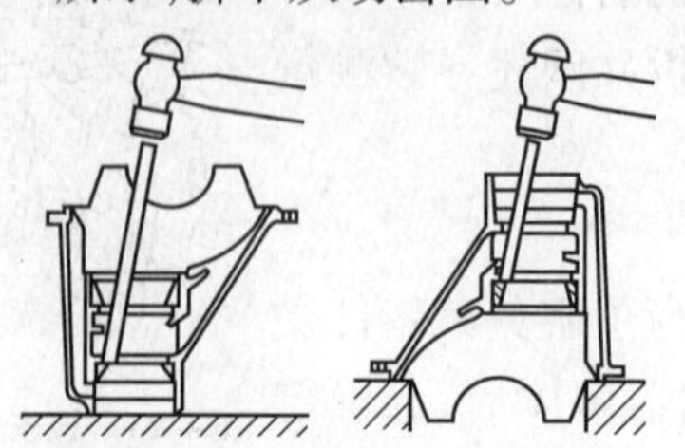

图4-30　拆下前和后轴承外座圈

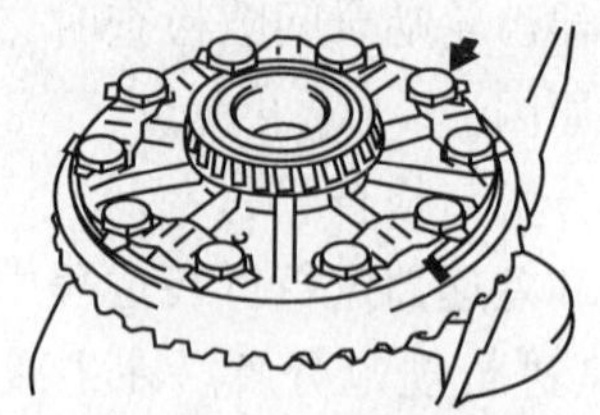

图4-31　拆下从动齿圈

①拆下从动齿圈固定螺栓和锁板。

②在从动齿圈和差速器壳上作上配合记号。

③使用塑料或铜锤敲打从动齿圈,使它与差速器壳分开。

④如图4-32所示,检查从动齿圈的齿是否有划伤、碎裂、断齿或其他异常现象。(正常/划伤/碎裂/断齿)

⑤当从动齿圈和主动锥齿轮中的某一个损坏,维修时是否要将两者同时进行更换?请阐述原因。

(9)如图4-33所示,拆下侧轴承。检查侧轴承的滚子、轴承架是否有异常损坏现象。

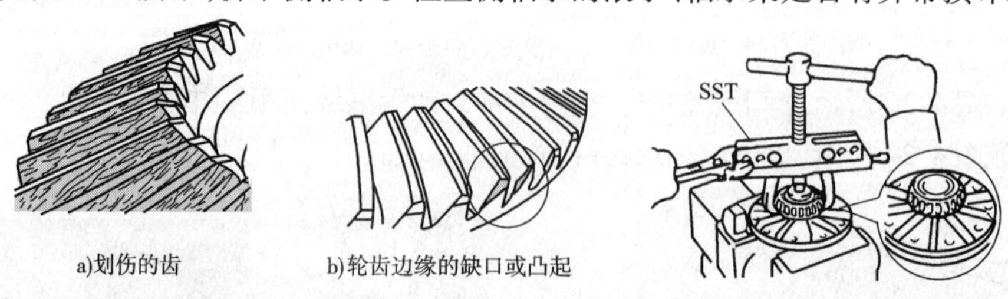

a)划伤的齿

b)轮齿边缘的缺口或凸起

图4-32　齿圈检查

图4-33　拆下侧轴承

(10)分解差速器壳(图4-34)。

使用手锤和冲子敲出直销,拆下小齿轮轴、2个小齿轮、2个侧齿轮和2个推力垫圈。

(11)检查差速器组件,如图4-35所示,并将检查数据填写在表4-9上。

①目检齿轮是否过度磨损或损坏。(是/否)

②需选用哪种量具进行测量。(直尺/游标卡尺/千分尺)

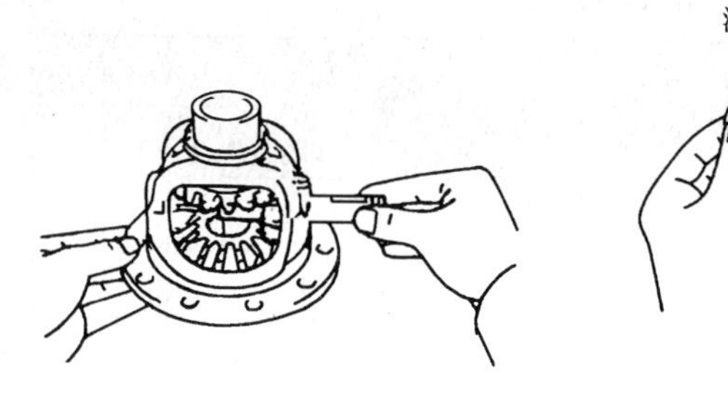

图4-34　分解差速器壳

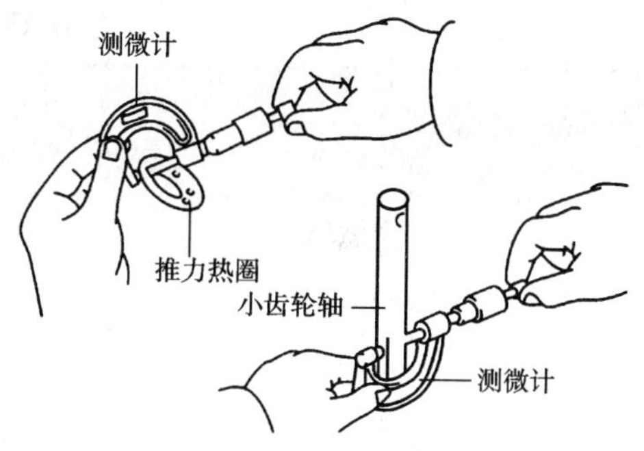

图4-35　差速器组件的检查

差速器组件的检查

表4-9

测量项目	测量数据	标准数值	维修建议
推力垫圈厚度			
行星齿轮轴外径			

三、评价与反馈

(一)教师评价(表4-10)

教师评价

表4-10

评价项目	评价分值(分)				
	5	4	3	2	1
安全意识					
着装和卫生					
工具使用和摆放					
零件摆放					
工作页填写情况					
组装完成后工作情况					

(二)小组互评(表4-11)

小组互评

表4-11

评价项目	评价分值(分)				
	5	4	3	2	1
安全意识					
5S情况					
团队合作					
工作页填写情况					

(三)自我评价(表 4-12)

自我评价 表 4-12

评价项目	评价分值(分)				
	5	4	3	2	1
安全意识					
5S 情况					
工具使用的规范性					
认识主减速器主要零部件的完成情况					
主减速器分解与检查的完成情况					
差速器组件的检查的完成情况					
对这个项目的学习的满意程度					
你对改善本项目后续任务教学的建议:					

(四)学员在本任务中的综合评价(表 4-13)

综合评价 表 4-13

单项分				
总分值				
签名	教师:	学员:	日期:	

学习任务工单三　驱动桥的装配、调整

知识目标

1. 掌握主减速器和差速器的拆装步骤及技术要求;
2. 掌握差速器总成的装配、调整方法;
3. 掌握主动驱动轴的装配、调整方法。

技能目标

1. 会进行主减速器和差速器的拆装并熟悉技术要求;
2. 会进行差速器总成的装配;
3. 会进行主动驱动轴的装配;
4. 会将主动驱动轴装到减速器壳内;
5. 会将差速器壳装到减速器壳上。

学习任务描述

某汽车因主减速器内部故障而导致驱动桥异响，需要对主减速器确定故障部位，并对其进行维修或更换。

一、学习准备

驱动桥装配时，应进行检查和调整，其中主要是轴承预紧度及齿轮的啮合间隙、啮合印痕的检查和调整。对于单级主减速器，应先进行差速器的装配，然后调整主、从动锥齿轮轴承预紧度，最后调整齿轮的啮合间隙、啮合印痕。双级主减速器，应先调整主、从动锥齿轮轴承预紧度，然后调整齿轮的啮合间隙、啮合印痕，差速器的装配及差速器轴承预紧度的调整可以最后进行。

（一）差速器的装配与调整

1. 安装差速器轴承

安装差速器轴承内圈时，应用压力机平稳地压入，不得用手锤敲击，以免损伤轴承的工作表面或刮伤轴颈表面。

2. 安装齿轮

在与行星齿轮和半轴齿轮配合的工作表面涂上机油，先装入一侧垫片和半轴齿轮，然后装入已装好的行星齿轮及垫片的十字轴，并使行星齿轮和半轴齿轮啮合。

在行星齿轮上装入另一侧垫片和半轴齿轮，扣上另一侧的差速器壳。装入另一侧壳体时，应使两侧壳体上的位置标记对正，以免破坏齿轮副的正常啮合。

3. 从动齿轮与差速器的装合

将主减速器从动齿轮装在差速器壳体上，将固定螺栓按规定方向穿过壳体，套入垫片，用规定力矩交替拧紧螺母，锁死锁片。

（二）主减速器的装配与调整

主减速器的装配中的调整包括主、从动圆锥齿轮轴承预紧度的调整，主、从动圆锥齿轮啮合印痕和啮合间隙的调整等项目。在进行调整作业时，必须遵守主减速器的调整原则。

第一，先调整轴承预紧度，再调整啮合印痕，最后调整啮合间隙。

第二，主、从动圆锥齿轮轴承预紧度必须按原厂规定的数值和方法进行调整和检查，在主减速器的调整过程中，轴承预紧度不得变更，始终应符合按原厂规定的数值。

第三，在保证啮合印痕合格的前提下，调整啮合间隙。啮合印痕、啮合间隙及啮合间隙的变化量都必须满足技术条件，否则应成对更换齿轮副。

第四，准双曲面圆锥齿轮、奥利康圆锥齿轮（等高齿）和格利森圆锥齿轮（圆弧非等高齿）啮合印痕的技术标准不尽相同，调整方法也有差异。前两种齿轮往往以移动主动圆锥齿轮调整啮合印痕，以移动从动圆锥齿轮调整啮合间隙；而对格利森圆锥齿轮的调整则无特殊要求。

1. 轴承预紧度的调整

主动圆锥齿轮轴承预紧度的调整方法有两种，第一种方法是在前轴承内圈下加减调整垫片，当按规定力矩拧紧万向节凸缘螺母时，垫片越薄，轴承内外圈压得越紧，即预紧度越大。国产汽车大多数采用这种方法调整，如解放 CA1091、东风 EQ1090 型汽车。此种方法的调整是否符合要求，可用测量万向节凸缘盘的转动力矩来判断。检查时，在不装油封的情况下，先按规定的转矩拧紧万向节凸缘盘的紧固螺母，用弹簧秤沿凸缘的切线方向测量转动主动圆锥齿轮轴所需的拉力。如解放CA1091为 17 ~30N(相当于力矩 1.4 ~3.5N · m)。如大于标准值，说明轴承预紧度过大，应增加调整垫片的厚度，反之则减小调整垫片的厚度。注意在测量时，轴承应润滑，并在顺一个方向转动不少于 5 圈后进行。

另一种方法是用一个弹性隔套来调整主动圆锥齿轮轴承预紧度。装配时，在前后轴承内圈之间放置一个可压缩的弹性薄壁隔套，按规定的转矩拧紧万向节凸缘盘的紧固螺母时，隔套产生弹性变形，其张力自动适应对轴承预紧度的要求。但采用这种方法，因隔套的弹性衰退，每次都必须更换新的隔套，轿车主减速器多采用这种结构，如北京切诺基。

2. 从动圆锥齿轮轴承预紧度的调整

从动圆锥齿轮轴承预紧度的调整因驱动桥的结构分为两种。

第一种是采用单级主减速器，调整从动圆锥齿轮轴承预紧度就是调整差速器轴承预紧度。

差速器轴承两侧有调整螺母。装配时将差速器外圈套在轴承上，将差速器总成装入主减速器壳内，将两侧调整螺母对好螺纹放在座孔内，再将两侧轴承盖也对好螺纹后安装(注意两轴承盖不能互换)，装上锁片紧固轴承盖。

调整轴承预紧度时，慢慢转动两侧调整螺母，同时慢慢转动差速器总成，使滚柱处于正确位置。正确的预紧度可用转动差速器总成的力矩来衡量。如东风 EQ1090 型汽车，用 0.98 ~3.4N · m 的力矩应能灵活转动差速器总成。预紧度调整后，应将调整螺母用锁片锁住。

有些汽车采用分开式后桥，其从动圆锥齿轮轴承预紧度可通过轴承与差速器壳之间的垫片厚度来进行。增加垫片的厚度，轴承预紧度增加。

第二种为双级主减速器，从动圆锥齿轮与二级减速的主动圆柱齿轮固定在同一根轴上，两端用轴承支承在主减速器壳上。轴承预紧度通过调整垫片来调整，可参照图 4-36。选择适当厚度的调整垫片，安装在主减速器与轴承盖之间。拧紧轴承紧固螺栓后，用转动圆锥齿轮的力矩来衡量预紧度是否合适。解放 CA1091 型汽车的标准是：转动从动圆锥齿轮的力矩 1.47 ~3.43N · m，如所需力矩过大，说明预紧度过大，应增加垫片的厚度。

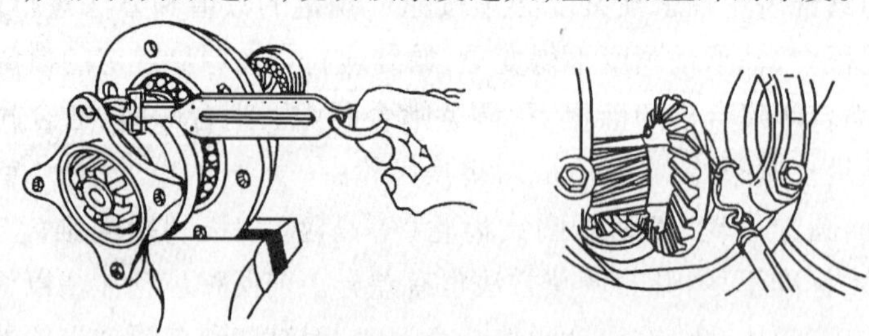

图 4-36　轴承预紧度的调整

3. 主、从动圆锥齿轮啮合印痕与齿侧间隙的调整

主、从动圆锥齿轮应沿齿长方向接触，其位置控制在轮齿的中部偏向小端。检查时在从

动圆锥齿轮上,沿圆周大致均布的3个齿的凸面上,均匀地涂上一薄层红丹,用手转动主动齿轮凸缘,带动从动圆锥齿轮旋转。接触痕迹应离小端端部2~4mm,其长度不小于齿长的50%,齿高方向的接触印痕应不小于齿高的50%,一般应距齿顶0.80~1.60mm,齿侧间隙为0.15~0.50mm,如图4-37所示。但每一对锥齿轮副啮合间隙的变动量不得大于0.15mm。

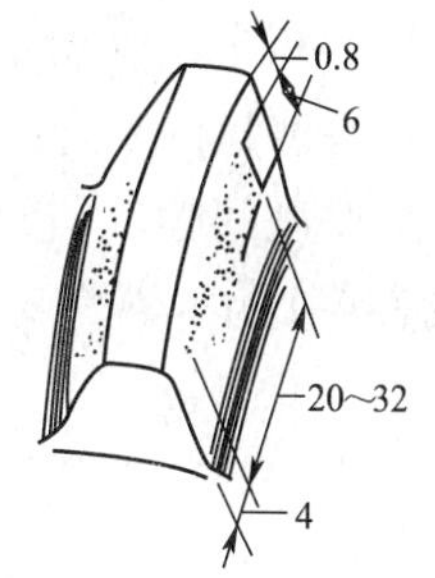

图4-37　轴承预紧度的调整

二、计划与实施

(一)了解以下信息

1.使用的工具:________________________________。

2.汽车的相关信息:车辆型号(VIN码)________________________。

车辆号牌:________车辆及行驶里程:________维修接待意见:________。

(二)装配注意事项

1.严格拆装顺序,注意操作安全;

2.对各调整部位的调整垫片要清点放好做记号,不能乱换搞错;

3.对有预紧力规定的螺栓、螺母要按正确操作方法进行紧固。

(三)准备工作

1.轿车(普通桑塔纳、捷达、富康和进口轿车)和货车(CA1092.EQ1090E)驱动桥若干个,确保8~10人/部。

2.清理驱动桥内及外周围污物。

(四)配分与评价标准(表4-14)

驱动桥配分与评价标准　　表4-14

序号	考核内容	配分	评分标准	考核记录	得分
1	工具和仪器使用正确	10	工具使用不当一次扣5分		
2	拆装顺序正确	30	拆装顺序错误一次扣5分		
	零件摆放整齐、有序		摆放不整齐、次序混乱扣5分		
3	掌握轴承预紧度和齿轮啮合间隙的调整方法	20	方法不正确一次扣5分		
4	正确进行各零件检查	30	检查错误一次扣10分		
5	整理工具,清理场地	10	保持实训场地卫生、保证人身及设备的安全,违规一次扣5分		
	实训态度和纪律				
6	分数合计	100			

(五)计划与实施

1.在主减速器和差速器进行重新装配后,为了保证其能够正常运转,需要对其进行规范装配。重新装配时,需要对哪些项目进行调整?

(1)如图4-38所示,差速器总成的装配。

(2)如图4-39所示,测量半轴齿轮啮合间隙。

如果测量的啮合间隙值过大,选择另一个厚度间隙。如果测量的啮合间隙值过小,选择另一个厚度间隙。(较大/较小)的垫圈,调整啮合间隙(较大/较小)的垫圈,调整啮合间隙。完成表4-15内容。

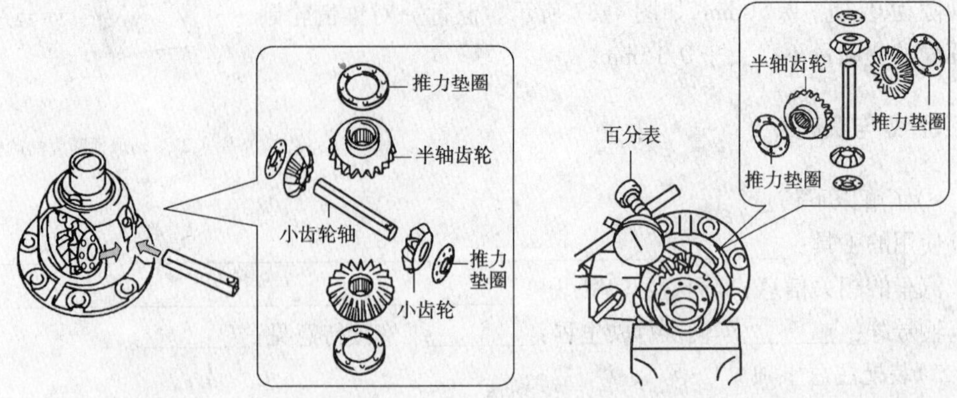

图4-38　差速器总成的装配　　　　图4-39　测量半轴齿轮啮合间隙

半轴齿轮记录表　　　　表4-15

测量项目	测量数据	标准数值	维修建议
半轴齿轮啮合间隙			

(3)如图4-40所示,安装差速器齿圈。

安装差速器齿圈前为什么要将齿圈加热?齿圈螺栓的标准拧紧力矩是多少?

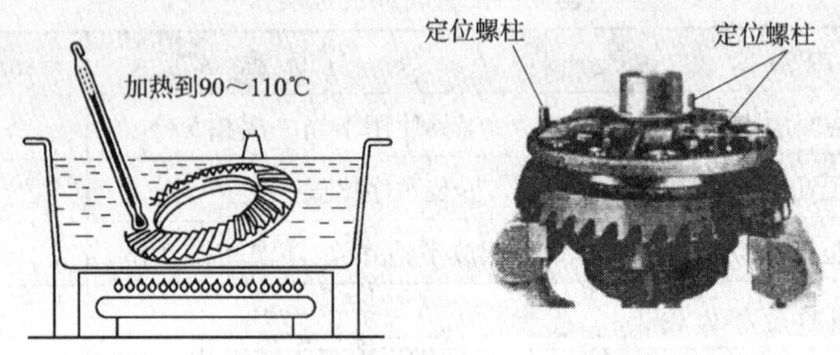

图4-40　加热齿圈和安装齿圈

小提示

拧紧齿圈螺栓时,应按照对角线顺序,依次均匀拧紧每个螺栓,待齿圈完全冷却后,最后按规定力矩拧紧。

(4)如图4-41所示,将齿圈螺栓的锁止片锁上。

小提示

装配时必须使用新的螺栓锁止片。

(5)如图4-42所示,安装主驱动齿轮轴的内轴承。

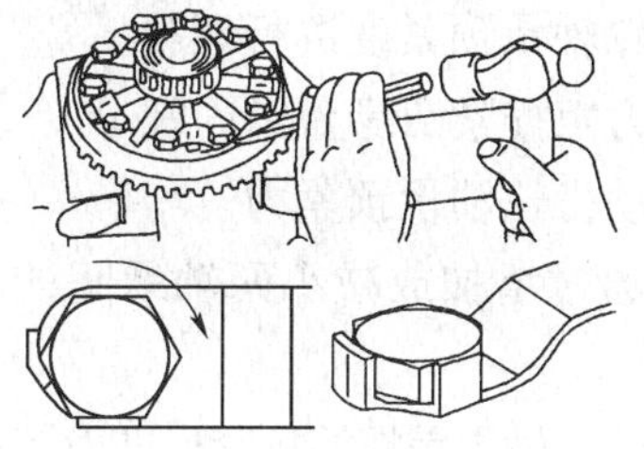

图 4-41　锁紧锁止片

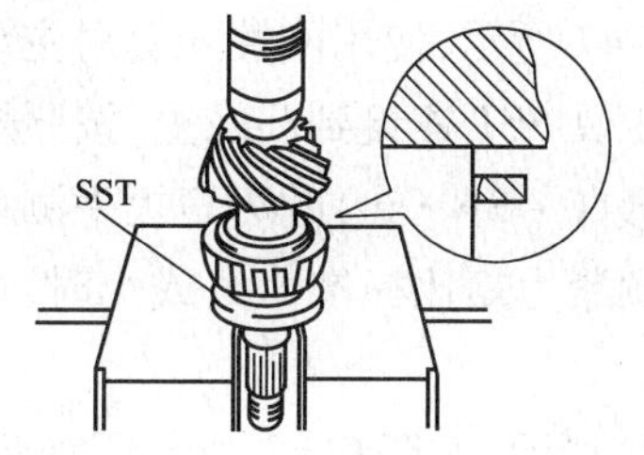

图 4-42　安装主驱动齿轮轴的内轴承

小提示

平垫片的倒角应朝向小齿轮，使用压床进行安装主驱动齿轮轴的内轴承时，应在压轴承的同时转动轴承，以便检查轴承是否损坏。

(6)如图 4-43 所示，安装主驱动齿轮轴前轴承、隔套和甩油盘。

小提示

安装时应用齿轮油润滑轴承。

(7)如图 4-44 所示，安装主减速器油封。

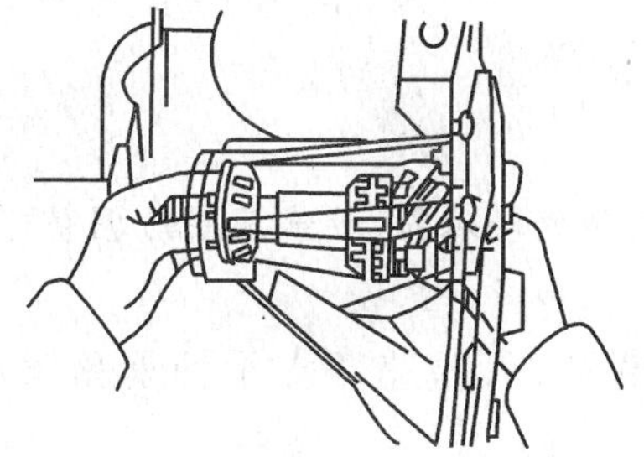

图 4-43　安装主驱动齿轮轴前轴承、隔套和甩油盘

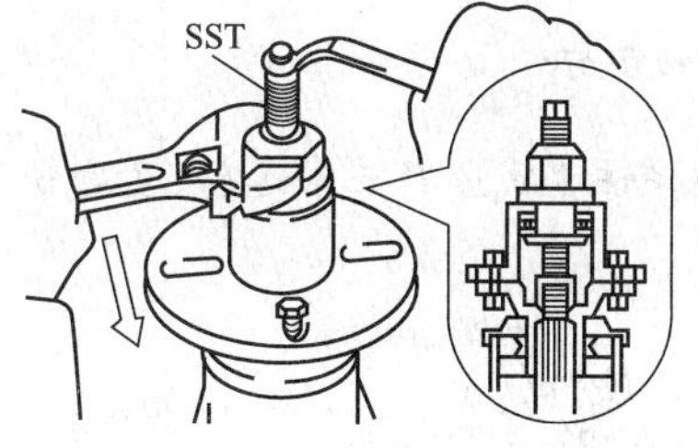

图 4-44　安装油封

(8)如图 4-45 所示，使用 SST 安装接合凸缘。

2. 主动锥齿轮轴承预紧度的检查与调整步骤：

(1)使用可压缩隔套对主动齿轮轴承预紧度进行调整。

①如图 4-46a)所示，把专用工具 SST 连接到凸缘上，按规定力矩拧紧凸缘盘紧固螺母。

②如图 4-46b)所示，用小读数(0～3N·m)的力矩扳手测量主动齿轮轴承预紧力。

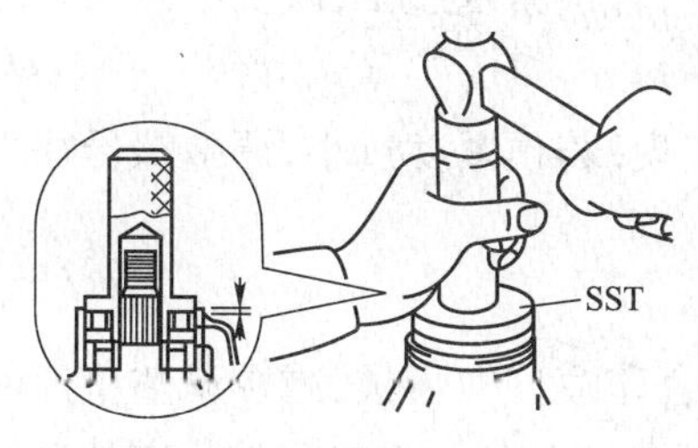

图 4-45　安装接合凸缘

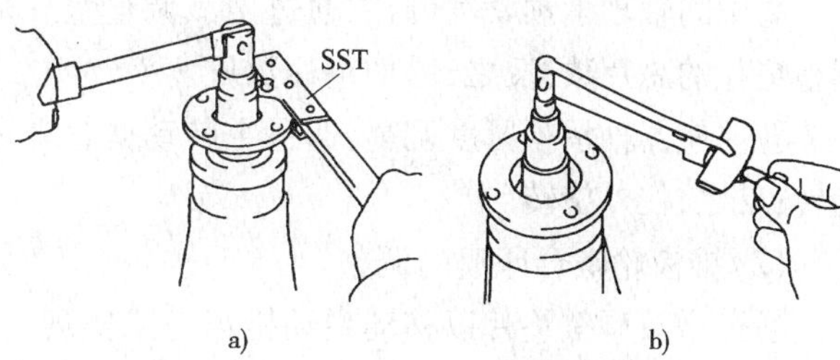

图 4-46　主动锥齿轮轴承预紧度的检查

标准预紧力矩(始动点)，已用过的轴承：0.5～0.8N·m；新轴承：1.0～1.6N·m。实测的预紧力矩：________。

(2)如图4-47所示,使用刚性隔套对主动齿轮轴承预紧度进行调整。

①将专用工具SST连接到凸缘上,按照规定力矩拧紧凸缘盘紧固螺母。

②用小读数(0～3N·m)的力矩扳手测量主动齿轮轴承预紧力。

当测量的预紧力矩比标准值大或小时,可以通过增加或减小两轴承间的调整垫片厚度来达到标准值。

③如图4-48所示,将差速器总成装到减速器壳上。轴承盖螺栓拧紧标准力矩:________。

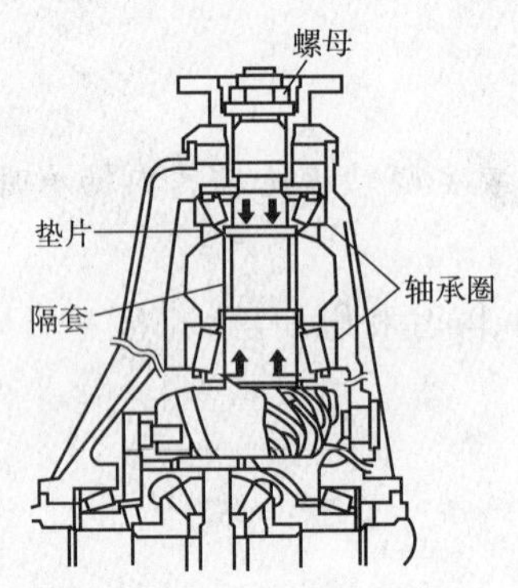

图4-47 主动锥齿轮轴承预紧度调整

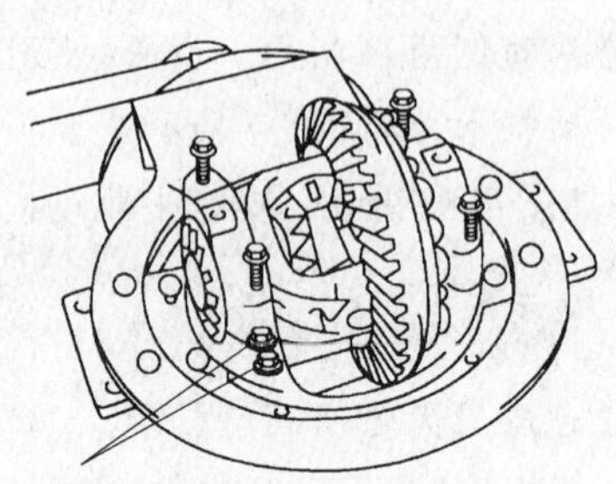

图4-48 安装差速器总成

小提示

为保证主减速器正常运转,主减速器左右两侧的轴承盖、轴承座圈与调整螺母不得错乱安装。

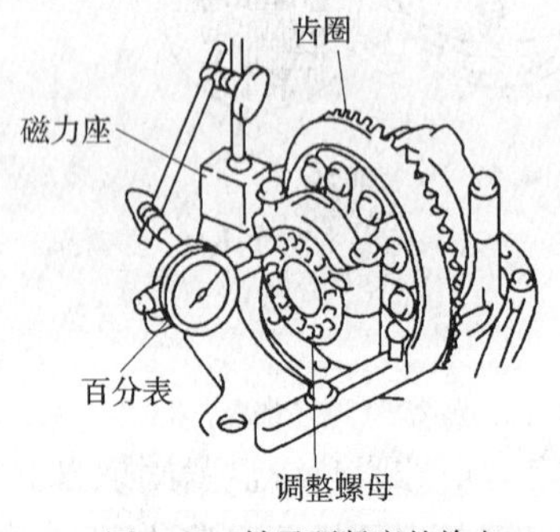

图4-49 轴承预紧度的检查

④如图4-49所示,差速器支承轴承预紧度的检查与调整。

主动锥齿轮轴承、差速器侧轴承的预紧度过紧或过松会有什么影响?

3.减速器总成的装配与调整

(1)锥齿轮轴承预紧度调整。

①输入轴轴承预紧度调整:通过增减调整垫片来实现,若预紧度过大,增加垫片;若预紧度过小,减少垫片。

②中间轴轴承预紧度调整:通过增减调整垫片来实现,若预紧度过小,减少中间轴两端调整垫片的总片数;反之,增加垫片数目。

③差速器轴承预紧度调整:通过主转动调整螺母来实现,若预紧度过小,调整螺母往里旋转;反之,往外旋转。

(2)锥齿轮啮合印痕的调整。

通过增减调整垫片以移动主动锥齿轮来实现。若啮合印痕偏向齿顶,减少调整垫片使主动锥齿轮靠近从动锥齿轮;若啮合印痕偏向齿根,增加调整垫片使主动锥齿轮远离从动锥齿轮。

啮合印痕的调整表如表4-16所示。

啮合印痕的调整 表 4-16

从动齿轮啮合印痕	是否正常	调整方法
	正常/不正常	将从动齿轮向主动齿轮移近，如果啮合间隙过小，则将主动齿轮向外移开
	正常/不正常	

（3）锥齿轮啮合间隙的调整。

当啮合印痕正常时，应检查啮合间隙，那么如何对主动齿轮和从动齿轮的啮合间隙进行与调整？

齿圈啮合间隙的检查，如图 4-50 所示。

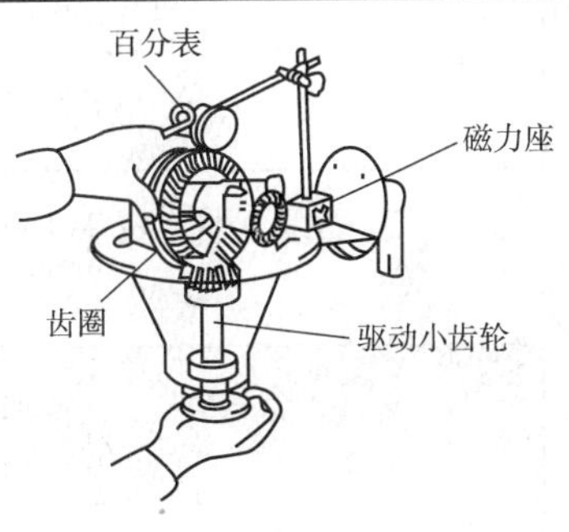

图 4-50 啮合间隙的检查

在啮合印痕和啮合间隙调整的过程中，两者既有联系又有矛盾。当调整啮合印痕时，啮合间隙随之改变，反之亦然。啮合印痕是衡量齿面接触面积和受力位置的重要依据，因此当两者之间出现矛盾时，通常用改变啮合间隙的方法来保证印痕的正确，而不能通过调整啮合印痕来保证啮合间隙。

4. 如何将主减速器安装到车桥上？

（1）如图 4-51 所示，将差速器箱总成装到车桥上，安装螺母并拧紧螺母到规定力矩（拧紧力矩：27N · m）。

（2）如图 4-52 所示，将传动轴凸缘连接到接合凸缘上并对齐配合记号，用 4 个螺栓和螺母连接凸缘；用扳手拧紧 4 个螺母，拧紧力矩：27N · m。

最后装上放油塞并加注差速器油。

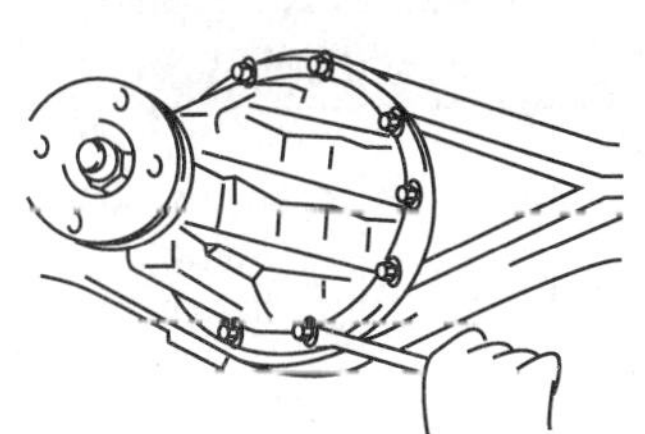
图 4-51 安装差速器箱总成

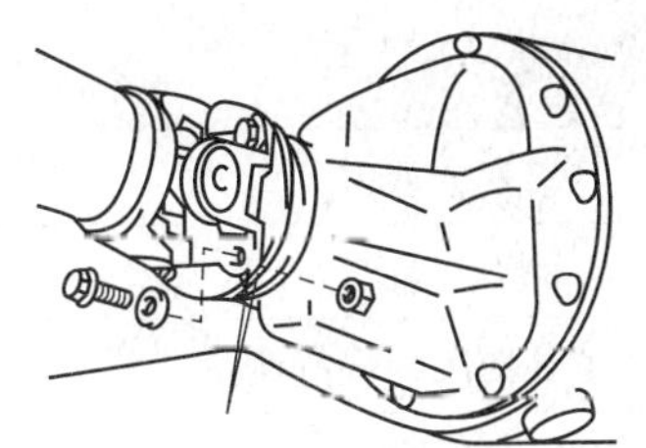
图 4-52 安装传动轴

三、评价与反馈

(一)教师评价(表4-17)

教 师 评 价　　表4-17

评 价 项 目	评 价 分 值 (分)				
	5	4	3	2	1
安全意识					
着装和卫生					
工具使用和摆放					
零件摆放					
工作页填写情况					
组装完成后工作情况					

(二)小组互评(表4-18)

小 组 互 评　　表4-18

评 价 项 目	评 价 分 值 (分)				
	5	4	3	2	1
安全意识					
5S情况					
团队合作					
工作页填写情况					

(三)自我评价(表4-19)

自 我 评 价　　表4-19

评 价 内 容	评 价 分 值 (分)				
	5	4	3	2	1
安全意识					
5S情况					
工具使用的规范性					
差速器总成的装配的完成情况					
主动驱动轴的装配的完成情况					

续上表

评价内容	评价分值(分)				
	5	4	3	2	1
将差速器壳装到减速器壳上的完成情况					
对这个项目的学习的满意程度					
你对改善本项目后续任务教学的建议:					

(四)学员在本任务中的综合评价(表4-20)

综合评价　　表4-20

单项分				
总分值				
签名	教师:	学员:	日期:	

学习任务工单四　驱动桥常见故障诊断与排除

知识目标

1. 熟悉驱动桥常见故障的现象及原因;
2. 熟悉驱动桥常见故障的排除方法。

技能目标

1. 会查找驱动桥异响现象原因,并进行故障排除;
2. 会查找驱动桥漏油现象原因,并进行故障排除;
3. 会查找驱动桥过热现象原因,并进行故障排除。

学习任务描述

某汽车因主减速器内部故障而导致驱动桥异响,需要确定主减速器的故障部位,并对其进行维修或更换。

一、学习准备

(一)驱动桥常见故障

驱动桥常见故障有驱动桥发响、________、驱动桥发热、________等。

(二)驱动桥常见故障分析

1. 驱动桥发响

(1)故障现象。

汽车行驶时,在驱动桥处发出一种不正常响声,且车速越高响声越大;当滑行或低速时,响声减小或消失。

(2)故障原因。

①齿轮或轴承严重磨损或破坏。

②主、从动齿轮配合间隙过大。

③从动齿轮铆钉或螺栓松动。

④差速器齿轮磨损严重,半轴内端和半轴齿轮花键槽磨损松旷。

(3)故障的判断与排除。

①发现驱动桥有不正常响声时,可将驱动车轮悬空,起动发动机并换挡,然后急剧改变车速,察听驱动桥内响声来源,以判断故障部位。随即熄火并换入空挡,在传动轴停止转动后,用手转动主动齿轮凸缘盘,若齿轮间隙过大,则有松旷感觉;如感到没有活动量,则说明啮合间隙过小,应调整齿轮啮合间隙。

②汽车在行驶中,如车速越高响声越大,而滑行时却减小或消失,一般是轴承磨损松旷或齿轮间隙失常。如急剧改变车速或上坡时发响,则为齿轮啮合间隙过大,应予调整。

③在行驶中听到驱动桥突然有响声,多为齿轮损坏,应立即停车检查排除。

④如汽车转弯时发响,多是差速器行星齿轮啮合间隙过大或半轴齿轮及花键槽磨损,严重时应拆下修理。

2. 驱动桥发热

(1)故障现象。

汽车行驶一段路程后,用手触摸后桥时,有烫手感觉。

(2)故障原因。

①轴承装配过紧。

②齿轮啮合间隙过小。

③缺少齿轮油或齿轮油黏度太小。

(3)故障的判断与排除。

驱动桥发热应结合发热部位逐次检查,予以排除。

①用手触摸各轴承部位,感到烫手,说明轴承装配过紧,应重新调整。

②如果普遍过热,则先检查桥壳内油平面是否符合规定,不足时应加注;若油量足够,则说明齿轮啮合间隙过小,应调整。

③对于准双曲面齿轮主减速器,其润滑油中有较多的金属屑时,应进一步检查。若齿轮轮齿磨损成尖顶状,说明润滑油的型号不符合要求。

3. 驱动桥漏油

(1)故障现象。

齿轮油经后桥主减速器向外渗漏。

(2)故障原因。

①主减速器油封损坏,密封不良。

②半轴油封损坏。

③与油封接触的轴颈磨损,其表面有沟槽。

④衬垫损坏或紧固螺栓松动。

⑤齿轮油加注过多。

(3)故障的判断与排除。

①齿轮油自半轴凸缘周围渗漏,系半轴油封不良。

②主减速器主动齿轮凸缘处漏油,说明该处油封不良或凸缘轴颈磨损,表面产生沟槽,应更换或修理。

③其他部位漏油,可根据油迹查明原因并修复。

二、计划与实施

(一)了解以下信息

1. 使用的工具:____。

2. 汽车的相关信息:车辆型号(VIN 码)______________________________。

车辆号牌:________车辆及行驶里程:________维修接待意见:________

(二)准备工作

1. 轿车(普通桑塔纳、捷达、富康和进口轿车)和货车(CA1092. EQ1090E)驱动桥若干个,确保 8 ~ 10 人/部。

2. 清理驱动桥内及外周围污物。

(三)计划与实施

1. 驱动桥常见故障现象及可能原因

驱动桥常见故障有驱动桥异响、驱动桥漏油、驱动桥过热等,其故障现象及可能原因见表 4-21。

驱动桥常见故障现象及可能原因　　表 4-21

故障现象	可 能 原 因
驱动桥异响	1. 齿轮油量不足; 2. 主减速器、差速器支承轴承损伤; 3. 主减速器齿轮磨损严重、啮合印记和啮合间隙调整不当; 4. 修理时未成对更换齿轮; 5. 差速器壳与行星齿轮轴配合松旷,行星齿轮孔与行星齿轮轴配合松旷; 6. 半轴齿轮与行星齿轮啮合间隙过小或过大; 7. 半轴齿轮与半轴之间的花键配合松旷

续上表

故障现象	可 能 原 因
驱动桥漏油	1. 加油口、放油口螺塞松动或损坏,通气孔堵塞; 2. 油封磨损、老化,油封装反或油封与轴颈磨损成沟槽; 3. 接合平面变形,加工粗糙,密封衬垫过薄、硬化或损坏,紧固螺钉松动或损坏; 4. 桥壳有裂纹
驱动桥过热	1. 齿轮油变质、油量不足或牌号不符合原厂要求; 2. 轴承预紧度过大或齿轮啮合间隙过小,差速器齿轮推力垫片与齿轮间的间隙过小; 3. 油封过紧或各运动副、轴承润滑不良产生干摩擦或半干摩擦

2. 案例分析

案例 1:

检修方法:该轿车的差速器采用普通行星齿轮式差速器,它由半轴齿轮、行星齿轮及轴、差速器壳(左右)、轴承、弹性圆柱销等组成。主减速器为斜齿圆柱齿轮、单级主减速器、主动齿轮用螺栓和差速器壳体相连。斜齿圆柱齿轮比常用的螺栓齿轮加工简单,同时装配后无需调整啮合间隙和啮合印痕,并且可以互换,无需配对啮合。

因该车后桥刚大修不久,桥内发出严重响声,其主要原因有以下几种可能:

(1)主减速器或差速器轴承损坏。

(2)主减速器和差速器齿轮掉齿。

(3)差速器行星齿轮轴断裂或窜出。

(4)差速器行星齿轮轴弹性圆柱销掉出或漏装。

(5)润滑油变质或有质量问题。

对主减速器和差速器进行拆检,主减速器部分没有异常现象,而差速器行星齿轮轴窜出。

打开差速器壳,发现行星齿轮和半轴齿轮已报废。仔细检查没有发现弹性圆柱销的踪影。因弹性圆柱销的硬度较高,因此即便烧毁也不可能一点残渣都没有,看来漏装的可能性很大。于是驾驶员找到原来修车的修理部,结果弹性圆柱销的确没有安装,但它属于一次性使用零件不能再用,于是买来一个新件换上,进行路试,响声消失了,故障排除。

案例 2:

检修方法:经检查发现是主减速器、差速器内发出的响声,故对其进行了解体检修。解体后发现防滑差速器两侧的摩擦片已经严重烧损,两半轴齿轮也受到了一定程度的损伤。更换损坏的零件,修复差速器,可是出厂后行驶了没多久(大约十多天后),差速器又被烧了。

对差速器进行多次彻底的检查,均没发现有什么故障。但根据损坏的状况与损坏后的摩擦片留下的颜色,可以说明是由于高温所致,并且出现这种烧损故障,其温度至少也在几百摄氏度以上。但差速器内的润滑油足够,这高温是如何产生的呢?

检查所加的油,确实是在规定的用油品质范围内,装配上也没有发现问题,并且每次都是以损坏差速器摩擦片为主。通过分析,认为产生高温的主要部位还应该是差速器。由于已经对其进行了多次维修并能保证装配没有多大的问题,所以差速器本身元件的故障可能性较小，而差速器产生热量的原因不外乎就是打滑等导致的能量损失。通过上述分析觉得，应查找一下差速器以外的产生差速器两侧车轮元件间发生相对运转的原因。

到现场后，做了一些基本检查，然后站在车前及车后看看四轮的情况，凭直观感觉两后轮除花纹不一样外，似乎直径尺寸有所不同。于是拆下两轮都滚动一周，测量其所滚过的距离，经多次测量两轮所滚过的距离发现始终不一致（两轮的气压一致）。于是可以证明两轮的直径尺寸不一样，更换两只型号、尺寸一样的轮胎试车，行驶60km后差速器都没有高温烫手的感觉。故障排除。

本案例表面看是差速器的故障，实际上其根源在别的地方，这在汽车检修中是经常会遇到的现象。

三、评价与反馈

（一）教师评价（表4-22）

教 师 评 价 表4-22

评 价 项 目	评 价 分 值（分）				
	5	4	3	2	1
安全意识					
着装和卫生					
工具使用和摆放					
零件摆放					
工作页填写情况					
组装完成后工作情况					

（二）小组互评（表4-23）

小 组 互 评 表4-23

评 价 项 目	评 价 分 值（分）				
	5	4	3	2	1
安全意识					
5S情况					
团队合作					
工作页填写情况					

（三）自我评价（表4-24）

自 我 评 价 表4-24

评 价 项 目	评 价 分 值（分）				
	5	4	3	2	1
安全意识					
5S情况					

续上表

评价项目	评价分值（分）				
	5	4	3	2	1
工具使用的规范性					
描述驱动桥漏油现象原因及故障排除的完成情况					
描述驱动桥过热现象原因及故障排除的完成情况					
描述驱动桥异响现象原因及故障排除的完成情况					
对这个项目的学习的满意程度					
你对改善本项目后续任务教学的建议：					

（四）学员在本任务中的综合评价（表4-25）

综合评价　　表4-25

单项分				
总分值				
签名	教师：	学员：	日期：	

项目五　行驶系故障诊断与维修

案例导入

案例1:富康轿车前轮晃动、回转沉重故障的检修。

故障症状:一辆富康ZX型汽车在行驶中感觉前轮晃动、方向摇摆、回转沉重。

案例2:捷达轿车行驶时车轮前部有异响故障的检修。

故障症状:一辆捷达CL型轿车,车主说该车曾拆装过变速器,装复后在路面行驶时,听见前部车轮有异响。经检查,是轮胎发出的声音。

轮式行驶系一般由车架、车桥、车轮和悬架等四部分组成,前、后车轮分别安装在前、后车桥上,车桥又通过前、后悬架与车架相连接,车架是整个汽车的装配基体。这样,行驶系就连接成一个整体,构成汽车的装配基础。行驶系担负着承受汽车的总质量,把来自于传动系的转矩转化为地面对车辆的牵引力,承受汽车所受到的外界力和力矩,保证汽车正常行驶,缓和路面对车身的冲击。

悬架分为独立悬架和非独立悬架。常见的独立悬架为麦弗逊式,乘用车前悬架普遍采用此结构。麦弗逊式独立悬架的杆件活动部位很多,球头销等处磨损松旷后会带来车轮定位角的变化。非独立悬架因其结构简单、工作可靠,被广泛应用于货车的前、后悬架。

在少数乘用车中,非独立悬架仅用作后悬架。货车上非独立悬架普遍采用钢板弹簧式;由于货车行驶路面较差,悬架受到的冲击载荷大,加上超载情况严重,钢板弹簧很容易永久变形甚至断裂,从而引起车轮定位角的变化。

为了能深刻、系统地完成行驶系统故障诊断与维修这个项目的学习,本项目选取五个典型的任务,见表5-1。

行驶系统典型工作任务　　表5-1

学习任务	学习任务一	学习任务二	学习任务三	学习任务四	学习任务五
工作内容	四轮定位的检测和调整	车轮动平衡检测	减振器的更换	轮胎的拆装与检修	行驶系常见故障诊断与维修

在完成以上五个任务之前,有必要明确行驶系统组织及基本功能,见表5-2。

行驶系统组成及基本功能　　表5-2

行驶系的组成	汽车行驶系的基本功能	汽车行驶系统图片
①接受由发动机经传动系统传来的转矩,利用驱动轮与路面间的附着作用,产生路面对驱动轮的牵引力,保证汽车正常行驶; ②支持全车,传递并承受各种力和力矩; ③缓和冲击,减少振动,保证汽车平顺行驶; ④保证车轮相对车架的运动轨迹,实现汽车行驶方向的正确控制,保证汽车操纵稳定性		

学习任务工单一　四轮定位的检测和调整

知识目标

1. 熟悉前轮定位的要求；
2. 掌握前轮定位的内容。

技能目标

1. 会进行车轮外倾角的检测；
2. 会进行主销后倾角的检测与调整；
3. 会进行前轮前束的检测与调整；
4. 会进行前轮最大转向角的检测。

学习任务描述

汽车底盘车轮四轮定位出现了异常情况，需要检查，请你按照技术规范，正确对其进行检测。

一、学习准备

为了保证汽车直线行驶稳定、转向后能自动回正和减少轮胎的磨损，转向轮、转向节和前轴之间应保持一定的安装位置，称为转向轮定位。有四个参数：主销后倾、主销内倾、车轮外倾和前束。

（一）前轮定位的要求

1. 可使汽车直线行驶稳定而不摆动；
2. 转向时转向盘上的作用力不大；
3. 转向后转向盘具有自动回正作用；
4. 轮胎与地面间不打滑以减少油耗；
5. 延长轮胎使用寿命。

（二）需要做车轮定位检测的情况

1. 车辆行驶10000km或六个月。
2. 当车辆直线行驶时需要握紧转向盘，否则车辆会往左或往右跑偏。
3. 感觉转向盘轻或车身漂浮或摇摆不定。
4. 前后轮轮胎磨损严重或内外单面磨损严重。
5. 更换新的悬架和转向系的相关零件或更换新轮胎后。
6. 当事故车辆大修后。

（三）前轮定位的内容（表5-3）

前轮定位的内容 表5-3

定位参数	定　　义	作　　用	主销后倾图片
1. 主销后倾	安装在前轴上的主销,其上端略向后倾斜,叫做主销后倾	保持汽车直线行驶的稳定性,并使汽车转弯后车轮能自动回正。后倾过大在转向时会使转向盘沉重。一般取 $\gamma<3°$	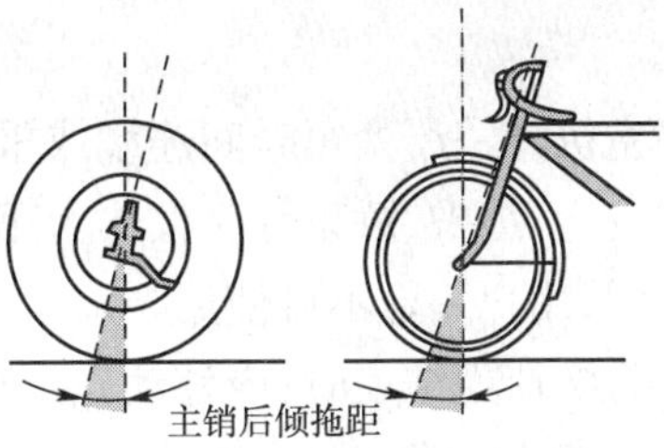
2. 主销内倾	主销安装到前轴上后,其上端略向内倾,称主销内倾	使车轮转向后能自动回正且转向操纵轻便。一般内倾角在5°~8°之间	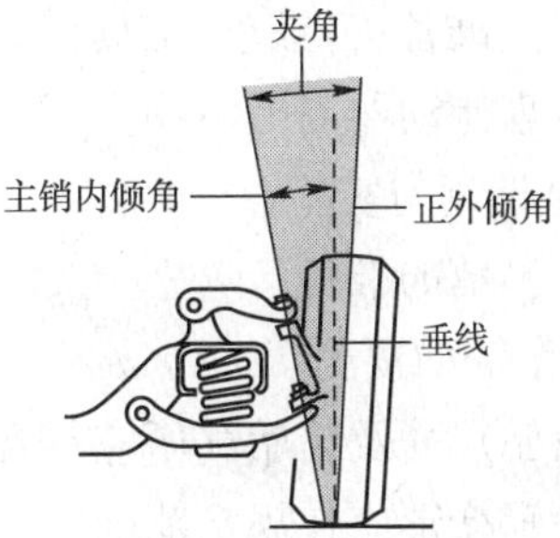
3. 车轮外倾	车轮旋转平面上方略向外倾斜,称为车轮外倾	为了提高车轮行驶的安全性和转向操纵轻便性,一般前轮外倾为1°	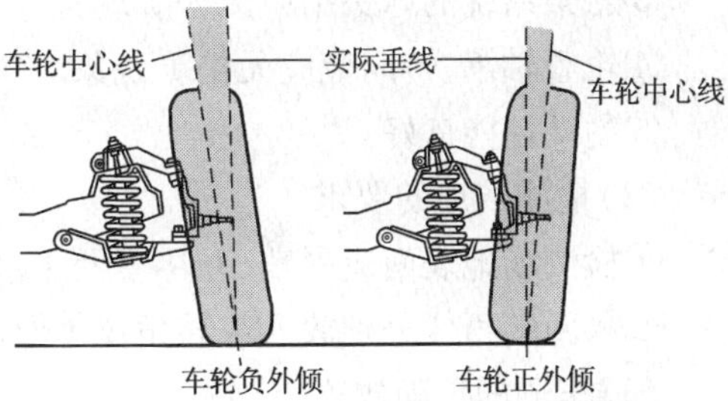
4. 前轮前束	汽车两个前轮的旋转平面不平行,前端略向内收,称为前轮前束	减小或消除汽车前进中因车轮外倾和纵向力致使车轮前端向外滚所造成的滑移	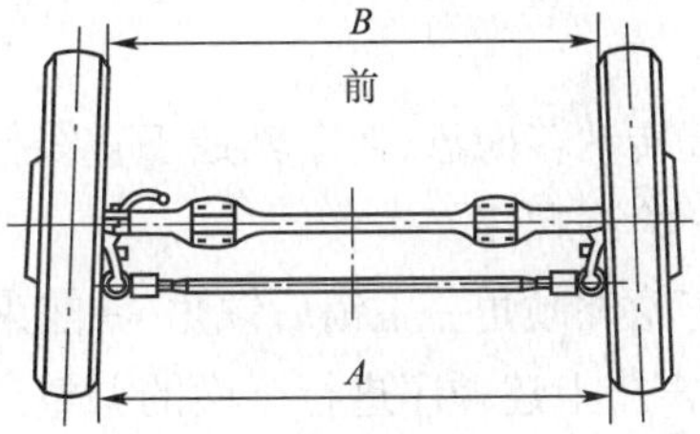

二、计划与实施

(一)了解以下信息

1. 使用的工具仪器:________________________________。

2. 学习的车型:________________________________。

(二)检测调整的注意事项

1. 场地整洁无杂物;

2. 必须在专用的举升机上进行检测;

3. 车辆一定要停好，使用三角木固定以防溜车；

4. 传感器驱动电池一定要充电 12h 以上，红外线发射接收窗口要注意防尘。

5. 传感器支架在不用时挂起放好，禁止摔打，并要注意尽量减少对三个硬塑定位螺钉的破坏。

6. 主机开关严禁短时间连续或重复开关。

7. 设定、维护、矫正程序仅作为用户选择中英文显示使用，程序的其他内容是制造厂标定等专用，用户一定不可使用。

8. 每次使用结束时，应移动光标点“关机结束”，稍后再关闭显示器电源开关。

（三）准备工作

1. 工具准备：工具车、工具柜等；

2. 清理制动器周围污物。

（四）计划与实施

1. 检测前的准备

（1）车辆的预测。

①轮胎尺寸及轮胎气压应符合原厂规定。

②轮辋变形应在规定范围内。

③悬架系统的球头销应无松旷现象。

④轮毂轴承、转向节应无松旷现象。

⑤制动性能良好。

（2）检测场地的要求。

①检测场地表面应平整，并尽量处于水平状态。

②将两转角仪分别放入与转角仪等厚的预留坑中。

（3）车辆的正确放置

①举升车辆，将两前轮置于转角仪上，并使主销中心线的延长线基本上通过转角仪的中心。

②转动转向盘，使车辆处于直线行驶状态。

2. 检测顺序

车轮外倾角→主销后倾角 →前束→前轮最大转向角。如果四轮定位任意参数需要调整，则需按上述顺序进行全面的调整。

（1）车轮外倾角的检测。

①如图 5-1 所示，转动车轮定位仪，使左右方向大致处于水平状态。

②转动车轮定位仪的调整螺钉，使定位仪的气泡处于观察孔中间位置，读取车轮的外倾角，车轮外倾角标准值，前轮：1°；后轮：0°30′ ± 30′。

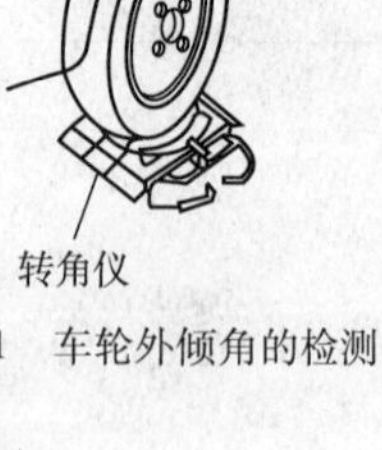

转角仪

图 5-1　车轮外倾角的检测

（2）主销后倾角的检测与调整。

①检测：为防止转动转向盘时引起前车轮滚动，在检测主销后倾角时，应使车轮处于制动状态。

a. 施加车轮制动。

b. 将前轮向外转动 20°（测左轮时向左转，测右轮时向右转）。

c. 如图 5-2 所示,使定位仪左右处于水平状态,并使其气泡处于观察孔的中间位置。

d. 将前轮向外转动 40°,转动车轮定位仪的调整螺钉, 使定位仪的气泡重新位于观察孔的中间位置,读取定位仪上的主销后倾角,主销后倾角标准值,2°45′ ± 1°,如果被测值不符合要求,则可按下列方法予以调整,如图 5-3 所示。

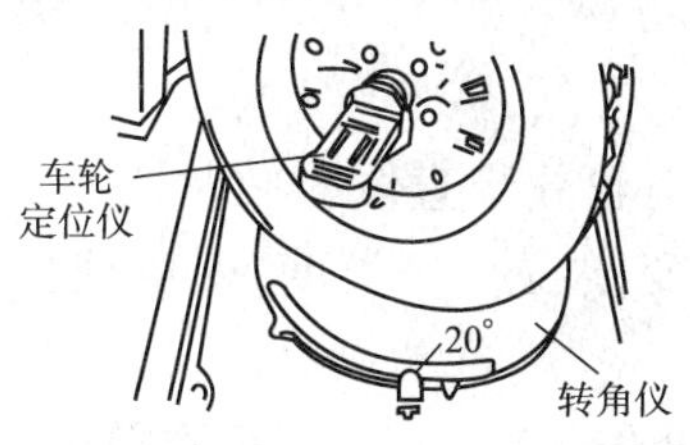

图 5-2　使定位仪左右处于水平状态

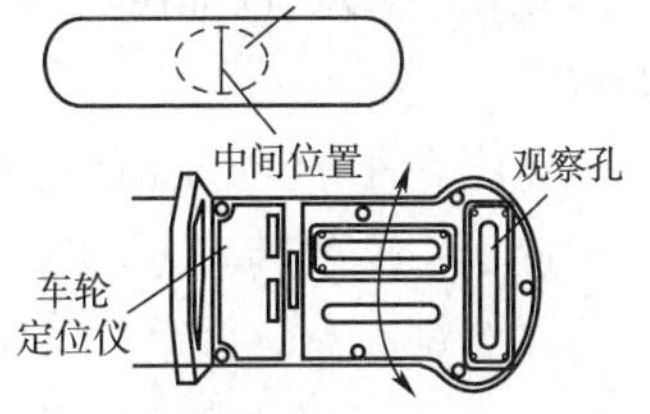

图 5-3　主销后倾角的检测

②调整。

a. 举升车辆前部,并使用安全支架支撑车辆。

b. 拆下车轮辐条拉杆的自锁螺母。

c. 从下摇臂的辐条拉杆上拆下凸缘螺母,然后拆下辐条拉杆。

d. 增加或减少调整垫片,以调整主销后倾角。每一调整垫片的厚度为 3.2mm,一片垫片可使主销后倾角改变 35′。调整垫片的使用最多不可超过两片,即主销后倾角的最大改变值为 1°10′(2 × 35′),如图 5-4 所示。

e. 调整结束后,安装车轮辐条拉杆,然后拧紧其凸缘螺栓。

f. 更新自锁螺母,将自锁螺母拧紧,拧紧力矩为 54N · m。

(3)前束的检测与调整。

①前束的测量。

a. 将被测汽车停置在平坦场地上,并使左右转向车轮呈直驶位置。

b. 用千斤顶支起转向桥,在胎冠表面以粉笔涂敷,转动车轮用金属划针画出胎冠中心线。

c. 放松千斤顶,使转向车轮着地(此时左右转向车轮仍应保持直驶位置)。

d. 将前束尺置于被测量车轮的前方,尺杆与车桥平行,调整两指针使尖端距离地面垂直高度等于被测车轮的半径值,旋转游标尺使之与标尺对准零位,松开活动尺杆的固定螺钉,调整尺杆长度,使两指针分别指至被测车轮的胎冠中心线处(有的车是测量胎侧),然后将尺杆固定,如图 5-5 所示。

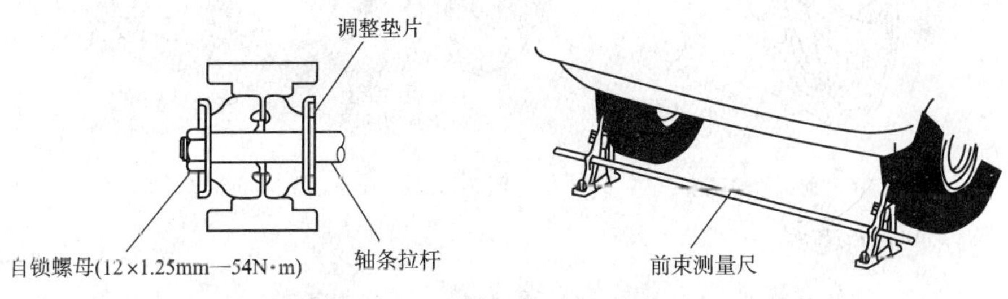

图 5-4　主销后倾角的调整

图 5-5　前束值的检测

e. 将前束尺移至被测车轮的后方,使前束尺固定指针至一只车轮的胎冠中心线,旋转游标尺带动活动指针移动。当活动指针尖端指至另一只车轮的胎冠中心线 L 时，标尺 L 的读数即为被测车轮的前束值。应该注意的是：游标尺如果向外移动（即增加两指针距离），前束值为正；若游标尺向内移动（即缩短两指针距离），则前束值为负。

对于有的前束值不大的车型的车轮，前束均为 2～4mm，这样小的数值，是应用精度高的仪器来测定，并规定统一的测量部位。

②前束的调整。

调整时汽车应停在平整场地，顶起前轴，使前轮处于直线行驶时位置。松开转向横拉杆上的锁紧螺栓，用管钳转动横拉杆用以改变横拉杆的长度，即可调出所需的前束数值。

调整时，可在左右轮胎的胎面的花纹中心线处作一"+"字记号，在前轴正前方测得 B 值，然后将记号转到正后方测得 A 值，前束即为 A、B 两数差值。调整好后，以 44N·m 的拧紧力矩将锁紧螺栓拧紧，如图 5-6 所示。

（4）前轮最大转向角的检测。

①保持检测前轮定位时车辆的放置状态。

②踩下制动踏板，使车轮处于制动状态。

③转动转向盘至左、右极限位置，检测两前轮的最大转向角。左、右前轮的最大转向角，向内：38°30′±2°；向外：31°00′。（参考值）

如果被测最大转向角不符合上述要求，则应检查悬架系统各部件有无弯曲或损坏现象。

为保证四轮定位值检测准确（也为保持良好的行车状况），必须对轮毂轴承的轴向间隙与轮辋的变形进行检测。

（5）轮毂轴承的轴向间隙的检查。

①举升车辆，并在车辆适当位置放置安全支架。

②拆下轮胎，然后安装百分表。

③轴向移动制动盘，检查轮毂的轴向间隙，如图 5-7 所示。前、后轮轮毂轴承的轴向间隙为 0～0.05mm。若被测轴向间隙过大，则应更换轮毂轴承。

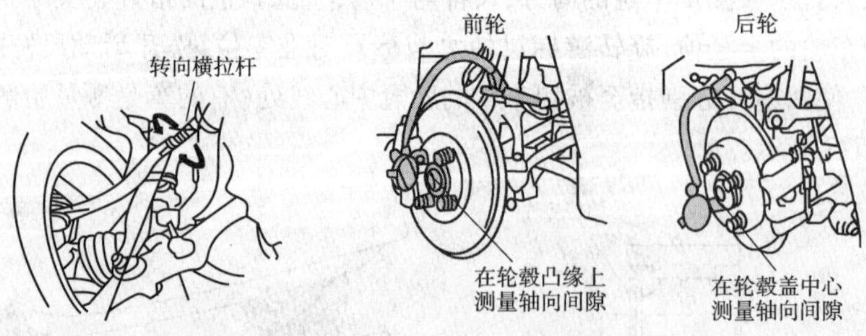

图 5-6　前束值的调整　　图 5-7　轮毂轴承的轴向间隙的检查

（6）轮辋变形的检查。

①举升车辆，并在车辆适当位置放置安全支架。

②安装百分表，然后转动车轮检查轮辋的端面圆跳动量。标准值应符合表 5-4。

检查轮辋的端面圆跳动量　　表 5-4

项　　目	标准值(mm)	极限值(mm)	检查轮辋的端面圆跳动量图片
钢制轮胎	0 ~ 1.0	2.0	百分表
铝制轮胎	0 ~ 0.7	2.0	

③安装百分表,然后转动车轮检查轮辋的径向圆跳动量。

标准值应符合表 5-5。

检查轮辋的径向圆跳动量　　表 5-5

项　　目	标准值(mm)	极限值(mm)	检查轮辋的径向圆跳动量图片
钢制轮胎	0 ~ 1.0	1.5	百分表
铝制轮胎	0 ~ 0.7	1.5	

如果上述测量值超过维修极限值,则说明轮辋变形严重,应更换车轮。

三、评价与反馈

(一)教师评价(表 5-6)

教 师 评 价　　表 5-6

评 价 项 目	评 价 分 值 (分)				
	5	4	3	2	1
安全意识					
着装和卫生					
工具使用和摆放					
零件摆放					
工作页填写情况					
组装完成后工作情况					

（二）小组互评（表5-7）

小组互评 表5-7

评价项目	评价分值（分）				
	5	4	3	2	1
安全意识					
5S情况					
团队合作					
工作页填写情况					

（三）自我评价（表5-8）

自我评价 表5-8

评价项目	评价分值（分）				
	5	4	3	2	1
安全意识					
5S情况					
工具使用的规范性					
车轮外倾角的检测的完成情况					
主销后倾角的检测与调整的完成情况					
前束的检测与调整的完成情况					
对这个项目的学习的满意程度					
你对改善本项目后续任务教学的建议：					

（四）学员在本任务中的综合评价（表5-9）

综合评价 表5-9

单项分				
总分值				
签名	教师：	学员：	日期：	

学习任务工单二　车轮动平衡检测

知识目标

1. 掌握利用车轮动平衡机检查车轮方法；
2. 掌握利用车轮动平衡机调整车轮方法。

技能目标

1. 会利用车轮动平衡机检查车轮；
2. 会利用车轮动平衡机调整车轮。

学习任务描述

汽车底盘轮胎出现了异常情况，需要检测，请你按照技术规范，正确对车轮轮胎进行检查。

一、学习准备

车轮不平衡会造成振动，使汽车附着力减小、车轮跳动、损坏减振器及其转向零件。车轮平衡可消除轮胎的振动或使之减小到许可范围之内，这样可避免由此带来的不利影响及其造成的损坏。

（一）离车式车轮平衡机

离车式车轮动平衡机如图5-8所示，其专用卡尺如图5-9所示。

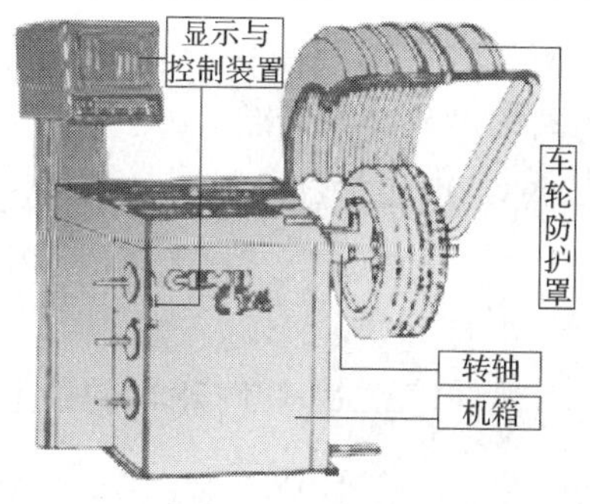

图5-8　离车式车轮平衡机

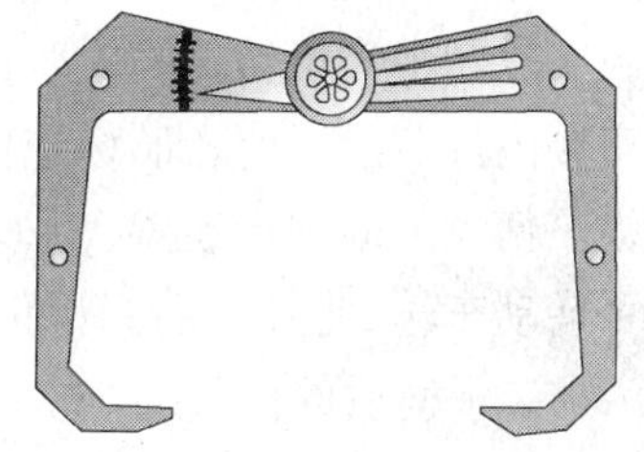
图5-9　专用卡尺

1. 清除被测车轮上的泥土、石子和旧平衡块。
2. 检查轮胎气压，视必要充至规定值。
3. 根据轮辋中心孔的大小选择锥体，仔细装上车轮，用大螺距螺母上紧。
4. 打开电源开关，检查指示与控制装置的面板是否指示正确。
5. 用卡尺测量轮辋宽度 b、轮辋直径 d（也可由胎侧读出），用平衡机上的标尺测量轮辋边缘至机箱距离 a，用键入或选择器旋钮对准测量值的方法，将 a、b、d 直接输入指示与控制装置中。为了适应不同计量制式，平衡机上的所有标尺一般都同时标有英制和公制刻度。
6. 放下车轮防护罩，按下起动键，车轮旋转，平衡测试开始，微机自动采集数据。
7. 车轮自动停转或听到“嘀”声，按下停止键并操纵制动装置使车轮停转后，从指示装置读取车轮内外不平衡量和不平衡位置。

8. 抬起车轮防护罩,用手慢慢转动车轮。当指示装置发出指示(音响、指示灯亮、制动、显示点阵或显示检测数据等)时停止转动。在轮辋的内侧或外侧的上部(时钟12点位置)加装指示装置显示的该侧平衡块质量。内外侧要分别进行,平衡块装卡要牢固。

9. 安装平衡块后,有可能产生新的不平衡,应重新进行平衡试验,直至不平衡量 <5g (0.3oz),即指示装置显示"00"或"OK"。当不平衡量相差10g左右时,如能沿轮辋边缘左右移动平衡块一定角度,将可获得满意的效果。

(二)就车式车轮平衡机

1. 准备

(1)用千斤顶支起车轴,两边车轮离地间隙要相等。

(2)清除被测车轮上的泥土、石子和旧平衡块。

(3)检查轮胎气压,视必要充至规定值。

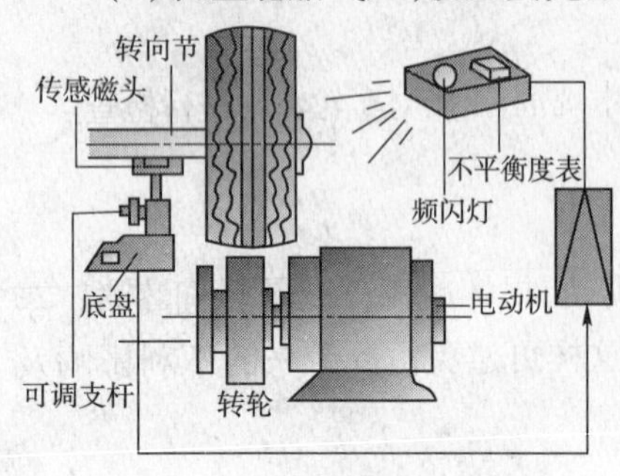

图5-10 就车式车轮平衡机

(4)检查轮毂轴承是否松旷,视必要调整至规定松紧度。如图5-10所示。

(5)在轮胎外侧面任意位置上用白粉笔或白胶布做上记号。

2. 从动前轮静平衡

(1)用三角垫木塞紧非测试车轮,将就车式车轮动平衡机的测量装置推至被测前轮一端的前轴下,传感磁头吸附在悬架下或转向节下,调节可调支杆高度并锁紧。

(2)推平衡机至车轮侧面或前面(视车轮平衡机形式不同而异),检查频闪灯工作是否正常,检查转动的旋转方向能否使车轮的转动力与前进行驶时方向一致。

(3)操纵车轮动平衡机转轮与轮胎接触,起动驱动电机带动车轮旋转至规定转速。

(4)观察频闪灯照射下的轮胎标记位置,并从指示装置(第一挡)上读取不平衡量数值。

(5)操纵平衡机上的制动装置,使车轮停止转动。

(6)用手转动车轮,使其上的标记仍处在上述观察位置上,此时轮辋的最上部(时钟12点位置)即为加装平衡块的位置。

(7)按指示装置显示的不平衡量选择平衡块,牢固地装卡到轮辋边缘上。

(8)重新驱动车轮进行复查测试,指示装置用二挡显示。若车轮平衡度不符合要求,应调整平衡块质量和位置,直至符合平衡要求。

3. 从动前轮动平衡

(1)将传感磁头吸附在经过擦拭的制动底板边缘平整之处。

(2)操纵平衡机转轮驱动车轮旋转至规定转速,观察轮胎标记位置,读取不平衡量数值,停转车轮找平衡块加装位置,加装平衡块和复查等,方法与静平衡相同,如图5-11所示。

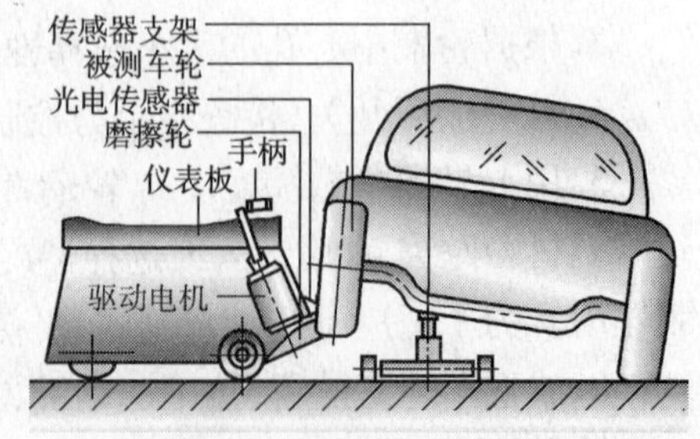

图5-11 从动前轮动平衡

4. 驱动轮平衡

(1)顶起驱动车轮。

(2)用发动机、传动系驱动车轮,加速至50~70km/h的某一转速下稳定运转。

(3)测试结束后,用汽车制动器使车轮停转。

(4)其他方法与从动轮动、静平衡测试相同。

二、计划与实施

(一)了解以下信息

1. 使用的工具____。

2. 使用的设备____。

(二)注意事项

1. 仪器只能在干燥的室内使用,且应摆放在平的水泥地面上;

2. 避免在平衡机周围放置杂物,以免影响正常操作;

3. 开始轮胎平衡之前,确认轮胎安全可靠地锁定在连接器凸缘上;

4. 测量车轮平衡时,对于未测车轮也必须支起到相应高度,再分别进行左或右车轮的测量,并使车轮转向与行驶方向一致;

5. 在进行车轮平衡测量时,同轴两车轮的转速要相似;

6. 采样转速不能定得过高,否则不平衡量太大,无法操作;

7. 每次旋转以后都要用同样的方法使车轮停下来,一般是自由减速;对于车轮平衡测试仪的驱动盘,可使用制动手柄使其缓慢减速;

8. 如果被平衡的车轮检测时不在公差范围以内,则必须进行测量仪的校准与检查后,方可再次测量。

(三)准备工作

1. 工具准备:工具车、工具柜等;

2. 清理轮胎周围石子等。

(四)配分与评分标准(表5-10)

轮胎动平衡检测配分与评分标准 表5-10

序号	考核内容	配分	评分标准	考核记录	得分
1	清除车轮异物	10	操作不正确一次扣5分		
2	正确使用轮胎平衡机操作	40	操作顺序错误扣10分 操作方法错误扣10分 输入参数错误扣10分		
3	清楚轮胎动平衡检测方法、原理及意义	30	叙述不准确,一项扣10分		
4	整理工具,清理场地。实训态度和纪律	20	保持实训场地卫生,保证人身及设备的安全,违规一次扣5分		
5	分数合计	100			

(五)计划与实施

轮胎动平衡仪的使用。具体操作步骤如下:

(1)清洗车轮,检查胎压,测轮辋直径/宽度。

(2)装机。将车轮固定到轮胎动平衡仪上,装紧后,放下安全护罩。

(3)打开电源,仪器进入自检。

(4)参数输入:轮辋直径/宽度/边缘距离。

(5)放下护罩,起动仪器。

(6)仪器停转后,读出数据。

(7)找到不平衡点,加平衡块。

(8)复检,读出数值,读数应 $<5g$,否则继续重复第(5)~(8)步。

(9)取下车轮,关电源,结束。

注意:操作过程中请注意安全,车轮开始旋转后,请勿用手去触摸轮胎。

三、评价与反馈

(一)教师评价(表5-11)

教师评价　　表5-11

评价项目	评价分值(分)				
	5	4	3	2	1
安全意识					
着装和卫生					
工具使用和摆放					
零件摆放					
工作页填写情况					
组装完成后工作情况					

(二)小组互评(表5-12)

小组互评　　表5-12

评价项目	评价分值(分)				
	5	4	3	2	1
安全意识					
5S情况					
团队合作					
工作页填写情况					

(三)自我评价(表5-13)

自 我 评 价　　表5-13

评 价 项 目	评 价 分 值 (分)				
	5	4	3	2	1
安全意识					
5S情况					
工具使用的规范性					
正确使用车轮动平衡仪的完成情况					
加平衡块的完成情况					
读数准确的完成情况					
对这个项目的学习的满意程度					
你对改善本项目后续任务教学的建议:					

(四)学员在本任务中的综合评价(表5-14)

综 合 评 价　　表5-14

单项分				
总分值				
签名	教师:	学员:	日期:	

学习任务工单三　减振器的更换

知识目标

1. 掌握悬架的功用、结构特点及分类;
2. 掌握减振器的功用及分类。

技能目标

1. 会进行减振器的拆卸;

2. 会进行减振器的检修。

学习任务描述

汽车减振器在使用过程中出现漏油、卡滞等，经维修师傅诊断后需要更换，请你按照技术规范，正确对减振器进行拆装和更换，更换后减振器能正常工作。

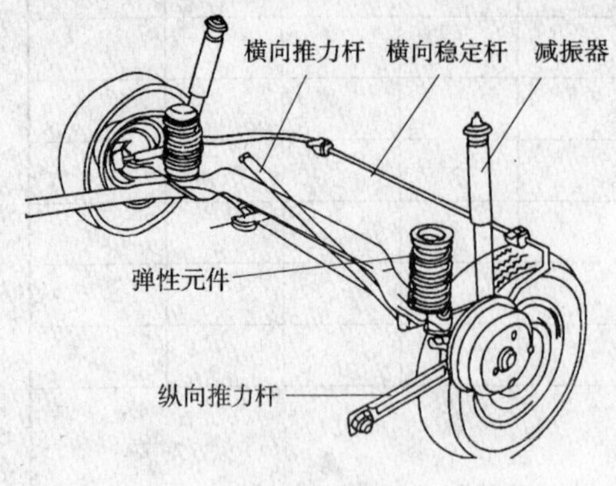

图 5-12 悬架的组成

一、学习准备

（一）悬架由________、________减振器和________、________组成，如图 5-12 所示。

（二）悬架系统连接车轮和车身，具有以下功用。

1. 对不平整路面所造成的汽车行驶中的各种________、________和振动等，与轮胎一起，予以吸收和减缓，从而保证乘客和货物的安全，并提高行驶的稳定性。

2. 将路面和车轮之间所产生的________和制动力，传输到________和车身。

3. 支撑车桥上的车身，并使________与车轮之间保持适当的几何关系。

（三）悬架分类

汽车悬架可分为非独立悬架和独立悬架两大类。

1. 非独立悬架

如图 5-13 所示，非独立悬架结构特点是两侧车轮安装在一根整体式车轴的两端，车轴则通过弹性元件与车架或车身相连接，这种悬架当一侧车轮因道路不平而跳动时，将要影响另一车轮的工作。它主要适用于承载负荷大的客车和货车。

2. 独立悬架

如图 5-14 所示，独立悬架结构特点是两侧车轮分别安装在断开式车轴两端，每段车轴和车轮单独通过弹性元件与车架相连，这样当一侧车轮跳动时对另一侧车轮不产生影响。

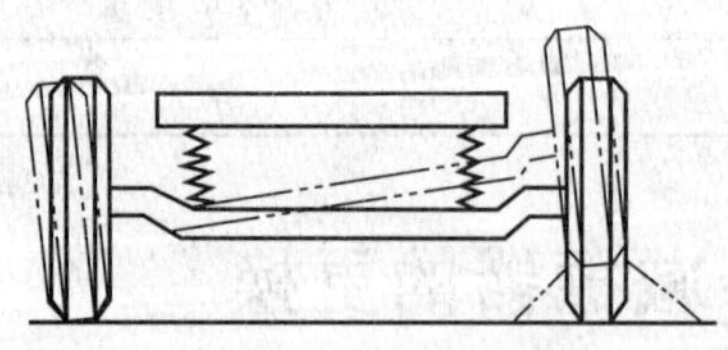

图 5-13 非独立悬架

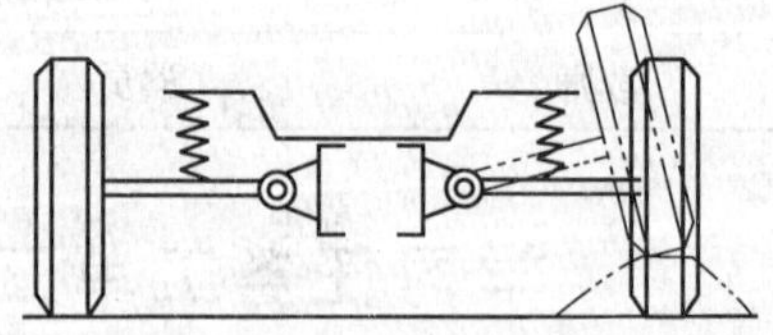

图 5-14 独立悬架

（四）减振器

1. 减振器的作用

减振器的作用是对悬架的上下运动施加适当的阻力，使车身与车架的振动衰减，吸收一部分来自路面的冲击，以改善汽车行驶的平顺性。

2. 减振器的分类

减振器按照作用不同来分可分为__________、__________。

减振器按照工作介质不同来分可分为＿＿＿＿＿＿＿＿、＿＿＿＿＿＿＿＿。

二、计划与实施

（一）了解以下信息

1. 使用的工具仪器：＿＿＿＿＿＿＿＿＿＿＿＿＿＿＿＿＿＿＿＿＿＿＿＿＿＿＿＿＿＿。

2. 学习的车型：＿＿＿＿＿＿＿＿＿＿＿＿＿＿＿＿＿＿＿＿＿＿＿＿＿＿＿＿＿＿。

（二）拆卸的注意事项

1. 拆卸时注意安全；正确使用工具和量具，防止造成人身伤害；

2. 严格拆装程序，注意操作安全；

3. 在拆卸过程中，将拆卸下来的轮胎螺母摆放好，以免丢失，遵循现场管理条例；

4. 拆卸下来的轮胎要摆放好，以免突然滚落伤人。

（三）准备工作

1. 工具准备：工具车、工具柜等；

2. 清理悬架周围污物。

（四）配分与评分标准（表5-15）

悬架检测配分与评分标准 表5-15

<table>
<tr><th>序号</th><th>考核内容</th><th>配分</th><th>评分标准</th><th>考核记录</th><th>得分</th></tr>
<tr><td>1</td><td>正确实用工具和仪器</td><td>10</td><td>工具使用不当一次扣5分</td><td></td><td></td></tr>
<tr><td rowspan="2">2</td><td>正确拆装顺序</td><td rowspan="2">30</td><td>拆装顺序错误扣10分</td><td></td><td></td></tr>
<tr><td>零件摆放整齐</td><td>摆放不整齐扣5分</td><td></td><td></td></tr>
<tr><td>3</td><td>正确装配</td><td>20</td><td>装配不当一项扣5分</td><td></td><td></td></tr>
<tr><td>4</td><td>悬架的拆装与调整</td><td>20</td><td>操作不当一次扣10分</td><td></td><td></td></tr>
<tr><td>5</td><td>正确装车</td><td>10</td><td>不会扣10分，错误5分</td><td></td><td></td></tr>
<tr><td>6</td><td>整理工具，清理场地，安全文明实训</td><td>10</td><td>保持实训场地卫生，保证人身及设备的安全，违规一次扣5分</td><td></td><td></td></tr>
<tr><td>7</td><td>分数合计</td><td>100</td><td></td><td></td><td></td></tr>
</table>

（五）计划与实施

1. 减振器的拆卸

（1）拆下轮胎的螺母。

（2）顶起并支撑好车辆，卸下轮胎。

（3）拆下减振器。

2. 减振器的检修

在车辆行驶过程中，如减振器发出异常的响声，则说明该减振器已损坏，必须更换。一般减振器是不进行修理的，如有很小的渗油现象不必调换，如漏油较多可通过拉伸和压缩减振器来检查渗油现象。漏出的减振器油不能再加入减振器内重新使用，漏油的减振器不能再次使用。

3. 前悬架支柱总成的检修

(1)制动盘工作面严重磨损、超出规定,或表面出现裂纹。

(2)挡泥板严重扭曲变形。

(3)轮毂花键松旷,磨损严重。

(4)弹簧挡圈失效。

(5)车轮轴承损坏(注意:需要更换整套轴承)。

(6)前悬架支柱件任何一条焊缝出现裂纹或严重变形。

三、评价与反馈

(一)教师评价(表5-16)

教 师 评 价 表5-16

评价项目	评价分值(分)				
	5	4	3	2	1
安全意识					
着装和卫生					
工具使用和摆放					
零件摆放					
工作页填写情况					
组装完成后工作情况					

(二)小组互评(表5-17)

小 组 互 评 表5-17

评价项目	评价分值(分)				
	5	4	3	2	1
安全意识					
5S 情况					
团队合作					
工作页填写情况					

(三)自我评价(表5-18)

自 我 评 价 表5-18

评价项目	评价分值(分)				
	5	4	3	2	1
安全意识					
5S 情况					
工具使用的规范性					
减振器拆卸的完成情况					

续上表

评价项目	评价分值(分)				
	5	4	3	2	1
减振器检修的完成情况					
前悬架支柱总成检修的完成情况					
对这个项目的学习的满意程度					
你对改善本项目后续任务教学的建议：					

(四)学员在本任务中的综合评价(表5-19)

综合评价　　表5-19

单项分				
总分值				
签名	教师：	学员：	日期：	

学习任务工单四　轮胎的拆装与检修

知识目标

1. 熟悉轮胎的结构；
2. 熟悉轮胎的规格与分类。

技能目标

1. 会拆卸轮胎；
2. 会检查车轮和轮胎；
3. 会安装轮胎。

学习任务描述

汽车底盘车轮轮胎出现了异常情况，需要检查，请你按照技术规范，对车轮轮胎进行正确拆装。

一、学习准备

(一)根据表 5-20 所示,指出各零件名称。

表 5-20

零件名称	零件作用	轮胎各零件图片
1		
2		
3		
4		
5		
6		
7		

(二)根据表 5-21 所示,指出各零件名称。

表 5-21

零件名称	零件作用	轮毂各零件图片
1		
2		
3		
4		

(三)车轮的组成

现代的汽车车轮不但是安装________的骨架,也是将轮胎和________连接起来的旋转部件,通常车轮由________、________以及这两件元件之间的连接部分称为________的元件所组成。

(四)车轮的分类

按照轮辐的结构,车轮可分为________式和________式;根据轮辋形式不同又可分为组装轮辋式车轮、可调式车轮、对开式车轮、可反装式车轮车轮;根据车轮材质不同又有________、镁合金、________车轮等。

(五)轮胎的规格

轮胎规格的表示方法基本上有公制和英制两大系统,轮胎的规格可用外胎直径 D、轮辋直径 d、断面宽度 B 和断面高度 H 的名义尺寸代号表示。如图 5-15 所示。

高压胎用两个数字之间加一乘号表示;如 $D \times B$。

低压胎用两个数字之间加一"-"表示,如 9.00-20,前面数字表示轮胎断面宽度;后面数字表示轮辋直径,都是英制(in)。子午线轮胎规格用 BRd 表示,其中 R 代表子午线轮胎。

目前,国产的子午线轮胎有80、75、70、65、60五个系列。

随着轮胎的扁平化,仅用断面宽度和轮辋直径已经不能完全表示轮胎的规格。即在 B 相同的情况下,H 随不同的扁平率(高宽比)变化。

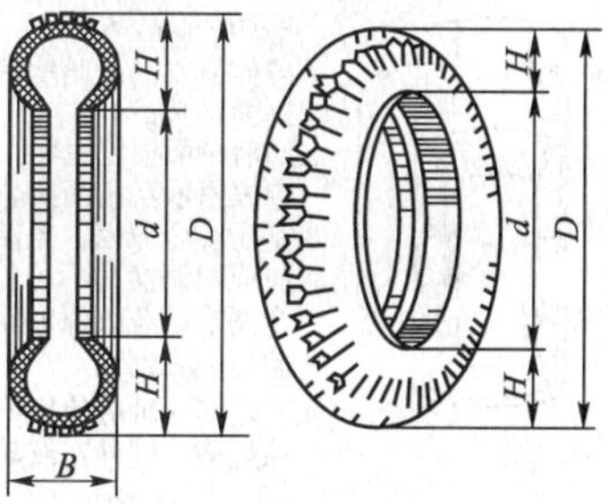

图5-15　轮毂各零件

二、计划与实施

(一)了解以下信息

1. 使用的工具仪器:________________。
2. 学习的车型:________________________。

(二)注意事项

1. 文明、安全作业;正确使用工具和量具,防止造成人身伤害;
2. 严格拆装程序,注意操作安全;
3. 在拆卸过程中,注意不要损坏制动软管;
4. 对有预紧力规定的螺栓、螺母,要按正确的操作方法进行紧固;
5. 不允许对前悬架总成进行焊接或整形处理,不合格的零部件应更换;
6. 所有螺栓和螺母应按规定力矩拧紧;
7. 所有自锁螺母必须更换新件;
8. 注意试验时零件的放置、拆装顺序和拆装方法。

(三)准备工作

1. 工具准备:工具车、工具柜等;
2. 清理制动器周围污物。

(四)配分与评分标准(表5-22)

悬架检测配分与评分标准　　表5-22

序号	考核内容	配分	评分标准	考核记录	得　分
1	正确实用工具和仪器	10	工具使用不当一次扣5分		
2	正确拆装顺序	30	拆装顺序错误扣10分		
	零件摆放整齐		摆放不整齐扣5分		
3	正确装配	20	装配不当一项扣5分		
4	正确充气	20	操作不当一次扣10分		
5	正确装车	10	不会扣10分,错误5分		
6	整理工具,清理场地,安全文明实训	10	保持实训场地卫生,保证人身及设备的安全,违规一次扣5分		
7	分数合计	100			

(五)计划与实施

1. 车轮的检测

(1)拆检轮辋及挡圈,应无锈蚀、变形、裂纹和脱焊,螺孔处磨损不超过1.5mm。

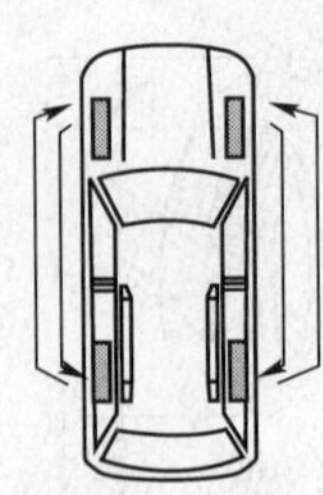

图5-16　调换轮胎示意图

(2)检查轮胎的胎面、胎肩、胎侧、胎里均不应有气鼓、裂伤、腔空、破洞、扎钉、跳线和胶质老化等，趾口应无磨损。

(3)检查轮胎气压，在常温下不能低于规定气压的10%。

2. 车轮的定期换位

要按规定周期进行轮胎换位，以使其磨损平衡。若全车轮胎为统一的规格、花纹、层级和结构且行驶里程一致，则可使用循环换位或交叉换位，如图5-16所示。若装用不同成色的轮胎，应酌情搭配换位。

小提示

前轮严禁装用翻新修补轮胎，不允许子午线轮胎和斜交轮胎混装。

三、评价与反馈

(一)教师评价(表5-23)

教 师 评 价　　表5-23

评价项目	评价分值(分)				
	5	4	3	2	1
安全意识					
着装和卫生					
工具使用和摆放					
零件摆放					
工作页填写情况					
组装完成后工作情况					

(二)小组互评(表5-24)

小 组 互 评　　表5-24

评价项目	评价分值(分)				
	5	4	3	2	1
安全意识					
5S情况					
团队合作					
工作页填写情况					

（三）自我评价（表 5-25）

自 我 评 价

表 5-25

评 价 项 目	评 价 分 值（分）				
	5	4	3	2	1
安全意识					
5S 情况					
工具使用的规范性					
车轮检测的完成情况					
车轮定期换位的完成情况					
对这个项目的学习的满意程度					
你对改善本项目后续任务教学的建议：					

（四）学员在本任务中的综合评价（表 5-26）

综 合 评 价

表 5-26

单项分				
总分值				
签名	教师：	学员：	日期：	

学习任务工单五　行驶系常见故障诊断与排除

知识目标

1. 熟悉行驶系常见故障现象及原因；
2. 熟悉行驶系常见故障的排除方法。

技能目标

1. 会分析行驶平顺性不良现象原因；

2. 会进行车身横向倾斜现象原因及故障排除；

3. 会进行轮胎异常磨损现象原因及故障排除；

4. 会进行行驶无力和行驶跑偏现象原因及故障排除。

学习任务描述

某汽车因主减速器内部故障而导致驱动桥异响，需要确定主减速器故障部位，并对其进行维修或更换。

一、学习准备

行驶系的常见故障主要包括：行驶平顺性不良、车身横向倾斜、轮胎异常磨损、行驶无力和行驶跑偏。

（一）行驶平顺性不良

1. 故障现象

汽车行驶时出现振动、加速时出现窜动，驾乘人员感觉很不舒服。

2. 故障主要原因及处理方法

造成行驶平顺性不良的原因主要是：

（1）前稳定杆卡座松旷或橡胶支承损坏，应予更换。

（2）车轮动平衡超标，应予校正。

（3）减振器或缓冲块失效，应予修理或更换。

（4）传动轴动不平衡，应予校正。

（5）钢板弹簧支架衬套磨损松旷，应予更换。

（6）车轮轴承松旷或转向横拉杆球头松旷，应予更换。

（7）钢板弹簧U形螺栓滑牙或松动，应予更换或紧固。

（8）发动机横梁和下摆臂的固定螺栓或衬套松旷，应予修理或更换。

（9）半轴内外万向节磨损松旷，应予更换。

（10）轮胎气压过高，磨损不均，应予调整或更换等。

（二）车身横向倾斜

1. 故障现象

汽车车身左高右低或左低右高，出现倾斜。

2. 故障主要原因及处理方法

（1）左右轮胎气压不一致，应按规定充气。

（2）左右轮胎规格不一致，应予更换。

（3）悬架弹簧自由长度或刚度不一致，应予更换。

（4）下摆臂变形，应予校正或更换。

（5）发动机横梁和下摆臂的固定螺栓或衬套松旷，应予修理或更换。

（6）减振器或缓冲块损坏，应予更换。

（7）发动机横梁变形，应予校正或更换。

（8）车身变形，应予整形修理等。

3. 故障诊断方法

以桑塔纳乘用车为例，先检查左右轮的气压、规格是否一致，再检查悬架、车身等部位，确定故障位置。

(三)轮胎异常磨损

1. 故障现象

轮胎磨损速度加快，胎面出现如图 5-17 所示的不正常磨损形状。

2. 故障主要原因及处理方法

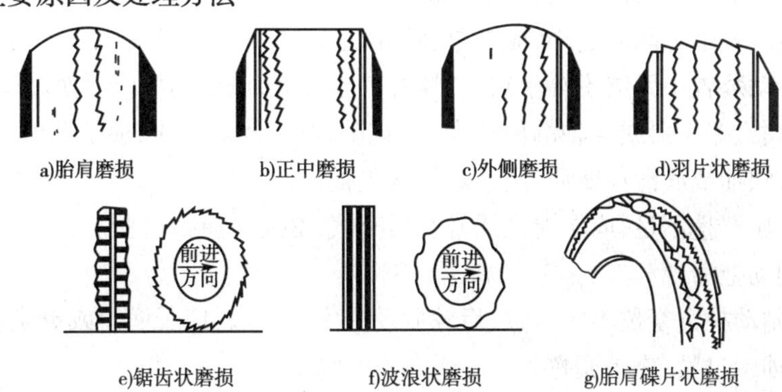

图 5-17 前轮轮胎不正常磨损示意图

(1)轮胎气压不符合要求，轮胎质量不佳或车轮螺栓松动，应按规定充气，更换轮胎或紧固车轮螺栓。

(2)轮胎长期未换位或汽车经常行驶在拱度较大的路面上，应及时进行轮胎换位(一般行驶 10000km 应换位，并进行动平衡校正)。

(3)前轮定位不正确或前轮旋转质量不平衡，应校正前轮定位和车轮平衡。

(4)纵横拉杆、轮毂轴承松旷或转向节与主销松旷，应予修理或更换。

(5)钢板弹簧 U 形螺栓松旷或钢板弹簧衬套与销松旷，应予紧固或更换。

(6)经常超载、偏载、起步过急、高速转弯或制动过猛，应注意正确的驾驶方法。

(7)转向梯形不能保证各车轮纯滚动，出现过度转向，应予调整。

(8)前轴与车架纵向中心线不垂直或车架两边的轴距不等，应予调整。

(9)前梁或车架变形，应予整形。

(10)前轮放松制动复位慢或制动拖滞，应予排除等。

3. 故障诊断方法

以桑塔纳乘用车为例，根据轮胎磨损的情况确定故障原因：

(1)胎冠两肩磨损与胎壁擦伤，是由于轮胎气压不足或汽车长期超载引起的。

(2)胎冠中部磨损，是由于轮胎气压过高引起的。

(3)胎冠内(外)侧偏磨损，是由于车轮外倾角过大(小)引起的。

(4)胎冠两侧成锯齿状磨损，是由于轮胎换位不及时或汽车经常紧急制动或长期超载引起的。

(5)胎冠由外(里)侧向里(外)侧呈锯齿状磨损，是由于前束过大(小)引起的。

(6)胎冠呈波浪状或碟片状磨损，是由于轮毂轴承松旷或车轮动不平衡引起的。

(四)行驶无力

1. 故障现象

即使将加速踏板踩到底，汽车驱动力也不足，出现加速不良，爬坡无力等现象。

2. 故障主要原因及处理方法

造成汽车行驶无力的根本原因是发动机无力，传动系传动效率低，车轮受到的阻力过大。

具体原因主要是：

(1)发动机无力。

(2)离合器打滑。

(3)变速器缺油或润滑油变质，应予添加或更换。

(4)变速器齿轮啮合间隙过小，应予重新选配。

(5)万向传动装置中间支承轴承缺油、锈蚀甚至失效，应予润滑或更换。

(6)主减速器、差速器或半轴的传动齿轮(花键)啮合间隙过小，应予调整。

(7)驱动桥缺油或润滑油变质，应予添加或更换。

(8)轮胎气压严重不足，应予充气或修补后充气，必要时更换轮胎。

(9)车轮制动拖滞。

(10)驻车制动拉索复位不畅，造成后轮制动未完全释放，应予润滑或更换。

(11)轮毂轴承过紧，应予调整。

(12)前轮定位不正确，应予调整或更换部件等。

3. 故障诊断方法

按照故障原因的可能性从大到小、检查的难易性从易到难的顺序，首先应检查轮胎气压是否严重不足。在排除发动机无力的情况下，检查影响传动系传动效率降低的因素是否存在。最后检查排除车轮受到的阻力过大的因素。

(五)行驶跑偏

1. 故障现象

汽车正常行驶，不踩制动时，必须紧握转向盘才能保持直线行驶，若稍有放松，便自动跑向一边。

2. 故障主要原因及处理方法

造成汽车行驶跑偏的根本原因是汽车车轮的相对位置不正确，两侧车轮受到的阻力不一致。具体原因主要是：

(1)两前轮轮胎气压不等，直径不一或汽车装载质量左右分布不均匀，应予调整或更换。

(2)左右两前钢板弹簧翘度不等，弹力不一或单边松动、断裂，应予更换。

(3)前梁、车架发生水平面内的弯曲，应予校正。

(4)汽车两边的轴距不等，应予调整。

(5)两前轮轮毂轴承的松紧度不一，应予调整。

(6)前轮定位不正确，应予调整或更换部件。

(7)车轮有单边制动或拖滞现象，应予检修。

(8)转向杆系变形，应予校正或更换。

(9)动力转向系控制阀损坏或密封环弹性减弱，阀芯运动不畅或偏离中间位置，应予调整或更换等。

二、计划与实施

（一）了解以下信息

1. 使用的工具：____。

2. 学习的车型：____。

（二）注意事项

1. 工具的使用要合理规范；

2. 注意操作安全。

（三）准备工作

工具准备：工具车、工具柜等。

（四）计划与实施

1. 案例1：

检修方法：经外表检查发现，前轮内倾严重，推动前轮有松旷现象。举升起汽车，检查三角臂、转向节各连接部位均未松动，只有减振器定位不正。放下汽车，打开发动机舱盖，检查减振器固定螺栓时，发现减振器支座（翼子板）破裂，固定螺栓无法紧固。

富康1.36L轿车由于翼子板用料较薄，加上道路条件较差，曾有不少车辆的减振器支座发生破裂现象。修理过程中，有的直接用电焊焊补，有的用钢板焊接加固。神龙汽车公司推荐的修复方法是：将该公司冲压的成型加固板用 CO_2 保护焊焊复在支座上面进行加固。

2. 案例2：

检修方法：首先对前轮定位做常规检查，检查前轮轮胎气压是否符合标准，左右两侧悬架高度是否一致，减振器弹簧是否折断，前轮轴承是否松旷，转向球头是否松旷。经检查，上述各部件均正常。

再检查前轮定位。捷达轿车前轮定位包括：前轮外倾角、前轮前束、主销内倾角、主销后倾角。其中，主销内倾角和主销后倾角不可调整，前轮前束是靠右边的横拉杆来调整的；前轮外倾角是靠悬架与轴承壳体的连接螺栓来调整的。检查右横拉杆，在拆装变速器时没有移动过。

检查车轮外倾角。捷达轿车的前桥悬架上端与车身相连，下端通过两个螺栓与车轮轴承相连。两个螺栓既起固定悬架与轴承壳体的作用，又可调整车轮外倾角。检查螺栓在悬架上固定时留下的痕迹，发现螺栓没有与原来的痕迹重合，这必然引起车轮外倾角的变化。将固定螺栓头部和螺母与原来的痕迹重合，试车，车轮不再发生异响。

三、评价与反馈

（一）教师评价（表5-27）

教 师 评 价 表5-27

评 价 项 目	评 价 分 值（分）				
	5	4	3	2	1
安全意识					
着装和卫生					

续上表

评价项目	评价分值(分)				
	5	4	3	2	1
工具使用和摆放					
零件摆放					
工作页填写情况					
组装完成后工作情况					

(二)小组互评(表5-28)

小组互评 表5-28

评价项目	评价分值(分)				
	5	4	3	2	1
安全意识					
5S情况					
团队合作					
工作页填写情况					

(三)自我评价(表5-29)

自我评价 表5-29

评价项目	评价分值(分)				
	5	4	3	2	1
安全意识					
5S情况					
工具使用的规范性					
车轮检测的完成情况					
车轮定期换位的完成情况					
对这个项目的学习的满意程度					
你对改善本项目后续任务教学的建议:					

(四)学员在本任务中的综合评价(表 5-30)

综 合 评 价

表 5-30

单项分				
总分值				
签名	教师:	学员:	日期:	

项目六　转向系故障诊断与维修

案例导入

案例1:富康轿车转向盘转动十分吃力故障的检修。

故障症状:一辆富康 AL 型(1.6L)轿车在行驶中转向盘转动逐步沉重,操纵十分吃力。

案例2:红旗轿车转向盘转动时有异响故障的检修。

故障症状:一辆红旗 CA7220E 轿车左右转动转向盘时,发动机前部有异响。打开发动机舱盖仔细察听,异响是由动力转向泵发出的。

汽车转向系是用来改变汽车行驶方向的专设机构的总称。汽车转向系统的功用是保证汽车能按驾驶员的意愿进行直线或转向行驶。

在汽车行驶中,转向运动是最基本的运动。通过转向盘来操纵和控制汽车的行驶方向,从而实现自己的行驶意图。在现代汽车上,转向系统是必不可少的最基本的系统之一,它也是决定汽车主动安全性的关键总成。

传统的汽车转向系统是机械系统,汽车的转向运动是由驾驶员操纵转向盘,通过转向器和一系列的杆件传递到转向车轮而实现的。普通的转向系统建立在机械转向的基础上,通常根据机械式转向器形式可以分为:齿轮齿条式、循环球式、蜗杆滚轮式、蜗杆指销式。目前,大部分低端轿车采用的就是齿轮齿条式机械转向系统。

从20世纪40年代起,为减轻驾驶员体力负担,在机械转向系统的基础上增加了液压助力系统(Hydraulic Power Steering,HPS),它是建立在机械系统的基础之上的,额外增加了一个液压系统,一般有油泵、V形带轮、油管、供油装置、助力装置和控制阀。由于其工作可靠、技术成熟,至今仍被广泛应用。

汽车转向系统零部件的损坏,会引起转向沉重、转向不灵敏或者操纵不稳定等故障。

为了能深刻、系统地完成转向系常见故障诊断与维修这个项目的学习,本项目选取四个典型的任务,见表6-1。

转向系典型学习任务　　表6-1

学习任务	学习任务一	学习任务二	学习任务三	学习任务四
工作内容	观察转向系	转向器的拆装与调整	转向油泵的拆装及调整	转向系常见故障诊断与排除

在完成以上四个任务之前,有必要明确转向系的安装位置,见表6-2。

转向系的安装位置　　表 6-2

转向系的功用	对转向系的要求	汽车转向系图片
(1)工作可靠,操纵轻便、灵活; (2)缓冲并保持适当路感; (3)转向盘自由行程适当(10°~15°); (4)保证转向轮纯滚动		

学习任务工单一　观察转向系

知识目标

1. 掌握汽车转向系的功用、组成和类型;
2. 熟悉转向梯形机构;
3. 能够准确说出转向系统的构造及规格。

技能目标

1. 会描述汽车转向系的传动路线;
2. 会描述转向系的结构;
3. 能理解转向的工作过程。

学习任务描述

某汽车因转向系故障而导致转向沉重,需要确定转向系故障部位,并对其进行分析。

一、学习准备

汽车中的发动机、传动系、行驶系能保证汽车的行驶。但汽车在行驶过程中经常需要改变行驶方向,或者在行驶中转向轮自动改变了原来的行驶方向,需要恢复汽车原来的行驶方向。

(一)根据自己的观察,指出表 6-3 中的零件名称:

汽车转向系的作用与组成　　表 6-3

零件名称	作　用	汽车转向系示意图图片
1.		
2.		
3.		
4.		
5.		
6.		
7.		
8.		

（二）根据表6-2所示，指出汽车转向系的传动路线

转向盘→（　　）→（　　）→（　　）→（　　）→（　　）→（　　）→车轮。

（三）根据表6-2写出汽车转向系组成

转向系一般由________、________、________三大部分组成。但随着转向系的类型不同，其结构组成又有所差异。

（四）转向操纵机构

转向操纵机构由________、________、转向管柱等组成，它的作用是将驾驶员转动________的操纵力传给________。

（五）转向器的功用

转向器的功用是____。

（六）转向器的类型

目前，较常用的类型有________、________、________等几种类型。

二、计划与实施

（一）了解以下信息

1. 使用的工具：____。

2. 学习的车型：____。

（二）准备工作

工具准备：工具车、工具柜等。

（三）计划与实施

1. 机械转向系统结构

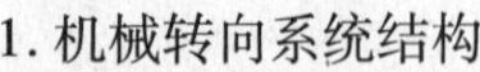

以驾驶员的体力作为转向能源，又称为人力转向系。

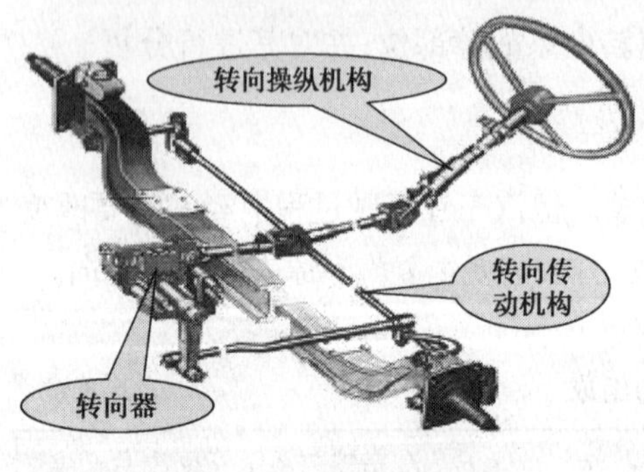

图6-1　机械转向系结构示意图

机械转向系由三部分组成：转向盘、转向操纵机构、转向传动机构，如图6-1所示。

（1）转向操纵机构。驾驶员操纵转向器工作的机构，包括转向盘、转向轴等机件。

（2）转向器。转向轴下端的蜗杆与扇形齿轮构成转向器。转向器是一个减速增矩机构，经转向器放大的力矩传给转向传动机构。转向器（也常称为转向机）的功用是增大由转向盘传到转向节的力，并改变力的传动方向。

（3）转向传动机构。转向直拉杆、转向节臂、转向横拉杆、左右梯形臂等机件构成转向传动机构。前轴的两端和转向节由主销铰接在一起，转向节上连有左右梯形臂，两臂铰接在转向横拉杆上。其中，梯形臂及横向拉杆作用是：与前轴构成转向梯形，保证左右转向轮按一定规律偏转。它的功用是，将转向器输出的力和运动传到转向桥两侧的转向节，使两侧转向轮偏转，以实现汽车转向。

2. 汽车机械转向系的功用

转向系不仅可以改变汽车的行驶方向，使其按驾驶员确定的方向行驶，而且还可以克服

由于路面侧向干扰力使车轮自行产生的转向,恢复汽车原来的行驶方向。

3. 汽车机械转向系的类型及工作原理

(1)机械转向系类型。目前,较常用的机械转向系有齿轮齿条式、循环球曲柄指销式、蜗杆曲柄指销式等。

(2)机械转向系工作原理。以驾驶员的体力作为转向能源,又称为人力转向系。需要转向时,驾驶员对转向盘施加一个转向力矩。该力矩通过转向轴输入转向器。从转向盘到转向传动轴这一系列部件和零件即属于转向操纵机构。作为减速传动装置的转向器中有1~2级减速传动副。经转向器放大后的力和减速后的运动传到转向横拉杆,再传给固定于转向节上的转向节臂,使转向节和它所支撑的转向轮偏转,从而改变了汽车的行驶方向。

4. 汽车动力转向系

汽车动力转向系是兼用驾驶员的体力和发动机动力作为转向能源,并且以发动机动力作为主要能源。动力转向系是在机械转向系基础上加设一套转向加力装置而成的。

(1)动力转向系组成。转向加力装置包括转向油罐、转向油泵、转向控制阀和转向动力缸等。

(2)动力转向系工作原理。如图6-2所示,当驾驶员转动转向盘时,转向摇臂摆动,通过转向直拉杆、横拉杆、转向节臂,使转向轮偏转,从而改变汽车的行驶方向。与此同时,转向器输入轴还带动转向器内部的转向控制阀转动,使转向动力缸产生液压作用力,帮助驾驶员转向操纵。

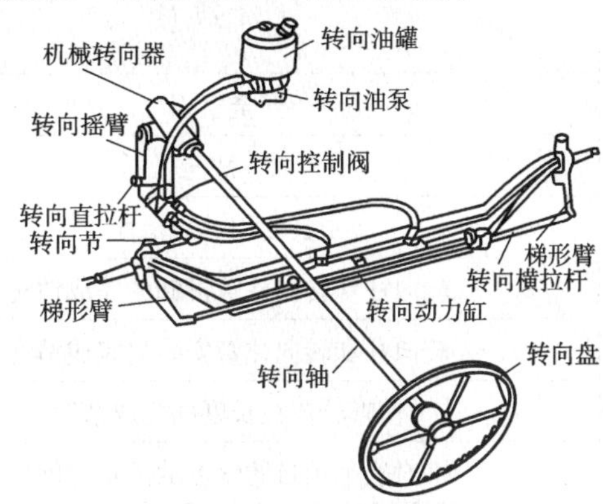

图6-2 动力转向系示意图

三、评价与反馈

(一)教师评价(表6-4)

教师评价 表6-4

评价项目	评价分值(分)				
	5	4	3	2	1
安全意识					
着装和卫生					
工具使用和摆放					
零件摆放					
工作页填写情况					
组装完成后工作情况					

（二）小组互评（表 6-5）

小 组 互 评　　表 6-5

评 价 项 目	评 价 分 值（分）				
	5	4	3	2	1
安全意识					
5S 情况					
团队合作					
工作页填写情况					

（三）自我评价（表 6-6）

自 我 评 价　　表 6-6

评 价 项 目	评 价 分 值（分）				
	5	4	3	2	1
安全意识					
5S 情况					
工具使用的规范性					
转向柱和转向柱管拆卸的完成情况					
转向柱和转向柱管安装的完成情况					
检查转向柱长度的完成情况					
对这个项目的学习的满意程度					
你对改善本项目后续任务教学的建议：					

（四）学员在本任务中的综合评价（表 6-7）

综 合 评 价　　表 6-7

单项分				
总分值				
签名	教师：	学员：	日期：	

学习任务工单二　转向器的拆装与调整

知识目标

1. 掌握转向器的拆卸方法；
2. 掌握转向器零件的检测方法；
3. 掌握转向器装配方法。

技能目标

1. 会进行机械转向系的拆装、调整与检修；
2. 会进行转向器的调整。

学习任务描述

汽车底盘转向器出现了异常情况，需要检查，请你按照技术规范，正确对车轮制动器进行拆装。

一、学习准备

（一）转向器的类型（表6-8）

转向器的类型　　表6-8

类型	属于________类型	属于________类型	属于________类型
图片	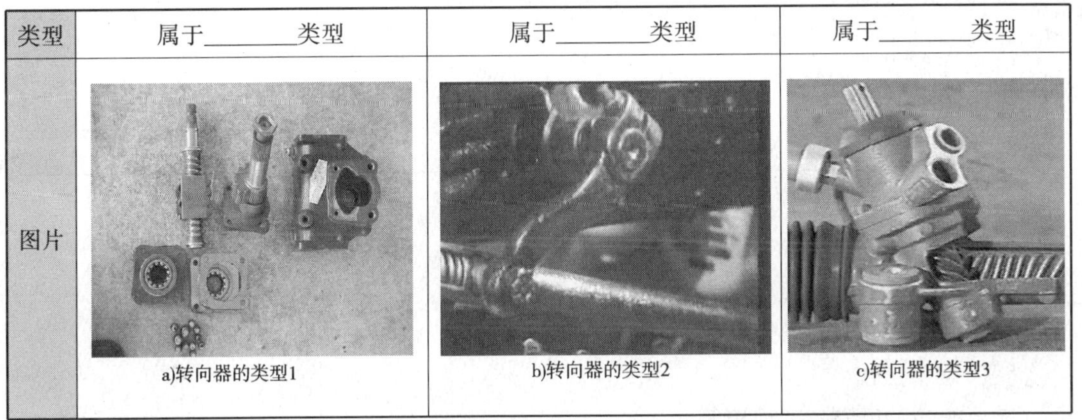 a)转向器的类型1	b)转向器的类型2	c)转向器的类型3

（二）根据图6-3填写转向器的工作过程

如图6-3所示转向器。其工作过是转动时，通过__________将力传给螺母，螺母沿轴线移动。在摩擦力作用下，所有钢球在________与__________之间形成“__________”。钢球在螺母内绕行两周后，流出螺母进入导管，再由____________流回螺母通道，两列钢球在各自的封闭通道内循环。螺母外表面有等齿厚

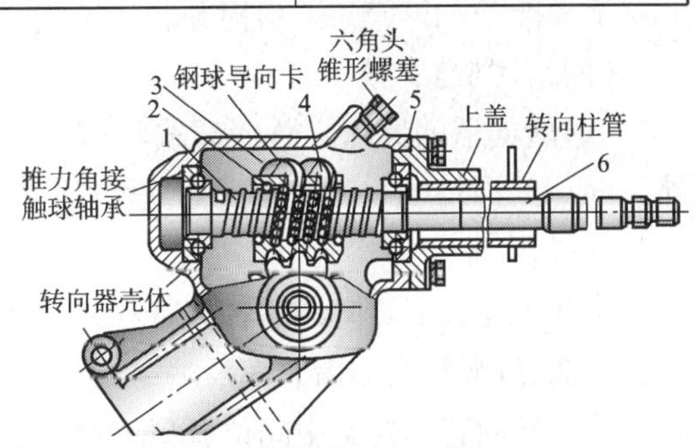

图6-3　循环球式转向器工作示意图

________,与其啮合的是变齿厚的________。转动螺杆、________随之轴向移动,通过________、________使转向摇臂转动。

(三)根据图 6-3 写出对应标号零件的名称

1. ____________________

2. ____________________

3. ____________________

4. ____________________

5. ____________________

6. ____________________

转向器的功能是将转向盘的转动变为齿条轴的直线运动或转向摇臂的摆动,降低运动速度,增大转向力矩并改变转向力矩的传动方向。转向器输出端的运动形式有两种,一种是线位移(如齿轮齿条式转向器),另一种是角位移(如循环球式、曲柄指销式转向器)。

(四)间隙调整装置

循环球式转向器中有两处配合需要调整:

1. 支承转向螺杆的轴承预紧度:轴承为一对推力角接触球轴承,其预紧度通过调整垫片调整。

2. 齿条齿扇啮合间隙:齿扇的齿是变厚度的,沿轴向移动齿扇轴,即可调整齿条齿扇的啮合间隙。调整螺钉旋装在侧盖上。

二、计划与实施

(一)了解以下信息

1. 使用的工具____。

2 学习的车型____。

(二)拆装的注意事项

1. 拆卸下来的零件要合理地进行摆放;

2. 工具的使用要合理规范;

3. 注意拆装过程的操作安全。

(三)准备工作

工具准备:工具车、工具柜等。

(四)计划与实施

(1)转向器的拆卸。循环球式转向器除因故障、发卡或零件有损坏等原因需拆散检查外,一般不需要解体。当行驶一定里程后,需进行正常维护或因故障而需拆检时,可按以下程序进行。

①在车上拆下转向器的转向臂和万向节叉的锁紧螺栓,将转向器总成从车上拆下,并卸下通气塞,放泄转向器内的润滑油。

②将转向臂轴转到中间位置(即将转向螺杆拧到底后,再回拧 3.5 圈)。拧下侧盖的 4 个紧固螺栓,用软质锤或铜棒轻轻敲打转向臂轴端头,取出侧盖和转向臂总成(图 6-4)。取

转向臂轴时,应注意不要损坏油封。

③拧下转向器底盖4个紧固螺栓,用铜棒轻轻敲打转向螺杆的一侧,取下底盖。

④从壳体中取出转向螺杆及转向螺母总成。注意:取出时不要碰伤油封。

⑤螺杆及螺母总成如无异常情况,尽量不要解体。必须解体时,先拧下3个固定导管夹的螺钉,拆下导管,握住螺母,慢慢转动螺杆,排出全部钢球。

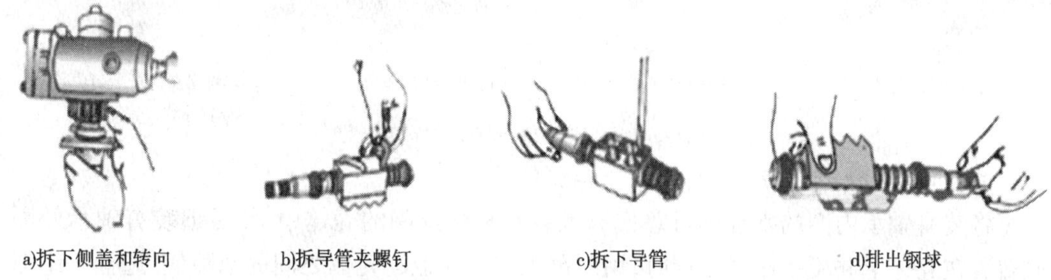

a)拆下侧盖和转向　b)拆导管夹螺钉　c)拆下导管　d)排出钢球

图6-4　循环球式转向器的拆卸

小提示

两个循环道夹中的钢球最好不要混在一起,不要丢失。每个循环道有48个钢球。如果螺母内留有一个钢球,螺母也不能拆下。

(2)转向器的检查。对解体后的转向器零件进行清洗,并用压缩空气吹干,然后进行下列检查。

①检查壳体有无裂纹、损坏,如有则应更换。

②对转向螺杆、螺母应进行探伤检查,若发现有裂纹或滚道表面有严重磨损、剥落及损伤时应更换。

③检查钢球表面有无剥落及损坏现象,如有则应根据螺杆与螺母的滚道尺寸成组地进行更换,以保证钢球受力均匀。

④检查螺母齿条和转向臂轴扇齿齿面有无剥落和严重损伤,必要时应进行更换。

⑤检查转向臂轴花键是否有扭曲或损坏,如有应更换。对花键进行磁力探伤,未发现裂纹的可继续使用。检查转向臂轴是否有裂纹,有裂纹则必须更换。

⑥检查滚针轴承和向心推力轴承及外圈表面情况,如发现有缺陷应成套更换。

⑦检查转向臂轴油封和螺杆油封的刃口,若有损坏及橡胶老化现象,应及时更换。

(3)转向螺杆和螺母总成的装配与调整。

①将清洗干净的转向螺母套在干净的转向螺杆上,使螺母放在螺杆滚道的一端,并将螺母滚道孔对准螺杆滚道,再将钢球由螺母滚道孔中放入,每个滚道约放36个钢球。

②将其余的24个钢球分装入两个导管内(图6-5a),并将导管两端涂以少量润滑脂后插入螺母的导管孔中(图6-5b),同时用木锤轻轻敲打导管,使之到位,然后用导管夹把导管压在转向螺母上,并用3个紧固螺钉紧固。

③装配后的螺杆、螺母总成,轴向和径向间隙应不大于0.6mm;应成组更换直径较大的钢球。更换的钢球装好后,用手转动螺杆,应保证螺母在螺杆滚道全长范围内转动灵活,无发卡现象。当螺杆、螺母总成处于垂直位置时,螺母应能从螺杆上端自由匀速地下落。

④最后把向心推力球轴承外圈压入底盖和壳体内;同时,将轴承内圈总成压到转向螺杆

的两端。

a) 钢球的装入

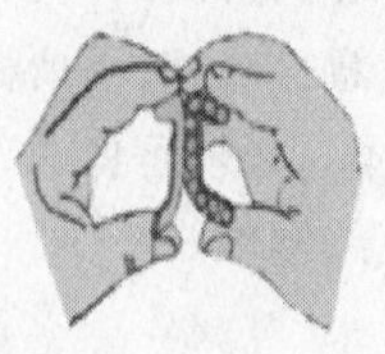

b)钢球在导管内安放

c)安装装满钢球的导管

d)螺母在螺杆上自由落下

图6-5 循环球式转向器钢球的安装

(4)转向螺杆螺母总成与壳体的装配与调整。

①将装有轴承内圈的螺杆螺母总成放入装有轴承外圈的壳体中,然后把装有轴承外圈的底盖装在壳体上并用手压紧。同时,用厚薄规测量底盖与壳体之间的间隙值,选择一组厚度相同的调整垫片,取下底盖,在垫片上涂以密封胶,并装上橡胶O形密封圈,再将底盖装在壳体上,并用螺栓紧固。

②将螺杆螺母总成(包括螺杆上的轴承)装入壳体后,螺杆应能转动自如,无轴向间隙感觉。当用力矩扳手或弹簧秤检查时,在不带螺杆油封时,应为0.7~1.2N·m,若力矩小于此值或感到有间隙时,应采用减少垫片方法进行调整;若力矩过大,则应增加垫片。

③螺杆预紧度调整好后,将螺杆油封装上。安装时注意,不要损坏油封刃口,并在螺杆颈部涂少量润滑油以便安装。为便于安装,应采用专用工具。

三、评价与反馈

(一)教师评价(表6-9)

教师评价　表6-9

评价项目	评价分值(分)				
	5	4	3	2	1
安全意识					
着装和卫生					
工具使用和摆放					
零件摆放					
工作页填写情况					
组装完成后工作情况					

(二)小组互评(表6-10)

小组互评　表6-10

评价项目	评价分值(分)				
	5	4	3	2	1
安全意识					

续上表

评价项目	评价分值(分)				
	5	4	3	2	1
5S 情况					
团队合作					
工作页填写情况					

(三)自我评价(表 6-11)

自 我 评 价 表 6-11

评价项目	评价分值(分)				
	5	4	3	2	1
安全意识					
5S 情况					
工具使用的规范性					
转向器拆卸的完成情况					
转向器零件检测的完成情况					
转向器装配、调整的完成情况					
对这个项目的学习的满意程度					
你对改善本项目后续任务教学的建议:					

(四)学员在本任务中的综合评价(表 6-12)

综 合 评 价 表 6-12

单项分				
总分值				
签名	教师:	学员:	日期:	

学习任务工单三　转向油泵的拆装及调整

知识目标

1. 熟悉动力转向装置的类型；
2. 熟悉液压动力转向装置的结构；
3. 熟悉液压动力转向装置的工作原理。

技能目标

1. 会进行动力转向器的拆卸；
2. 会进行动力转向器的安装。

学习任务描述

汽车底盘转向器出现了异常情况，经过检查发现是转向油泵出了问题，请你按照技术规范，正确对转向油泵进行拆装。

一、学习准备

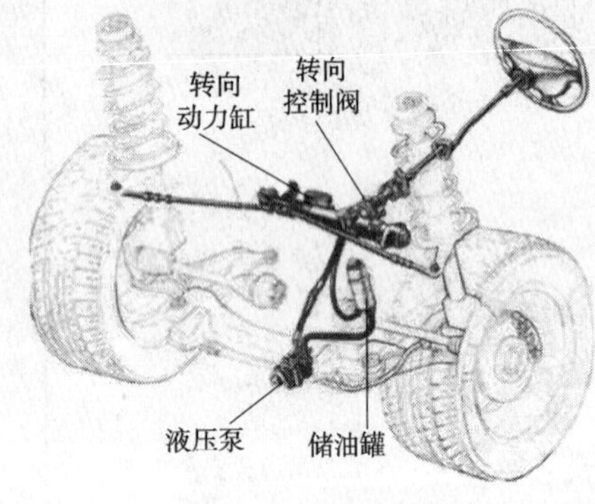

图6-6　动力转向装置

（一）根据图6-6，当驾驶员逆时针方向转动转向盘时，________将拉动________向前运动。转向直拉杆的拉力作用下实现机械转向，这时汽车将向左转向。与此同时，转向直拉杆还带动了________中的滑阀移动，使________的右腔接通转向油泵的出油口，右腔通过转向控制阀与________接通，转向动力缸的活塞所受的向右的液压作用力便经其推杆也作用在转向横拉杆上。由于液压作用力较大，便在很大程度上减轻了驾驶员的操纵力。

（二）动力转向装置是由________、________和________三大部分组成。

（三）动力转向按传能介质不同，可分为________和________两种。

（四）液压式动力转向系中，转向加力装置由________、________、________和________组成。

（五）液压转向传力装置有____________和____________两种。

（六）液压动力转向系的工作过程。

当驾驶员逆时针方向转动转向盘时，转向摇臂将拉动转向直拉杆向前运动。转向直拉杆的拉力作用下实现机械转向，这时汽车将向左转向。与此同时，转向直拉杆还带动了转向控制阀中的滑阀移动，使转向动力缸的右腔接通转向油泵的出油口，右腔通过转向控制阀与转向油罐接通，转向动力缸的活塞所受的向右的液压作用力便经其推杆也作用在转向横拉杆上。由于液压作用力较大，便在很大程度上减轻了驾驶员的操纵力 。

（七）常压式液压动力转向系的结构与工作原理。

1. 常压式液压动力转向系的结构。

如图 6-7 所示，常压式液压动力转向系由转向油缸、转向油泵、储能器、转向动力缸、转向控制阀和机械转向器组成。

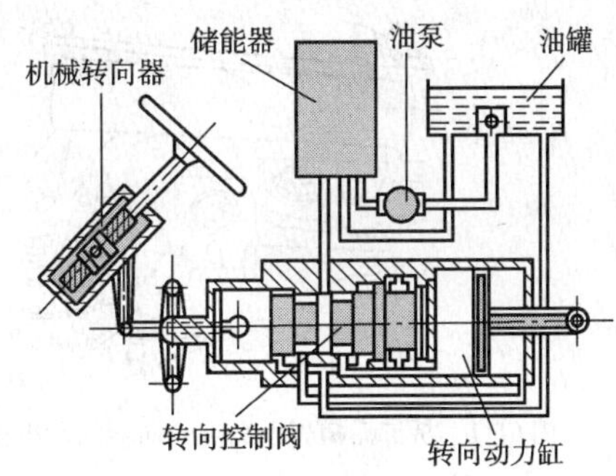

图 6-7　常压式液压动力转向系

2. 常压式液压动力转向系的工作原理。

转向油泵在发动机带动下运转，输出的压力油充入储能器。当储能器压力达到规定值时，油泵自动卸荷空转。转向控制阀常处于关闭状态，当驾驶员转动转向盘时机械转向器通过转向摇臂等杆件推动转向控制阀进入开启位置，储能器中的压力油流入转向动力缸，通过动力缸推杆输出的液压作用力作用在转向传动机构上。转向盘一停止转动，转向控制阀随即回到关闭位置。即无论转向盘处于什么位置，也无论是运动还是静止，液压系统工作管路中总是保持高压。

二、计划与实施

（一）了解以下信息

1. 使用的工具：____。

2 学习的车型：____。

（二）注意事项

1. 工具的使用要合理规范；

2. 注意操作安全。

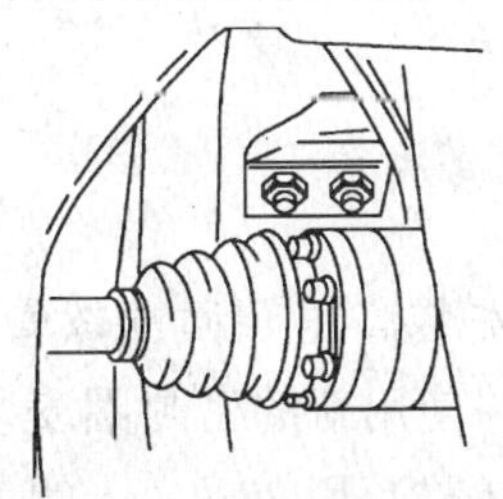

图 6-8　拆卸横拉杆固定螺母

（三）准备工作

工具准备：工具车、工具柜等。

（四）计划与实施

1. 动力转向器的拆卸

（1）举升车辆，排放转向液压油（AT 润滑油）。

（2）拆卸横拉杆固定螺母，如图 6-8 所示。

（3）拆卸左前轮罩处的转向器固定螺栓，如图 6-9 所示。

（4）松开在转向控制阀外壳上的高压油管，如图 6-10 所示。

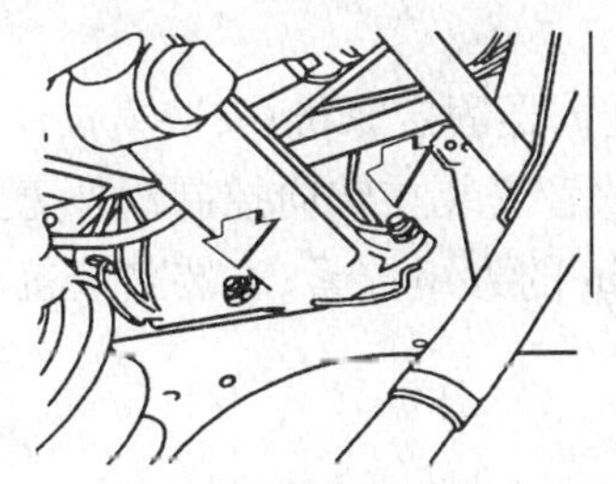

图 6-9　拆卸左前轮罩处的转向器固定螺栓

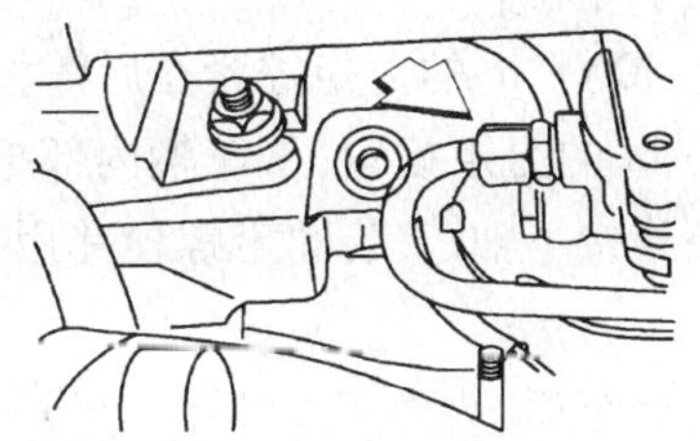

图 6-10　松开高压油管

（5）拆卸后横板上固定转向器的左边自锁螺母，如图 6-11 所示。

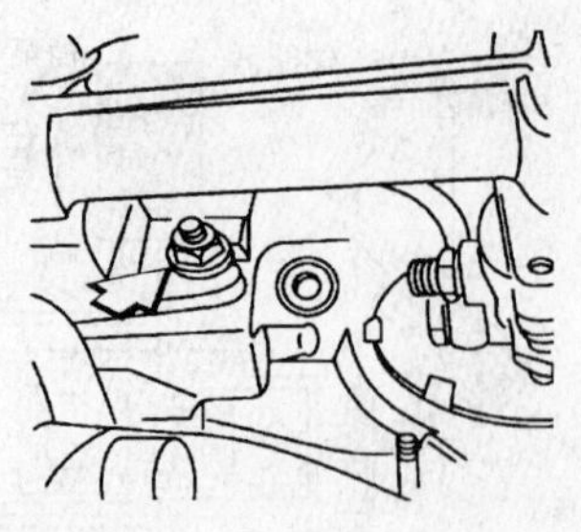

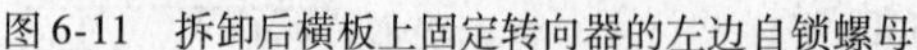

图 6-11 拆卸后横板上固定转向器的左边自锁螺母

图 6-12 拆卸紧固齿条与转向横拉杆的螺栓

(6)放下车辆。拆卸紧固齿条与转向横拉杆的螺栓,如图 6-12 所示。

(7)拆卸仪表板侧边下盖、通风管和踏板盖。

(8)拆卸紧固转向小齿轮与下轴的螺栓,如图 6-13 所示,并使各轴分开。

(9)拆卸防尘套。从汽车内部拆卸固定转向控制阀外壳上会有软管的泄放螺栓,如图 6-14所示。

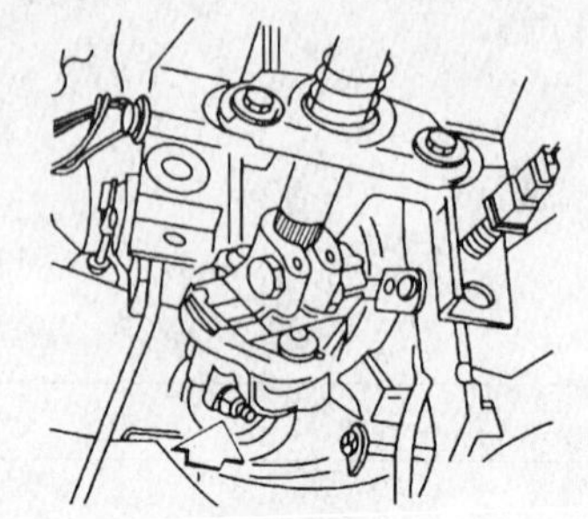

图 6-13 拆卸紧固转向小齿轮与下轴的螺栓

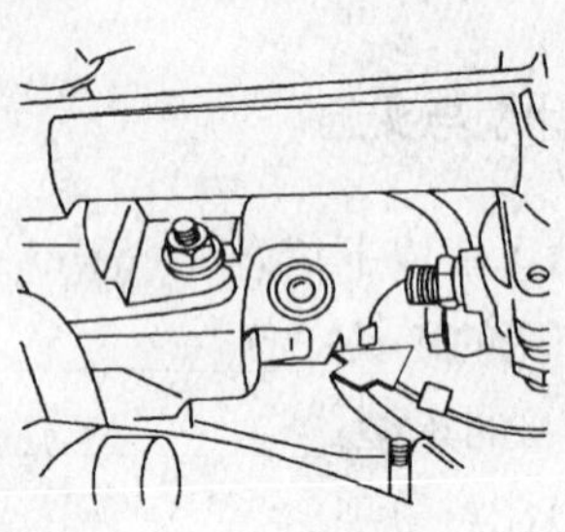

图 6-14 拆卸泄放螺栓

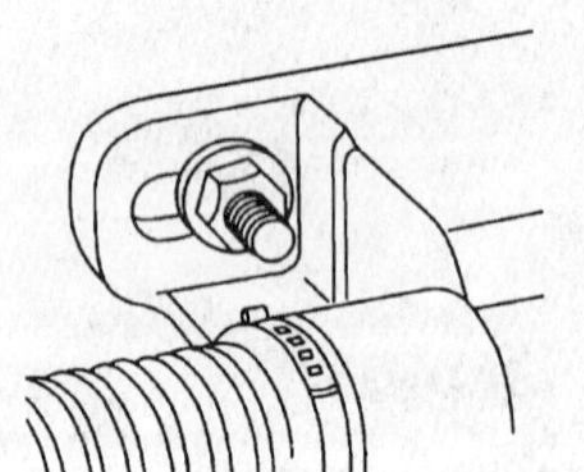

图 6-15 拆卸后横板上转向器的固定自锁螺母

(10)拆卸后横板上转向器的固定自锁螺母,如图 6-15 所示。

2. 动力转向器的安装

(1)举升车辆。

(2)在转向液压泵上安装高压和回油软管,用 40N · m 的力矩拧紧螺栓,并使用新的密封圈安装在左前;轮罩上的转向器固定螺栓,用 20N · m 的力矩拧紧,安装在后横板上的转向器固定自锁螺母,用 40N · m 的力矩拧紧;把高压管固定在转向控制阀外壳上。

(3)放下车辆。

(4)用 40N · m 的力矩拧紧在后横板上的转向器固定螺母;安装横拉杆支架固定螺栓,并用 45N · m 的力矩拧紧;从车辆内部把回油软管安装在转向控制阀外壳上;安装保护网(防尘套);连接下轴,安装固定螺栓并用 25N · m 的力矩拧紧;安装踏板盖、通风管和仪表板盖。

(5)举升车辆。

(6)安装固定横拉杆支架的自锁螺母,并用 45N · m 的力矩拧紧。

(7)放下车辆。

(8)向储油罐内注入 AT 油,直到达到标有 Max 处。

(9)举升车辆。

(10)起动发动机,完全向左和右转动转向盘,观察油面高度,一直操作到油面稳定在标有 Max 处为止。

三、评价与反馈

(一)教师评价(表 6-13)

教 师 评 价　　表 6-13

评价项目	评价分值(分)				
	5	4	3	2	1
安全意识					
着装和卫生					
工具使用和摆放					
零件摆放					
工作页填写情况					
组装完成后工作情况					

(二)小组互评(表 6-14)

小 组 互 评　　表 6-14

评价项目	评价分值(分)				
	5	4	3	2	1
安全意识					
5S 情况					
团队合作					
工作页填写情况					

(三)自我评价(表 6-15)

自 我 评 价　　表 6-15

评价项目	评价分值(分)				
	5	4	3	2	1
安全意识					
5S 情况					

续上表

评价项目	评价分值(分)				
	5	4	3	2	1
工具使用的规范性					
动力转向装置类型的叙述情况					
动力转向装置工作原理的叙述情况					
对这个项目的学习的满意程度					
你对改善本项目后续任务教学的建议:					

(四)学员在本任务中的综合评价(表6-16)

综合评价　　表6-16

单项分				
总分值				
签名	教师:	学员:	日期:	

学习任务工单四　转向系常见故障诊断与排除

知识目标

1. 熟悉转向系常见故障的现象及原因;
2. 熟悉转向系常见故障的排除方法。

技能目标

1. 会分析转向沉重的现象、原因,并会故障排除;
2. 会分析转向行驶跑偏的现象、原因,并会故障排除;
3. 会分析转向轮摆动的现象、原因,并会故障排除;
4. 会分析动力转向系故障的现象、原因,并会故障排除。

学习任务描述

汽车底盘转向系统出现了异常情况,请你按照技术规范,正确对转向油泵进行拆装。

一、学习准备

汽车转向系常见故障有转向沉重、转向盘自由行程过大、转向不灵敏、操纵不稳定、高速摆振(转向盘抖动)、动力转向沉重或助力不足、动力转向装置噪声、动力转向装置压力不足等。

(一)机械转向系的故障诊断

机械转向系的主要故障有转向沉重、低速摆头、高速摆头、跑偏等。

1. 转向沉重

(1)故障现象。

在行车过程中,转向盘转动沉重吃力,放松转向盘后不能及时回正。

(2)故障原因。

①转向器润滑油不足。

②前轮轮胎气压不足。

③前轮定位角不正确。

④转向器齿轮齿条间啮合间隙小。

⑤转向器的输入轴上下轴承过紧,或轴承损坏。

⑥转向横拉杆球头销缺油或损坏。

(3)故障排除。

①按规定往转向器内加转向机油。

②按规定气压向前轮轮胎充气。

③正确检查和定位前轮定位角。

④调整小齿轮预紧力。

⑤更换轴承。

⑥更换球头销。

2. 低速摆头

(1)故障现象。

低速行驶时,感觉方向不稳,前轮摆振。

(2)故障原因。

①转向器传动副啮合间隙过大。

②转向传动机构各球头销磨损过大而松旷、弹簧折断或调整过松。

③前轮轮毂轴承预紧度不够或锁紧螺母松动。

④后轮气压过低。

⑤由于货物装载的原因,导致前轴载荷过小。

⑥前悬架弹簧错位折断或没有固定好。

⑦转向节主销与衬套配合间隙过大或前轴主销孔与主销配合间隙过大。

(3)故障排除。

①调整传动副啮合间隙。

②更换球头销等。

③重新调整轴承预紧度。

④对轮胎充气,使气压达到规定值。

⑤对货物装载进行调整。

⑥更换悬架弹簧或重新固定。

⑦及时更换主销或衬套。

3. 高速摆头

(1)故障现象。

汽车在行驶过程中出现转向盘发抖,车头在横向平面内出现左右摆动,行驶不稳的现象。

(2)故障原因。

①车轮定位不正确。

②转向轮没有动平衡。

③车轮偏摆量大。

④车架、车桥变形。

⑤转向传动机构发生运动干涉。

⑥悬架故障:左右悬架刚度不等、弹簧折断、减振器失效、导向装置失效等。

(3)故障排除。

①用车轮定位仪重新进行车轮定位。

②检查动平衡,加装平衡块进行平衡。

③更换轮辋。

④更换或矫正车架、车桥。

⑤重新调整转向传动机构,排除运动干涉。

⑥更换悬架弹簧或减振器等。

4. 跑偏

(1)故障现象。

汽车直线行驶时,转向盘不居于中间位置。必须预先校正一个角度,握紧转向盘,汽车才会保持直线行驶。放松转向盘后,汽车自动向一边跑偏。

(2)故障原因。

①前轮左右侧轮胎气压不等或轮胎直径大小不同。

②前轮两侧轮毂轴承预紧度不等。

③两前轮定位参数不等。

④车轮前束过大或过小。

⑤前后桥车轴不平行。

⑥一边车轮制动拖滞。

⑦转向桥两侧悬架弹力不等。

(3)故障排除。

①调整轮胎气压,使之达到一致,或更换轮胎,使之规格一致。

②调整前轮两侧轴承预紧度,使之接近或相等。

③调整前轮两侧车轮定位参数,使之达到一致。

④调整前束值,达到规定值。

⑤测量前后桥两端的中心距,若差距大,检查车轴或半轴套管是否弯曲。

⑥用手触摸跑偏一侧的车轮制动鼓和轮毂部位。如果轮毂特别热,则调整轴承预紧度;若制动鼓特别热,则调整制动鼓间隙。

⑦将汽车停放在平坦地面上,察看汽车前部高度是否一致,若不一致,则弹簧折断或弹力不一致,应该更换。

(二)液压动力转向系的故障诊断

动力转向系的常见故障有转向系噪声、转向沉重等。

1. 转向系噪声

(1)故障现象。

转向时有轻微噪声是正常的,噪声太大时需要进行检查和排除。

(2)故障原因。

①液压系统渗入空气。

②油泵磨损严重或损坏。

③液压回路堵塞或储油罐滤网堵塞。

④转向控制阀性能不良。

⑤油管接头松动或油管破裂。

(3)故障排除。

①排除液压系统空气。

②更换油泵。

③修复(疏通)液压回路,更换储油罐滤网。

④更换转向控制阀。

⑤拧紧油管接头、更换新油管。

2. 转向沉重

(1)故障现象。

装备液压动力转向系统的汽车,在行驶过程中突然感到转向沉重、助力不足。

(2)故障原因。

①泵的传动带松动。

②油面低。

③轮胎充气不当。

④转向器泄漏大。

⑤流量控制阀卡住。

⑥油泵磨损。

⑦液压回路渗入空气。

⑧动力缸或转向控制阀密封损坏。

(3)故障排除。

①重新调整传动带松紧度。

②加油到规定油面,如油面过低,则需要检查管路和接头。

③按规定气压充气。

④对整个动力系统进行测试,然后采取相应措施。

3. 左右转向轻重不同

(1)故障现象。

汽车行驶时,左右两侧的操纵力大小不等。

(2)故障原因。

①控制阀的阀芯偏离中间位置或阀体与槽肩缝隙的大小不一致。

②控制阀内有污物,导致左右转向阻力不同。

③液压系统的动力缸油腔进空气。

④油路漏损。

(3)故障排除。

①更换控制阀或调整阀芯位置。

②检查并换控制阀内新油。

③对液压系统进行排气。

④检查油路泄漏部位,更换泄漏部件。

4. 直线行驶时转向盘发飘或跑偏

(1)故障现象。

汽车直线行驶时,难以保持正前方向而总向一边跑偏。

(2)故障原因。

①油液脏污,控制阀复位弹簧折断或变软,控制阀不能及时复位。

②转向控制阀的阀芯偏离中间位置或阀体与槽肩缝隙的大小不一致。

③流量控制阀卡滞使油泵流量过大或管路布置不合理,造成管路节流损失过大,使动力缸左右腔压力差过大。

(3)故障排除。

①检查油液,必要时换油;若为控制阀故障,则检修控制阀。

②如转向控制阀的阀芯偏离中间位置或阀体与槽肩缝隙的大小不一致,则检修控制阀。

③检查流量控制阀,合理布置管路。

5. 转向盘发抖

(1)故障现象。

发动机工作时转向,尤其是原地转向时,滑阀共振、转向盘发抖。

(2)故障原因。

①储液罐液面低。

②油路中有空气。

③转向油泵驱动传动带打滑。

④油泵输出压力不足。

⑤转向油泵流量控制阀卡住。

(3)故障排除。

①加注转向液。

②对液压系统进行排气。

③调整传动带预紧度或更换性能不良部件。

④检查油泵是否过度磨损;是否是内部泄漏等,进行相应修理或更换油泵。

⑤检修流量控制阀。

6. 转向盘回正不良

(1)故障现象。

完成转向后,转向盘不能回到直线行驶时的位置。

(2)故障原因。

①转向油泵输出油压低。

②油路中有空气。

③回油软管扭曲阻塞。

④转向控制阀转向动力缸发卡。

⑤转向控制阀定中不良。

(3)故障排除。

①检查转向油泵是否存在内部泄漏、安全阀或控制阀发卡等,更换油泵或进行相应修理。

②对液压系统进行排气。

③更换回油软管。

④修复转向控制阀损坏零件,或更换动力缸等。

⑤修理转向控制阀。

二、计划与实施

(一)了解以下信息

1. 使用的工具:______________________________。

2 学习的车型:______________________________。

(二)注意事项

1. 工具的使用要合理规范;

2. 注意操作安全。

(三)准备工作

1. 工具准备:工具车、工具柜等;

2. 设备准备:转向系统总成。

(四)计划与实施

1. 转向系常见故障现象与原因分析(表6-17)

转向系常见故障现象与原因 表6-17

故障现象	故障原因
转向沉重	(1)转向器故障:齿轮轴上无单列向心轴承或滚针轴承调整,安装过紧或已损坏;补偿弹簧力过大,或齿条变形量过大;转向器润滑不良;转向柱弯曲或转向柱管凹陷; (2)转向传动机构故障:转向传动横拉杆球头销配合过紧,润滑不良;横拉杆弯曲;悬架支柱变形过大;或转向臂变形过大; (3)其他原因:前轮定位失准;轮胎气压偏低;前轮轴承过紧

续上表

故障现象	故障原因
转向盘自由行程过大	齿轮与齿条啮合间隙过大;球头销磨损严重配合松旷;横拉杆与支架配合松旷
转向不灵敏,操纵不稳定	转向器松动;齿轮与齿条啮合间隙变大;球头销磨损松旷;轮毂轴承松旷;悬架系统变形和松旷;前轮定位失准
高速摆动(转向盘抖动)	前轮不平衡;前轮轮辋发生拱曲变形;传动机构松旷;减振器损坏;悬架弹簧弹性不足或断裂;前轮定位失准;传动轴弯曲而动不平衡过大;转向器松动
动力转向沉重或助力不足	液压泵V带松弛;储液罐液面过低;液压泵压力不足;外泄漏过大;内泄漏过大;转向轴衬套太紧;前悬架变形;液压系统内有空气
动力转向装置噪声	液压泵V带松弛;液压泵轴承损坏;压力板或转子损伤;液压泵环过度磨损;储液罐内油液不足;液压系统有空气或压力软管连接不牢;液压泵装配不当,溢流阀故障

2. 案例1

检修方法:先检查转向系机械部件各连接杆件,球销、转向器、转向管柱有无变形、过紧等故障。

检查转向助力系统的液压泵传动带张紧情况,正常起动发动机怠速运转,来回转动转向盘,使油液温度升至80℃,检查储液罐油液,稍有缺失,且有气泡和混浊现象,说明转向助力系统内混有空气。

检查漏液点,细查通往储液罐的回油管接头,有油液渗漏,空气从此处窜入转向助力系统中。紧固回油管接头,补液和排气。方法如下:

(1)把转向盘从左极限到右极限位置来回转动数次,重新检查油面高度。

(2)起动发动机,使之怠速运转,再重复上述方法,转动转向盘2~3次。然后,使转向盘回到中间位置。

(3)发动机熄火,再检查油面高度,若油面高度没有大的增高或增高量小于5mm,而且没有乳化和气泡,表明空气排净。如仍不能排尽,重复怠速运转和熄火后往复转动转向盘。

转向助力系统通常少有漏液和窜入空气故障。该车因发生撞车事故后,修复中未及时检查转向助力系统,造成了漏液和窜入空气故障。

3. 案例2

检修方法:红旗轿车的动力转向泵是引进德国技术生产的7681型叶片泵,该泵是带传动、液压平衡的油泵。动力转向泵泵出的高压转向油进入转向器油缸,推动活塞运动,实现动力转向。液压动力机构具有操纵方便、噪声小特点。该车转向泵有异响,说明液压动力机构有故障。

首先检查转向泵的传动带张紧度,结果合适。再打开转向泵储液罐,发现转向油液面过低,已降至储液罐最低刻度线,加油后起动发动机,左右转动转向盘时异响略有减轻,但仍存在。再检查动力转向泵磨损是否超限,打开储液罐盖,观察转向油呈泡沫状,分析可能是转向油中有空气，于是左右转动转向盘并不断添加转向油。希望把空气排出去，但排了好长一段时间也不见好转，原因可能是这边排出空气，那边又有新的空气进入动力转向系统。

检查动力转向系统有无渗漏处，发现动力转向泵上有油污，将其擦拭干净，起动发动机，左右转动转向盘，但不见转向油流出。发动机熄火后，发现从动力转向泵进油管处有转向油流出。原来是动力转向泵的进油管处漏油。

取下进油管螺栓，发现油管上的两个铜垫已变形，更换两个铜垫后再试验，动力转向泵不再漏油。左右转动转向盘，动力转向泵也不再有异响，故障排除。

因动力转向泵进油管处密封不严，在转向泵工作时，将空气抽入动力转向系统中，使动力转向泵出现异响并使转向油呈泡沫状。由于在转向泵工作时，进油管处呈负压。所以，此时该处不漏油，而停车时转向油才从进油管处渗漏出来。

三、评价与反馈

（一）教师评价（表6-18）

教 师 评 价 表6-18

评 价 项 目	评 价 分 值 (分)				
	5	4	3	2	1
安全意识					
着装和卫生					
工具使用和摆放					
零件摆放					
工作页填写情况					
组装完成后工作情况					

（二）小组互评（表6-19）

小 组 互 评 表6-19

评 价 项 目	评 价 分 值 (分)				
	5	4	3	2	1
安全意识					
5S 情况					
团队合作					
工作页填写情况					

（三）自我评价（表 6-20）

自 我 评 价 表 6-20

评价项目	评价分值（分）				
	5	4	3	2	1
安全意识					
5S 情况					
工具使用的规范性					
转向沉重现象原因及排除的完成情况					
转向行驶跑偏现象原因及排除的完成情况					
转向轮摆动现象原因及排除的完成情况					
动力转向系统现象原因及排除的完成情况					
对这个项目的学习的满意程度					
你对改善本项目后续任务教学的建议：					

（四）学员在本任务中的综合评价（表 6-21）

综 合 评 价 表 6-21

单项分				
总分值				
签名	教师：	学员：	日期：	

项目七　制动系故障诊断与维修

案例导入

案例1:捷达轿车行驶中制动突然失效故障的检修。

故障症状:一辆捷达CL型轿车在行驶过程中,紧急制动时将制动踏板踩到底,但制动作用很迟缓,制动距离很长。车主将车慢慢地开到修理厂进行修理。

案例2:皇冠轿车紧急制动时左前轮制动不良,汽车向右跑偏故障的检修。

故障症状:一辆皇冠2.8轿车,紧急制动时左前轮制动不良,汽车向右跑偏。

汽车在保证行驶安全的前提下,应尽可能地提高行驶速度,以提高运输生产率,同时还应视需要能减速和停车。因此,汽车上必须设有用来强制汽车减速和停车以及能在坡道上停放的可靠装置——汽车制动系统。

制动系功用是视需要使汽车减速或在最短的距离内停车,并保证汽车停放可靠,不至自动滑溜。

制动系按制动系统的作用可分为行车制动装置、驻车制动装置、辅助制动装置、应急制动装置四种:行车制动装置保证行驶时减速和停车;驻车制动装置可以使停驶的车辆驻留原地不动;辅助制动装置是基本制动的辅助部分,主要防止因制动器过热而降低制动效能。应急制动装置是在行车制动失效的情况下实现汽车减速或停车。

制动系统按制动操纵能源可分为人力制动系统、动力制动系统和伺服制动系统等。以驾驶员的肌体作为唯一制动能源的制动系统称为人力制动系统;完全靠由发动机的动力转化而成的气压或液压形式的势能进行制动的系统称为动力制动系统;兼用人力和发动机动力进行制动的制动系统称为伺服制动系统或助力制动系统。

为了能深刻、系统地完成制动系常见故障诊断与维修这个项目的学习,本项目选取六个典型的任务,见表7-1。

制动系典型学习任务　　表7-1

学习任务	学习任务一	学习任务二	学习任务三	学习任务四	学习任务五	学习任务六
工作内容	车轮制动器的拆装和检测	驻车制动器的检查与调整	制动踏板的拆装和调整	制动主缸、真空助力器的拆装和检查	制动液的更换与制动系统放气	制动系常见故障诊断与排除

在完成以上六个任务之前,有必要明确制动系的安装位置,见表7-2。

制动系的安装位置　　表 7-2

制动系的安装位置	对制动系的要求	汽车制动系图片
(1)具有良好的________,工作可靠; (2)操作轻便; (3)制动________好; (4)制动________好; (5)________好,并且能防水、防油、防尘		

学习任务工单一　车轮制动器的拆装和检测

知识目标

1. 能掌握制动系的功用、组成与分类;
2. 熟悉前后轮制动器的拆装、检查方法。

技能目标

1. 能够正确选择与使用工具;
2. 会规范进行前后轮制动器的拆装、检查。

学习任务描述

汽车底盘车轮制动器出现了异常情况,需要检查,请你按照技术规范,对车轮制动器进行正确拆装。

一、学习准备

(一)制动系统作用

1. 使行驶中的汽车________乃至________;
2. 使下长坡的汽车车速________________;
3. 使停驶的汽车可靠________。

(二)制动系统分类

1. 按照功用可分为:行车制动系、________、紧急安全制动系和________;
2. 按照动力源可分为:________、气压式制动装置;
3. 按传动机构的布置形式可分为:________制动系和双回路制动系(前后独立式和交叉配管式)。

(三)制动系统组成

1. 制动系统一般由______________、______________两大部分组成;
2. 行车制动装置:由制动操纵机构和________两个主要部分组成;

3. 驻车制动装置:分________制动装置和________制动装置 。

(四)制动器的分类

1. 制动器是产生制动力的部件,制动器是利用________元件与________元件表面的摩擦而产生制动力矩;

2. 按照制动器中旋转元件的不同可分为________和________两大类;

3. 鼓式制动器是制动蹄片挤压随车轮同步旋转的制动鼓内侧而获得制动力,所以又称为内部扩张双蹄鼓式制动器;

4. 盘式车轮制动器是由摩擦衬块从两侧夹紧与车轮共同旋转的________而产生制动效能。分为________和全盘式两种。

(五)标出表7-3中各部分的名称并说出制动力是如何产生的。

制动装置各部分名称 表7-3

标号	名　　称	标号	名　　称	汽车制动系的基本结构图片
1		8		
2		9		
3		10		
4		11		
5		12		
6		13		
7				

制动力产生:____

____

____

____。

二、计划与实施

(一)了解以下信息

1. 使用的工具:____。

2. 学习的车型:____。

(二)拆卸的注意事项

1. 注意拆装顺序及各部件的相互关系;

2. 注意在拆装过程中不要损坏皮碗;

3. 安装车轮前,应先补足制动液,对制动系统进行放气。

4. 保持场地清洁及零部件、工量具的清洁。

(三)准备工作

1. 工具准备:工具车、工具柜等;

2. 清理制动器周围污物。

(四)计划与实施

1. 前轮制动器的拆装

(1)用千斤顶支撑起前轮,松开车轮螺栓的固定螺母(拧紧力矩 110N·m),拆下车轮。

(2)松开制动钳壳体的紧固螺母(拧紧力矩 70N·m),前轮制动器即可与车轮轴承分离。

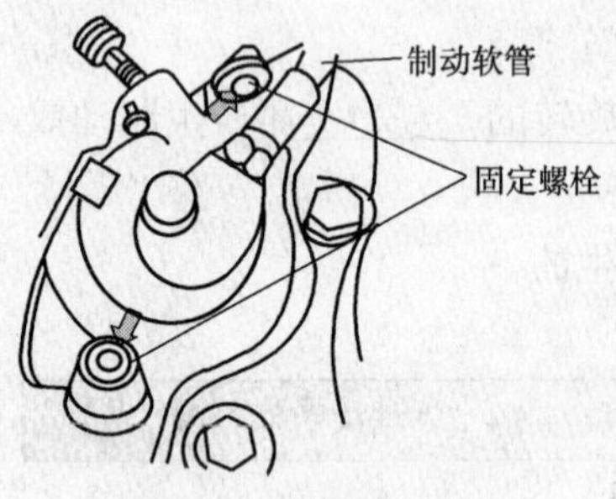

图 7-1 拧松拆卸上下固定螺母

(3)拧松制动底板的螺栓,制动底板即可从车轮轴承壳上取下。

(4)松开制动软管接头。

2. 制动摩擦片的拆装与检查

(1)制动摩擦片的拆卸。

①用手拆下制动摩擦片上下定位弹簧,用内六角扳手拧松拆卸上下固定螺母,见图 7-1。

②取下制动钳壳体,从制动钳支架上取下制动摩擦片,见图 7-2。

③把制动钳活塞压向制动钳壳体内,活塞复位前,先抽出制动储液罐中的制动液,否则会引起制动液外溢,损坏表面油漆。制动液有毒,排放制动液时,只能使用专用容器存放,见图 7-3。

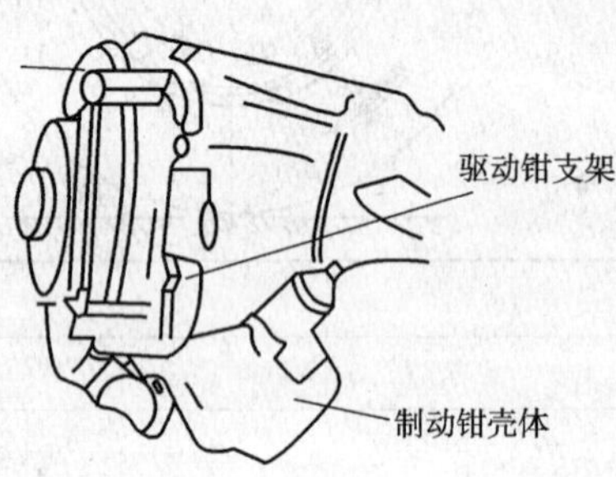

图 7-2 从制动钳支架上取下制动摩擦片

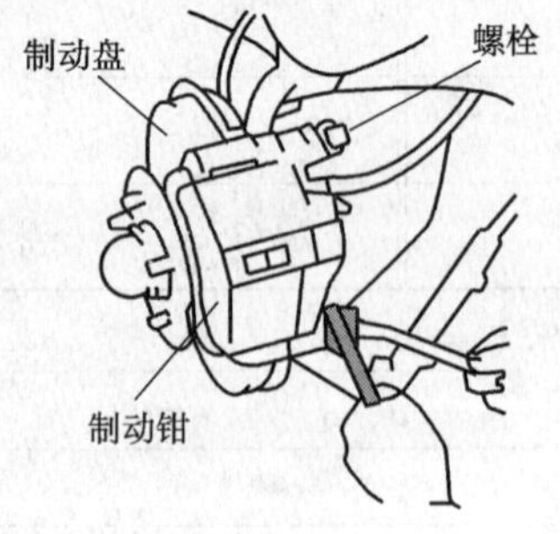

图 7-3 把制动钳活塞压向制动钳壳体

(2)制动盘的检查,见图 7-4。

制动盘的正常厚度为 20mm,磨损极限值为 17.8mm 制动盘不应有裂纹或凸凹不平现象。端面跳动量不应超过 0.06mm。如果检查结果不符合以上要求,应更换新件。

(3)制动摩擦片的安装。

①装入新的摩擦片。安装制动钳壳体,用 70N·m 的力矩紧固定位螺栓。

②安装上、下定位螺栓。

③安装后,停车时,用力将制动器踏板踩到底数次,以便使制动摩擦片正确就位。

3. 后制动器的检查(图 7-5)

利用制动器上的观察孔,检查制动摩擦片厚度和车轮拖滞情况。摩擦片厚度为 5.0mm,磨损极限值为 2.5mm(不包括底板)。如果检查结果不符合要求,应修理或更换新件。

4. 制动鼓和制动蹄的拆装与检查

(1)制动鼓和制动蹄的拆卸,见图 7-6。

①用千斤顶支撑起后轮,拧松车轮螺栓的固定螺母(拧紧力矩 110N·m),取下车轮。

②用专用工具 VW637/2 卸下轮毂盖。

③取下开口销,拧下后车轮轴承上的六角螺母,取出推力垫圈。

④用螺丝刀通过制动鼓螺孔向上拨动楔形件,使制动蹄与制动鼓放松。拉出制动鼓,如图 7-7 所示。

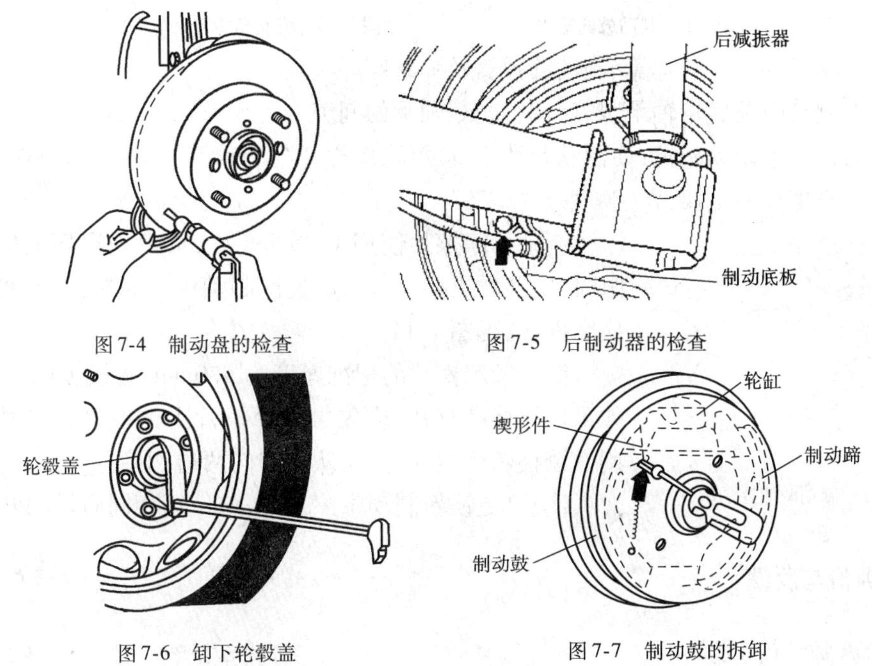

图 7-4　制动盘的检查

图 7-5　后制动器的检查

图 7-6　卸下轮毂盖

图 7-7　制动鼓的拆卸

⑤用鲤鱼钳拆下制动蹄弹簧机弹簧座。用手从下面的支座上提起制动蹄,取出下复位弹簧。

⑥取下制动杆上的驻车制动拉索。用鲤鱼钳取下楔形件复位弹簧和上复位弹簧。

⑦卸下制动蹄。

⑧把压力杆的制动蹄卡紧在台虎钳上,拆下制动蹄上的弹簧,取下制动蹄,见图 7-8。

⑨如有必要,拆下制动轮缸,并分解。

(2)制动鼓的检查。

更换摩擦片时,应检查后制动鼓尺寸,制动鼓内径为 200mm,磨损极限值为 201mm,摩擦表面径向圆跳动量为 0.05mm,车轮端面圆跳动量为 0.2mm。如果超过规定值时,应更换新件,见图 7-9。

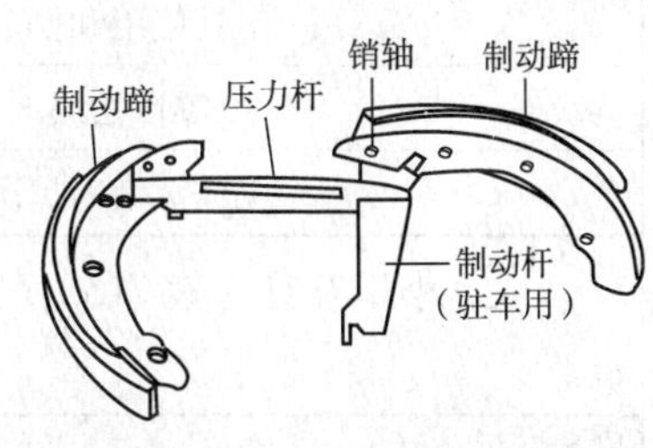

图 7-8　取下制动蹄

(3)制动鼓和制动蹄的安装。

①装入上复位弹簧,将制动蹄装在压力杆上。见图 7-10。

②装上楔形件,凸出一边朝向制动器底板。

③将带有制动杆的制动蹄装在压力杆上。

④装入上楔形件复位弹簧,在制动杆上套上驻车制动拉索。

⑤把制动蹄装在制动底板上,并靠在制动轮缸的活塞外槽上。

⑥装入下复位弹簧,并把制动蹄提起,装到下面的支座上。

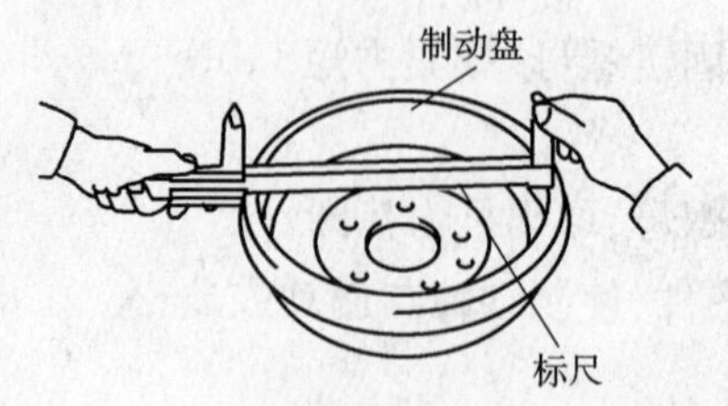

图 7-9　制动鼓的检查

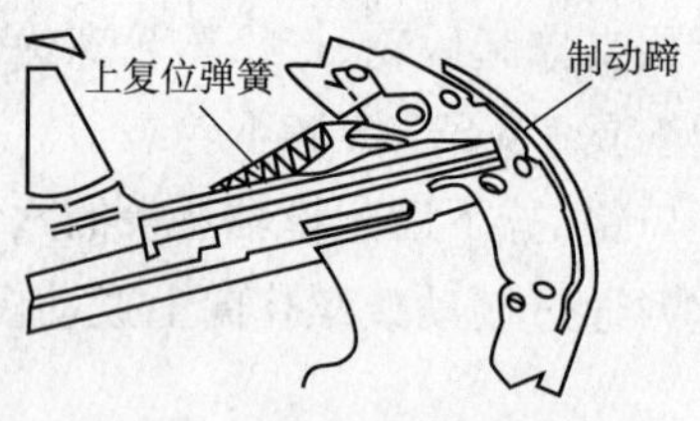

图 7-10　将制动蹄装在压力杆上

⑦装入楔形件的复位弹簧、制动蹄弹簧及弹簧座。

⑧装上制动鼓及后轮轴承,然后调整轮毂轴承的间隙。

⑨用力踩一下制动踏板,使制动蹄片正确就位,摩擦片与制动鼓的间隙得到自动调整。

5. 制动摩擦片的更换

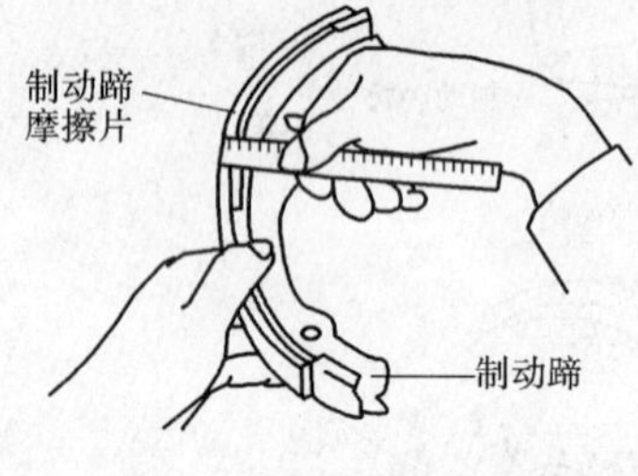

图 7-11　制动摩擦片的检查

制动蹄摩擦片使用 15000km 后,会出现损坏或磨损到极限时,应及时更换。既可以连同制动蹄一起更换,也可以只更换摩擦片,见图 7-11。

制动蹄摩擦片的标准厚度为 5.0mm,磨损极限为2.5mm。如果仅更换摩擦片,应先去掉摩擦片上的旧铆钉及孔中的毛刺。铆接新摩擦片时,应从中间向两边铆接。

注意:更换新制动摩擦片时,应使用相同质量的摩擦片。

三、评价与反馈

(一)教师评价(表 7-4)

教 师 评 价　　表 7-4

评 价 项 目	评 价 分 值 (分)				
	5	4	3	2	1
安全意识					
着装和卫生					
工具使用和摆放					
零件摆放					
工作页填写情况					

(二)小组互评 (表 7-5)

小 组 互 评　　表 7-5

评 价 项 目	评 价 分 值 (分)				
	5	4	3	2	1
安全意识					
5S 情况					
团队合作					
工作页填写情况					

（三）自我评价（表 7-6）

自 我 评 价 表 7-6

评 价 项 目	评 价 分 值（分）				
	5	4	3	2	1
安全意识					
5S 情况					
工具使用的规范性					
识别制动器各主要零部件安装位置的完成情况					
制动器拆装步骤的完成情况					
对这个项目的学习的满意程度					
你对改善本项目后续任务教学的建议：					

（四）学员在本任务中的综合评价（表 7-7）

综 合 评 价 表 7-7

单项分				
总分值				
签名	教师：	学员：	日期：	

学习任务工单二　驻车制动器的检查与调整

知识目标

1. 熟悉驻车制动器的作用、组成、结构、工作原理；
2. 熟悉驻车制动器检查、调整方法。

技能目标

1. 会拆装驻车制动器拆装；
2. 熟悉驻车制动器各零件的维护、调整方法。

学习任务描述

汽车底盘驻车制动器出现了异常情况，需要检查，请你按照技术规范，正确对制动系统驻车制动器进行拆装与检修。

一、学习准备

（一）驻车制动器功用

驻车制动器俗称________，可以使汽车可靠停驻，便于在坡道上起步，在________失效后临时使用或配合行车制动器进行紧急制动。

（二）驻车制动器分类：

1. 驻车制动器可分为____________________、____________________。
2. ________制动器安装在变速器或分动器之后，制动力矩作用在传动轴上。
3. ________与行车制动器共用一套制动器总成，而只是传动机构相互独立。
4. 驻车制动器的结构如图 7-12 所示。

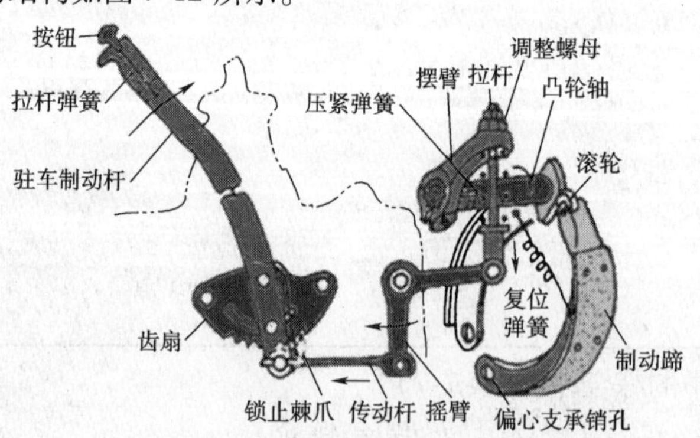

图 7-12　驻车制动器的结构

二、计划与实施

（一）了解以下信息

1. 使用的工具：____。

2. 学习的车型：____。

（二）拆卸的注意事项

1. 拆卸下来的零件要合理地进行摆放；

2. 工具的使用要合理规范；

3. 注意拆卸过程的操作。

（三）准备工作

1. 工具准备：工具车、工具柜等；

2. 清理驻车制动器周围污物。

（四）计划与实施

1. 驻车制动器的拆卸

如图7-13所示，东风EQ1090E型汽车驻车制动器的拆卸按以下步骤进行。

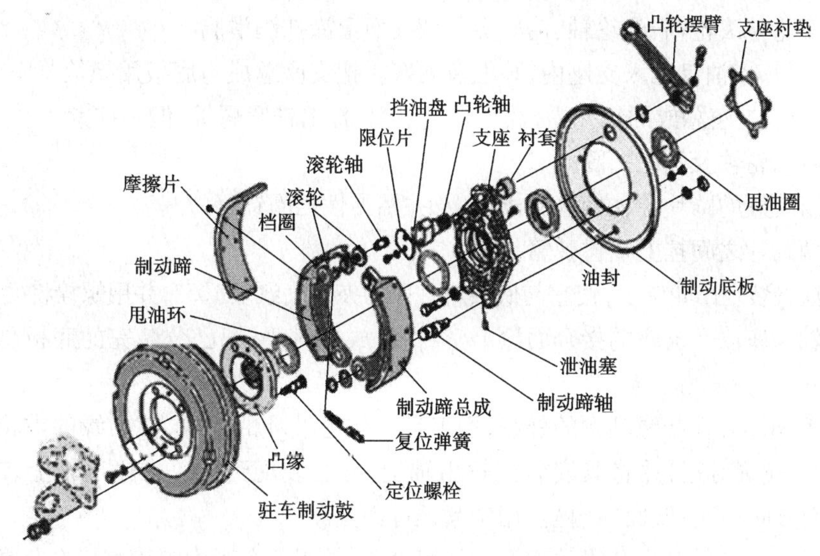

图7-13　东风EQ1090E型汽车驻车制动器分解

（1）拧下传动轴总成与制动鼓的连接螺母，取下传动轴总成。拧下制动鼓上的两个定位螺栓，取下制动鼓。

（2）拧下固定在变速器输出轴上的凸缘锁紧螺母，取下推力垫圈。将凸缘从变速器输出轴的键端拔出，同时带出甩油环。

小提示

拆卸凸缘锁紧螺母时可使驻车制动器起制动作用，以限制输出轴的转动。

（3）拆下凸轮轴的限位片，再拆下蹄片复位弹簧。从制动底板的背面拧下偏心支承销的锁紧螺母，将制动蹄与轴从支座上取下。

（4）拆下销轴前端的挡圈，从蹄片上取下支承销。

（5）拧下变速器输出轴轴承座上固定底板支座总成的五个螺栓，支座总成连同制动底板可同时拆下。

（6）拆下摆臂上的固定螺钉，从凸轮轴上拆下摆臂。从底板的背面拆下凸轮轴上的弹性挡圈,拔出凸轮轴。

2. 制动器的检修

(1)检查连接机构有无变形、松旷。

(2)驻车制动器的摩擦衬片铆钉距表面0.50mm时应更换。

(3)驻车制动鼓表面磨损起槽超过0.50mm时可对鼓进行修磨,其内径加大不超过4mm。

小提示

东风EQ1090E型汽车驻车制动器中制动鼓、制动蹄片的检修可见鼓式车轮制动器的检修。

3. 制动器的装配

东风EQ1090E型汽车驻车制动器的装配按以下步骤进行:

(1)在滚轮与滚轮轴、凸轮轴、偏心支承销表面上涂抹润滑脂。

(2)将油封、挡油盘压入支座内,装上泄油塞。把支座总成与底板用螺栓紧固在一起,将偏心支承销插入支座总成的轴孔中,放上弹簧垫圈,拧上锁紧螺母,但不拧紧。

(3)安装凸轮轴及弹性挡圈。

(4)将组装好的蹄片套在偏心支承销上,并用弹性挡圈锁好。

(5)在两蹄片之间挂上复位弹簧。

(6)将摆臂装在凸轮轴上,使它与底板对称面的夹角大致呈105°,并用螺栓将摆臂紧固。

(7)在轴承座以及支座的接合面涂上密封胶,放上衬垫,把已分装完的底板总成装配在轴承座上。

(8)将甩油环套在凸缘轴颈的外缘,用工具压住甩油环的外缘,使凸缘的内花键与变速器输出轴的外花键对正,并将其安装到输出轴上,务必装配到位。在输出轴上装上碟形垫圈,并使它们方向一致(凹面向内)。用锁紧螺母锁紧。

(9)把驻车制动鼓套入凸缘的四个定位螺栓上,并用两个紧固螺钉固定在凸缘上。

(10)装复驻车制动杆、摇臂、传动杆件等。

4. 驻车制动器的调整

驻车制动器的调整如图7-14所示,其调整方法有如下:

(1)拉杆长度调整。当驻车制动器蹄鼓间隙过大时,可以将拉杆上的锁紧螺母松开,将制动操纵杆放松到最前端,然后拧动拉杆上的调整螺母,即可实现制动间隙调整。将调整螺母拧紧,蹄鼓间隙减小;反之,则蹄鼓间隙增大。调整完毕后,将锁紧螺母锁紧。

(2)摇臂与凸轮相互位置的调整。通过拉杆长度的调整后,若操纵杆自由行程仍然偏大,则应调整摇臂与凸轮的相互位置。

①将驻车制动杆向前放松至极限位置。

②将摇臂从凸轮轴上取下,逆时针方向错开一个或数个齿后,再将摇臂装于凸轮轴上,并将夹紧螺栓紧固。

③重新调整拉杆上的调整螺母,直到有合适的驻车制动拉杆行程为止。调好后,制动间隙应为0.2~0.4mm。

④驻车制动器调好后，完全放松驻车制动杆时，制动器蹄鼓间隙为 0.2 ~ 0.4mm。向后拉驻车制动杆时，应有两声响的自由行程，从第三声响时应开始产生制动，第五声响时汽车应能在规定的坡道上停住。

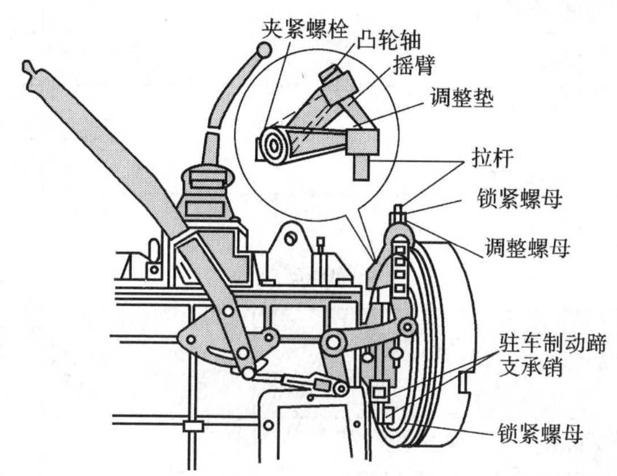

图 7-14　鼓式驻车制动器的调整

5. 驻车制动器的全面调整

先拧松偏心支承轴的锁紧螺母，用扳手转动偏心支承轴。当在摆臂末端用力转动摆臂张开凸轮时，两个制动蹄的中部同时与制动鼓接触。然后用扳手固定偏心支承销，同时拧紧偏心支承销的锁紧螺母。在拧紧锁紧螺母时，偏心支承销不得转动。

6. 驻车制动器性能的检查

汽车每行驶 12000km 左右时，应对驻车制动器的性能进行检查。驻车制动器应满足以下性能：

(1)在空载状态下，驻车制动装置应能保证车辆在坡度为 20%（总质量为整备质量的 1.2倍以下的车辆为 15%）、轮胎与路面间的附着系数≥0.7 的坡道上正反两个方向保持固定不动的时间应≥5min。

(2)拉紧驻车制动器，空车平地用 2 挡不能起步。

(3)驻车制动器操纵杆的工作行程不能超过全行程的 3/4。

(4)放松驻车制动操纵杆，变速器处于空挡，支起一支驱动轮，制动鼓应能用手转动且无摩擦声。

三、评价与反馈

(一)教师评价(表 7-8)

教 师 评 价　　　　表 7-8

评 价 项 目	评 价 分 值 (分)				
	5	4	3	2	1
安全意识					
着装和卫生					

续上表

评价项目	评价分值（分）				
	5	4	3	2	1
工具使用和摆放					
零件摆放					
工作页填写情况					
组装完成后工作情况					

（二）小组互评（表7-9）

小组互评 表7-9

评价项目	评价分值（分）				
	5	4	3	2	1
安全意识					
5S情况					
团队合作					
工作页填写情况					

（三）自我评价（表7-10）

自我评价 表7-10

评价项目	评价分值（分）				
	5	4	3	2	1
安全意识					
5S情况					
工具使用的规范性					
检查制动踏板自由行程的完成情况					
调整驻车制动器的完成情况					
车辆运行试验的完成情况					
对这个项目的学习的满意程度					
你对改善本项目后续任务教学的建议：					

（四）学员在本任务中的综合评价（表7-11）

综合评价　　表7-11

单项分				
总分值				
签名	教师：	学员：	日期：	

学习任务工单三　制动踏板的拆装和调整

知识目标

1. 掌握制动踏板自由行程的含义；
2. 掌握制动踏板的拆卸、装配方法；
3. 掌握制动踏板自由行程的调整方法。

技能目标

1. 会拆卸制动踏板；
2. 会装配制动踏板；
3. 会调整制动踏板自由行程。

学习任务描述

汽车底盘制动踏板出现了异常情况，需要检查，请你按照技术规范，对车轮制动器进行正确拆装与调整。

一、学习准备

（一）制动踏板自由行程

1. 制动踏板自由行程的含义

制动踏板自由行程是指从制动踏板____位置到用手按下踏板感到有明显____时，制动踏板移动的距离。

踏板自由行程间接地反映了制动鼓与制动蹄之间的制动间隙。制动间隙过大，会降低制动作用，甚至造成制动失灵；制动间隙过小，将会产生制动器自制动现象，使摩擦衬片早期损坏。

2. 制动踏板自由行程过大或过小的危害

汽车制动踏板自由行程是为保证不发生制动拖滞、彻底解除制动而设置的。过小会造成操作困难，不易控制，制动易过热；过大会造成制动疲软，制动距离增加，制动力不足等，因此，制动踏板的自由行程一定要符合标准。

（二）制动踏板自由行程的检查

制动踏板自由行程的测量方法：测量时，在制动踏板与驾驶室地板之间立一直尺，用手向下按制动踏板至有阻力时，记下直尺读数。然后放松踏板，再看直尺读数。两次读数之差即为踏板自由行程。液压制动的踏板自由行程一般在 15～20mm，若不符合规定值，则需进行调整。在调整时，应按车型规定的数值进行调整。

检查时，将发动机熄火，多次踩制动踏板，以消除真空助力器内的残余真空。

（三）制动踏板自由行程的调整

制动踏板自由行程的调整应在制动蹄与制动鼓间隙调整好以后进行。首先松开制动拉杆锁紧螺母，然后转动制动拉杆，同时检查制动踏板自由行程，直到符合规定值为止。调好后拧紧锁紧螺母。注意，应同时调整左、右制动拉杆。调整好后，应进行试车，以使左、右制动器调整一致，同时起作用并可靠制动。例如，桑塔纳轿车制动踏板的自由行程是指踩下踏板时，推杆接触到制动主缸活塞时的踏板移动量。检查时，可用手轻压踏板，测量至手感变重时的踏板行程，其行程应≤45mm。测量制动踏板踩下的有效行程应达到 135mm，制动踏板的总行程应≥180mm。如果检查不合格，可通过调整推杆长度的方法改正。

二、计划与实施

（一）了解以下信息

1. 使用的工具：________________________________。

2. 学习的车型：________________________________。

（二）拆卸的注意事项

1. 拆卸下来的零件要合理地进行摆放；

2. 工具的使用要合理规范；

3. 注意拆卸过程的操作安全。

（三）准备工作

（1）工具准备：工具车、工具柜等；

（2）清理制动器周围污物。

（四）计划与实施

1. 制动踏板的拆卸、安装

（1）用鲤鱼钳拆下复位弹簧。

（2）拆下锁片和销子，取下制动踏板。必要时将制动踏板夹在台虎钳上，用冲子顶出支撑轴套。

（3）拆下推力杆上的销子和锁片，拆下真空助力器推力杆上的连接叉，使制动主缸助力器与制动踏板分离。

（4）松开踏板轴承支架上的紧固螺母，向下拆出轴承支架。

（5）安装制动踏板前，旋动真空助力器推力杆上的连接叉，使连接叉调整尺寸 a 达到 220mm。

（6）按照与拆卸相反的顺序，安装制动踏板。

2. 制动踏板的调整(图 7-15)

制动踏板自由行程的调整。检查制动踏板自由行程时,用手轻轻压下踏板,直到手感明显变重时,测出这段行程量,其值应不大于45mm。如果不符合规定,可松开真空助力器推力杆上的螺母,通过旋转来调整推力杆长度,从而调整制动踏板自由行程,且保证制动踏板有效行程为 135mm,总行程不小于 180mm。

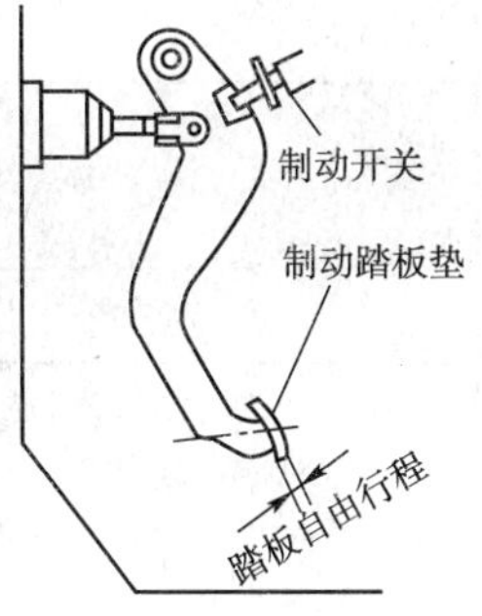

图 7-15　制动踏板的调整

三、评价与反馈

(一)教师评价(表 7-12)

教师评价　　表 7-12

评价项目	评价分值(分)				
	5	4	3	2	1
安全意识					
着装和卫生					
工具使用和摆放					
零件摆放					
工作页填写情况					
组装完成后工作情况					

(二)小组互评(表 7-13)

小组互评　　表 7-13

评价项目	评价分值(分)				
	5	4	3	2	1
安全意识					
5S 情况					
团队合作					
工作页填写情况					

(三)自我评价(表 7-14)

自我评价　　表 7-14

评价项目	评价分值(分)				
	5	4	3	2	1
安全意识					
5S 情况					
工具使用的规范性					
制动踏板拆卸的完成情况					
制动踏板自由行程调整的完成情况					

续上表

评价项目	评价分值(分)				
	5	4	3	2	1
对这个项目的学习的满意程度					
你对改善本项目后续任务教学的建议:					

(四)学员在本任务中的综合评价(表7-15)

综合评价 表7-15

单项分				
总分值				
签名	教师:	学员:	日期:	

学习任务工单四　制动主缸、真空助力器的拆装和检查

知识目标

1. 制动主缸、真空助力器的拆卸;
2. 真空助力器的检查;
3. 真空助力器止回阀的检查。

技能目标

1. 会进行制动主缸、真空助力器的拆卸;
2. 会进行真空助力器的检查;
3. 会进行真空助力器止回阀的检查。

学习任务描述

汽车底盘制动系统出现了异常情况,需要检查,请你按照技术规范,正确对制动主缸、真空助力器的拆装与检查。

一、学习准备

（一）制动主缸

1. 制动主缸作用

制动主缸作用是将由踏板输入的________转换成________。

2. 制动主缸组成

制动主缸装有________缸活塞、________缸活塞及前缸弹簧、后缸弹簧。

（二）真空助力器

1. 真空助力器作用

真空助力器是利用真空度对制动踏板进行________的装置，如图 7-16 所示。

图 7-16　真空助力器

2. 填写表 7-16 的真空助力器各部分名称

制动装置各部分名称　　表 7-16

标号	名　　称	标号	名　　称	真空助力器结构图片
1		6		
2		7		
3		8		
4		9		
5				

二、计划与实施

（一）了解以下信息

1. 使用的工具：____。

2. 学习的车型：____。

（二）拆卸的注意事项

1. 拆卸下来的零件要合理地进行摆放；

2. 工具的使用要合理规范；

3. 注意拆卸过程的操作安全。

（三）准备工作

1. 工具准备：工具车、工具柜等；

2. 清理制动主缸、真空助力器周围污物。

(四)计划与实施

1. 制动主缸和真空助力器的拆卸

(1)松开真空助力器架与车身的紧固螺母(拧紧力矩 15N·m)。

(2)松开真空助力器架与助力器的紧固螺母(拧紧力矩 20N·m)。

(3)松开制动主缸与真空助力器的两个紧固螺母(拧紧力矩 20N·m),使制动主缸与真空助力器分离。

(4)拧松真空软管的连接管接头,取下真空助力器连接管。

制动主缸不能再拆卸,也就是说制动主缸不需要修理。制动主缸由不同厂商供货,但可以通用。

2. 真空助力器的检查

(1)发动机熄火后,用力踩下制动踏板若干次,这样可以消除真空助力器中残留的真空度,见图 7-17。

(2)用适中的力踩下制动踏板,使它停留在制动位置上。起动发动机,进气管中重新产生真空度,如果真空助力器性能良好,则制动踏板有下降趋势,表明真空助力器起作用。

(3)如果更换整个真空助力器总成,应将发动机上进气歧管的真空排空。

3. 真空助力器止回阀的检查

真空助力器止回阀安装在真空软管内,止回阀失效将造成制动踏板沉重。其工作性能可用压缩空气进行检查,按阀体上的箭头方向,压缩空气应能通过,反向时则不通。也可用嘴吸法检验其止回通过性。止回阀密封不良时,应更换新件,见图 7-18。

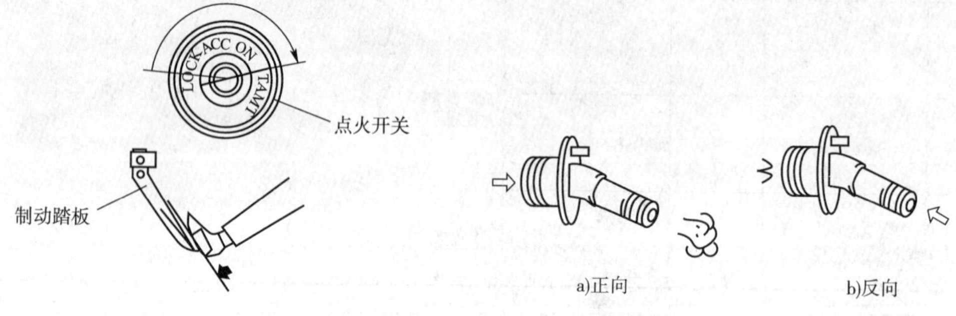

图 7-17 真空助力器的检查

图 7-18 真空助力器单向阀的检查

三、评价与反馈

(一)教师评价(表 7-17)

教 师 评 价 表 7-17

评 价 项 目	评 价 分 值 (分)				
	5	4	3	2	1
安全意识					
着装和卫生					
工具使用和摆放					

续上表

评价项目	评价分值(分)				
	5	4	3	2	1
零件摆放					
工作页填写情况					

(二)小组互评(表7-18)

小组互评 表7-18

评价项目	评价分值(分)				
	5	4	3	2	1
安全意识					
5S情况					
团队合作					
工作页填写情况					

(三)自我评价(表7-19)

自我评价 表7-19

评价项目	评价分值(分)				
	5	4	3	2	1
安全意识					
5S情况					
工具使用的规范性					
制动主缸、真空助力器检查的完成情况					
对这个项目的学习的满意程度					
你对改善本项目后续任务教学的建议:					

(四)学员在本任务中的综合评价(表7-20)

综合评价 表7-20

单项分				
总分值				
签名	教师:	学员:	日期:	

学习任务工单五　制动液的更换与制动系统放气

知识目标

1. 掌握制动液液面高度的检查方法；
2. 熟悉制动液的性能、使用注意事项；
3. 掌握制动系统放气方法。

技能目标

1. 会进行制动液液面高度的检查；
2. 会进行制动液的更换；
3. 会进行制动系统放气。

学习任务描述

汽车底盘液压制动系统出现了异常情况，经过检查，发现需要更换制动液，请你按照技术规范，正确更换制动液。

一、学习准备

汽车制动液是液压制动系统和液压式离合器操纵机构传递能量的工作介质，必须具有多种适应现代汽车性能的要求，以保证行驶安全。

(一)汽车制动液

1. 汽车制动液的五大性能要求

(1)应有较高的沸点。

现代汽车在行驶中的制动比较频繁，制动鼓(盘)的温度不断升高，如使用沸点较低的制动液，常会因其在管路中产生气阻而导致制动失效，因此制动液________要低，不易在高温下汽化。

(2)适宜的高温黏度和良好的低温流动性。

制动液在各种条件下都能及时传递压力，并同时使传动机构中的　　　　　得到一定的润滑。

(3)具有抗氧化、抗腐蚀和防锈的性能。

制动液长期与________相接触，应不会因氧化而产生胶状物和腐蚀性物质，或因锈蚀而变色，甚至形成坑点。

(4)吸湿性低、溶水性好、沸点下降少。

即使有水分进入制动液，要求能形成微粒而和制动液均匀混合，不产生分离和沉淀现象。

(5)对橡胶的适应性好。

制动液对橡胶件不应有溶胀作用，否则会使其失去应有的________作用，因此制动液对橡胶件要有良好的适应性。

2. 汽车制动液使用注意事项

(1)制动液不能混用。各种制动液绝对不能________,否则会因分层而失去制动作用。

(2)保持清洁。加注或更换制动液时要注意清洁,制动液须经过________,不允许细微杂质混入制动系统。

(3)注意防潮。存放制动液的容器应当________,防止水分混入和吸收水汽使沸点降低;更换下来和装在未密封容器内的制动液不能继续使用。

(4)定期更换。应定期更换制动液,由于醇醚类制动液有一定的吸水性,因此在一般情况下,制动液应在使用________年时进行更换,以防制动液吸湿后影响制动性能。更换制动液应在每年雨季过后进行。

(5)注意制动液的温度。在山区下坡连续使用液压制动,或在高温地区长期频繁制动时,制动蹄片温度可达350~400℃,使制动液温度随之升高达________,已超过一般合成制动液的潮湿沸点。因此,要注意检查制动液温度,以防因气阻而发生交通事故。

(6)注意对制动系统的保护。防止矿物油混入使用醇型和合成型制动液的制动系统中。使用矿物油制动液,制动系应换用耐油橡胶件;使用醇型制动液前,应检查是否有________,如有沉淀应过滤后再使用。

(二)制动系统放气

液压制动系统在使用过程中发现进入空气或在维修后,应及时放气。

如图7-19所示,放气时,将一根胶管套在放气螺钉上,胶管另一端插入一个玻璃瓶内。连续踩下制动踏板,在踏板升高后踩下并保持不动。拧松放气螺塞,制动液连同空气一起从胶管流入玻璃瓶内,待制动液排出后,拧紧放气螺塞。再重复以上放气几次,直至将空气完全放出。

放气应由远到近逐缸进行。放气时应随时检查制动主缸中的制动液面不可过低,否则空气会从制动主缸进入制动系统。

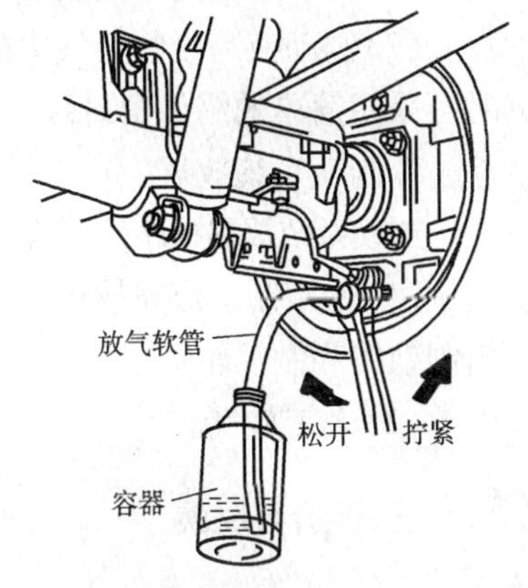

图7-19　制动系统放气

二、计划与实施

(一)了解以下信息

1. 使用的工具:____。

2 学习的车型:____。

(二)操作的注意事项

1. 拆卸下来的零件要合理地进行摆放;

2. 工具的使用要合理规范;

3. 注意拆卸过程的操作安全。

(三)准备工作

1. 工具准备:工具车、工具柜等;

2. 清理制动器周围污物。

（四）计划与实施

1. 制动液的更换

制动液储液罐位于发动机舱盖内制动主缸上方，制动液罐表面刻有 Max 和 Min 的标记，应注意检查液面高度。

正常工作时，液面应始终保持在 Max 和 Min 标记之间，制动摩擦片磨损引起制动液面略有下降是完全正常的。若一段时间内出现制动液面显著下降或低于 Min 标记现象，则可能是制动系统有渗漏故障，应立即检查，故障排除后方可使用。上海桑塔纳 2000 系列轿车仪表板上配有制动液面过低报警信号灯，一旦储液罐内液面过低会自动报警。

制动液的更换步骤如下：

（1）更换制动液前，应将车辆停放在水平路面处，然后检查制动液液面是否达到规定位置，如果制动液量减少，应分析原因，先排除故障再更换新油。

（2）打开放油口，将旧制动液放出来，注意旧制动液要用容器接收，切勿流失或飞溅到其他部位，以免引起其他不良现象。

（3）检查制动液状态，可借此分析制动系统的情况。

（4）尽量将旧制动液放净，如果旧油液放出来时比较脏，应用新的制动液将储油罐冲洗 1 ~ 2 次，直至冲洗油液放出来干净为止（切勿用其他油液冲洗）。

（5）关上放油口，打开加油口，注入新的制动液至规定位置。

（6）起动车辆进行试制动，然后再停车检查制动液油面，必要时适量补足。

（7）制动液易吸收空气中的水分而变质，因此用剩的制动液必须密封保存，无良好方法时可采用简单的蜡烛密封法。

2. 制动系统放气

制动系统放气顺序是：右后车轮制动主缸→左后车轮制动主缸→右前制动钳→左前制动钳。

（1）使用制动液充放机 VW1238/1。接通 VW1238/1，按规定顺序打开放气螺栓，然后排出制动钳和制动轮缸中的气体，用专用排液瓶盛放排出的制动液。

（2）人工放气。

三、评价与反馈

（一）教师评价（表 7-21）

教 师 评 价　　表 7-21

评 价 项 目	评 价 分 值（分）				
	5	4	3	2	1
安全意识					
着装和卫生					
工具使用和摆放					
零件摆放					
工作页填写情况					
组装完成后工作情况					

（二）小组互评（表 7-22）

小组互评　　表 7-22

评价项目	评价分值（分）				
	5	4	3	2	1
安全意识					
5S 情况					
团队合作					
工作页填写情况					

（三）自我评价（表 7-23）

自我评价　　表 7-23

评价项目	评价分值（分）				
	5	4	3	2	1
安全意识					
5S 情况					
工具使用的规范性					
制动液液面高度检查的完成情况					
制动液更换的完成情况					
制动系统放气的完成情况					
对这个项目的学习的满意程度					
你对改善本项目后续任务教学的建议：					

（四）学员在本任务中的综合评价（表 7-24）

综合评价　　表 7-24

单项分				
总分值				
签名	教师：	学员：	日期：	

学习任务工单六　制动系常见故障诊断与排除

知识目标

1. 熟悉制动系统常见故障的现象及原因;
2. 熟悉制动系统常见故障的排除方法。

技能目标

1. 会分析制动失效现象原因,会进行排除故障;
2. 会分析制动反应迟缓现象原因,会进行排除故障;
3. 会分析制动跑偏现象原因,会进行排除故障;
4. 会分析制动拖滞现象原因,会进行排除故障。

学习任务描述

汽车底盘制动系统出现了异常情况,需要检查,请你按照技术规范,对制动系统进行正确诊断与排除。

一、学习准备

(一)制动系统常见故障

制动系统常见故障有________、制动反应迟缓、________、制动拖滞等。

(二)制动系统常见故障分析

1. 制动失效

(1)故障现象。

汽车在行驶中使用制动时不能减速,连续踏下制动踏板时各车轮制动不起作用。

(2)故障原因。

制动主缸内无制动油液或缺少制动油液;制动主缸内皮碗破损或踏翻;制动油管破裂或接头漏油;某机械连接部位脱开。

(3)故障诊断与排除。

①连续踩下制动踏板不升高,同时感到无阻力。应先检查主缸是否缺油,再检查油管和接头有无破损之处,如有应修理或更换。

②若无漏油之处,应检查各机械连接部位有无脱开,如有应修复。

③若主缸推杆防尘套处严重漏油。大多是主缸皮碗严重损坏或踏翻所致;若车轮制动鼓边缘有大量油液,则是轮缸皮碗损坏或顶翻所致。

2. 制动反应迟缓

(1)故障现象。

汽车行驶中,将制动踏板踩到底后不能立即停车,制动减速度小、制动距离长。

(2)故障原因。

①制动主缸油液不足或变质。

②活塞与缸壁磨损严重,配合松旷。

③制动主缸补偿孔和旁通孔堵塞、主缸阀门损坏。

④制动鼓磨损失圆、过薄变形或有沟槽。

⑤制动踏板摩擦片有油污、硬化或铆钉外露。

⑥制动鼓与制动蹄接触面积过小。

⑦制动间隙过大。

⑧制动管路中渗入空气,油路不畅通,制动油液变质。

(3)故障诊断与排除。

①踏板位置踩下很低后,制动效果差;连续数次踩下踏板后,踏板高度才渐升起,并有弹性感。这主要是管路中有空气,应予排除。

②踩下踏板,位置高度正常,但制动效果差。这大多是车轮制动鼓失圆所致,制动蹄接触不良、硬化、油污或铆钉外露等因素所致,应予以检修排除。

③连续踩下踏板,踏板位置能升高,但不能保持,有下沉感觉。这说明制动系统中有漏油处或主缸关闭不严,应检修。

④连续踩下踏板,踏板位置高度升高,制动效果好转。这可能是踏板自由行程太大,或制动间隙过大,或主缸回油阀关闭不严所致。应调整踏板自由行程或制动间隙。必要时检查主缸回油阀,若有损坏应更换。

⑤连续数次踩踏板,踏板位置不能升高。这一般是制动主缸补偿孔或旁通孔堵塞所致,应检查疏通,或油液质量差,易受热蒸发导致严重亏损。

3. 制动跑偏

(1)故障现象。

汽车制动时,左右车轮制动力不等或制动生效时间不一致,导致汽车向制动力较大或向制动作用较早一侧行驶的现象,紧急制动时出现扎头或甩尾现象。

(2)故障原因。

①左右车轮制动间隙大小不一致。

②接触面积相差太大。

③摩擦片材料、质量不一样。

④左右制动鼓内径相差过多。

⑤复位弹簧拉力相差太大。

⑥轮胎气压高低不一样。

⑦个别车轮摩擦片有油污、硬化或铆钉外露。

⑧轮缸内活塞运动不灵活,皮碗发胀或油管堵塞。

⑨制动鼓失圆,单边管路凹瘪或有气阻。

(3)故障诊断与排除。

①汽车行驶中使用制动,汽车向左偏斜。即为右轮制动性能差;反之则为左轮制动性能差。

②制动停车后,察看轮胎在路面上的拖印情况,拖印短或没有拖印的车轮即为制动有故

障的车轮。

③查出有故障的车轮后，先检查该车轮制动管路是否漏油，轮胎气压是否充足，如果正常，检查制动间隙是否合乎规定，不符时予以调整；与此同时，排除轮缸里的空气。若仍无效，应拆下制动鼓，逐一检查各件，特别是制动鼓的尺寸和精度等。

④经以上检修后，若各车轮拖印基本符合要求，但制动仍跑偏，则故障不在制动系，应检查车架或前轴的技术状况；如果出现忽左忽右的跑偏现象，则应检查是否有前束或直、横拉杆球头销是否松旷。

4. 制动拖滞

(1)故障现象。

在行车制动中，当抬起制动踏板时，全部或个别车轮仍有制动作用，致使车辆起步困难，行驶阻力大，制动鼓发热。

(2)故障原因。

①制动踏板没有自由行程、复位弹簧过软、折断。

②踏板轴锈滞、发卡；主缸皮碗、皮圈发胀，活塞变形或被污物粘住。

③主缸活塞复位弹簧过软或折断。

④制动间隙过小。

⑤制动蹄复位弹簧过软、失效，制动蹄在支承销上不能自由转动。

⑥制动轮缸皮碗胀大、活塞变形或被污物粘住。

⑦制动管路凹瘪、堵塞，导致回油不畅。

⑧制动油液太脏、黏度太大，回油困难。

(3)障诊断与排除。

①汽车行驶一段路程后，用手抚摸各制动鼓，若全部发热，说明故障在制动主缸；若个别车轮发热，则故障在该车轮制动轮缸。

②若故障在制动主缸，应先检查踏板自由行程。如果无自由行程，一般为主缸推杆与活塞的间隙过小或没有间隙，应调整。如果自由行程符合标准，则应拆下主缸储油室加油螺塞，踩下踏板慢慢复位，看其回油状况。若不回油，则为回油孔堵塞；若回油缓慢，则为皮碗、皮圈发胀或复位弹簧无力；或是油液太脏、黏度太大。此时，应检查油液清洁度。若油液清洁、黏度适当，则应检查主缸，同时检查踏板复位弹簧是否良好无损，必要时进行修理或更换。

③若故障在制动轮缸，可顶起有故障的车轮，拧松制动轮缸放气螺钉。

如果制动液随之急速喷出，车轮也立即旋转自如，说明管路堵塞，轮缸不能回油，此时应疏通油管。

如果旋转车轮仍有拖滞，可检查制动间隙和复位弹簧，若正常，应拆检制动轮缸，必要时应更换活塞、皮碗。

④踩下制动踏板，观察气压表指针，若气压下降过少，说明制动阀不良，如进气阀开度过小或平衡弹簧过软等。若踩住踏板后气压不断下降，说明有漏气处，如排气阀关闭不严、制动气室漏气、制动软管漏气等。踩住制动踏板，靠听的方法找到漏气处。

⑤察看制动气室推杆外伸情况，若外伸过短，说明气管有堵塞或者凸轮轴有锈蚀卡滞；

若外伸过大,很可能是制动间隙过大。

⑥上述检查均正常,则故障原因在制动器。如制动蹄有油污、太薄、铆钉外露,制动鼓失圆,磨出沟槽等,应拆开制动器检查。

二、计划与实施

(一)了解以下信息

1. 使用的工具______________________________________。

2. 学习的车型______________________________________。

(二)计划与实施

1. 鼓式制动器常见故障分析,(表7-25)。

鼓式制动器常见故障分析　　表7-25

故障现象	可能原因
制动踏板行程过长,踏板触及驾驶室地板	摩擦衬片磨损严重
开始时踏板可保持正常高度,随后可踏至驾驶室地板	轮缸密封垫损坏
行车时制动器发热	制动器弹簧软
制动性能很差,或根本无法制动,踏板很硬	制动蹄摩擦衬片有油污或损坏
左右制动器制动力不平衡	制动蹄摩擦衬片有油污或损坏,制动鼓失圆
制动时制动器有噪声	制动鼓失圆,摩擦衬片铆接松动,制动蹄碰到制动鼓
尽管制动力很小,但踩踏板时仍有阻滞感	制动器固定底板松动,制动器调整不当
一个或几个制动器不能解除制动	制动主缸活塞卡滞,制动器复位弹簧过软或断裂,轮缸活塞卡滞等

2. 盘式制动器常见故障分析(表7-26)

盘式制动器常见故障分析　　表7-26

故障现象	可能原因
摩擦衬块过度磨损	摩擦衬块不能在其支座内自由移动;制动钳、制动盘表面脏污或表面粗糙
制动力不足或根本没有制动力	制动系统中有空气、制动液量不足或泄漏;摩擦块和制动盘过度磨损;制动钳活塞推后过多
制动时前轮有异响	摩擦衬块表面有硬点;制动盘表面有划痕;摩擦衬块磨损严重

3. 案例分析

(1)案例1。

检修方法:捷达轿车的制动系统采用了对角线分布,双管路液压驱动制动系统,前轮采用浮钳式盘式制动器,后轮采用鼓式制动器。根据故障症状分析如下:制动时整体效能下降且制动时车辆不跑偏,说明故障不是单个轮制动效能下降引起的,而是整个制动系效能下降引起的。

检查过程：

①首先做常规检查：检查系统制动液量，合适。检查制动管路，无泄漏。

②连续踩下制动踏板，感觉踏板的变化。当踏板逐渐升高且有弹性感觉时，停一会儿再踩踏板又恢复原状，路试时若制动效果差，则说明制动系统内有空气。

若踏板升高无弹性感觉，路试时连续踩制动踏板后，制动效果变好，则说明踏板自由行程过大或制动器间隙过大。若踏板不软弱下沉，则说明制动摩擦片接触不良。经检查，初步判定为制动管路内有空气。

一人在车上踩制动踏板，一人在制动轮缸处放气。当松开放气螺栓时，感觉制动系统压力很低，反复放气，制动踏板还是很低，因此分析故障可能出在制动主缸。拆下主缸并分解，发现主缸内的密封圈出现多处裂纹，老化严重。询问车主得知，前段时间在某修理厂更换了制动主缸密封圈且更换了制动液。

分析密封圈产生多处裂纹的原因，一是密封圈质量差，二是在清洗主缸时，使用了会对密封圈产生腐蚀作用的溶剂，如汽油等。市场上主缸密封圈多为副厂件，因此为了保证质量，更换了一个制动主缸，并将系统内的制动液全部更换，故障由此而排除。

(2)案例2。

检修方法：首先排除液压制动系统中的空气。方法是，一人踩下制动踏板，另一人拧松左前轮制动底板后面的轮缸放气螺钉，放出泡沫状的油液，直至放出的油液无气泡为止。

然后检查左前轮制动器的制动蹄和制动鼓之间的间隙。检查结果，间隙较大，按规定予以调整。为此，将汽车前桥用千斤顶支起，使前轮悬空。

撬开制动底板后面的制动蹄、制动鼓间隙调整孔橡胶堵塞，将专用工具和旋具伸进孔内，拨动制动器调整螺母的带齿凸缘，使可调顶杆伸出量加大，以减小制动蹄和制动鼓之间的间隙，直至用手不能转动车轮为止。

最后再回拨调整螺母带齿凸缘的5～6个齿，使制动蹄片与制动鼓保持0.5～0.6mm的正常间隙。

三、评价与反馈

(一)教师评价(表7-27)

教师评价　　表7-27

评价项目	评价分值(分)				
	5	4	3	2	1
安全意识					
着装和卫生					
工具使用和摆放					
零件摆放					
工作页填写情况					
组装完成后工作情况					

（二）小组互评（表7-28）

小组互评 表7-28

评价项目	评价分值（分）				
	5	4	3	2	1
安全意识					
5S情况					
团队合作					
工作页填写情况					

（三）自我评价（表7-29）

自我评价 表7-29

评价项目	评价分值（分）				
	5	4	3	2	1
安全意识					
5S情况					
工具使用的规范性					
分析制动失效、不良现象原因及排除的完成情况					
分析制动跑偏现象原因及排除的完成情况					
分析制动拖滞现象原因及排除的完成情况					
对这个项目的学习的满意程度					
你对改善本项目后续任务教学的建议：					

（四）学员在本任务中的综合评价（表7-30）

综合评价 表7-30

单项分				
总分值				
签名	教师：	学员：	日期：	

参 考 文 献

[1] 张江伟.汽车底盘构造与维修[M].西安:西安电子科技大学出版社,2007.
[2] 郑劲,张子成.汽车底盘构造与维修[M].北京:化学工业出版社,2009.
[3] 魏胜军.汽车底盘构造与维修[M].北京:国防工业出版社,2011.
[4] 武华.汽车底盘构造与拆装工作页[M].北京:人民交通出版社,2007.
[5] 邱志华.汽车传动系统维修工作页[M].北京:人民交通出版社,2008.
[6] 曲英凯.汽车底盘构造与维修[M].北京:人民交通出版社,2011.
[7] 贺大松.汽车底盘构造与维修[M].北京:机械工业出版社,2009.
[8] 冷传广.汽车底盘构造与维修[M].北京:中国劳动社会保障出版社,2008.